1권

소그룹을 위한 신앙강좌

- 성서인물편 -

소그룹을 위한 신앙강좌 1권
– 성서인물편 –

1판 1쇄 발행 2024년 2월 25일

지은이 전승문

발행인 장진우
디자인 윤석운
펴낸곳 호산나(주)
주소 경기도 안양시 벌말로 123, A909호
전화 1644-9154
홈페이지 www.hosanna.net
인쇄 창영프로세스

가격 15,000원
ISBN 979-11-89851-53-8

• 호산나출판사는 "네 형제를 굳게 하라(Strengthen your brothers)"는 주님의 말씀을 사명으로 알고,
  좋은 도서를 출판하여 성도들에게 유익을 드리는 것을 늘 꿈꾸고 있습니다.
• 호산나출판사는 한몸 사역의 일환으로 진행되고 있습니다.

1권

소그룹을 위한

신앙강좌

성서인물편

전승문 목사

HOSANNA

세상이 참 복잡하고 어지럽게 되었습니다.
배워야 할 것도 많고, 알아야 할 것도 많고, 주장하는 것도 많습니다.
너무너무 많습니다.

이른바 정보의 홍수, 말 그대로 지식이 넘쳐나는 시대입니다.

그러나 아무리 정보가 넘쳐난다고 해도
우리를 살리는 정보, 우리를 살리는 지식은 찾아보기 힘듭니다.
마치 홍수가 나서 천지가 다 물이지만, 정작 마실 물은 없는 것과 같습니다.

이런 시기에도 변하지 않는 것은 오직 성경입니다.
우리 신앙생활의 질서와 표준은 오직 하나님의 말씀에 있습니다.

그래서 말씀을 가까이 하는데 작은 도움이 되고자 이 책을 쓰게 되었습니다.

아직까지 모르는 것이 많은 목사인지라

부족한 것이 사실이지만

그래도 이 시대의 목회자요, 한 교회의 담임목사로서

성도들을 위해 이 책을 냅니다.

모쪼록 이 책이

온전한 신앙생활을 하고자 하는 성도들에게 도움이 되기를 기도합니다.

전승문 목사

01

성서의 인물

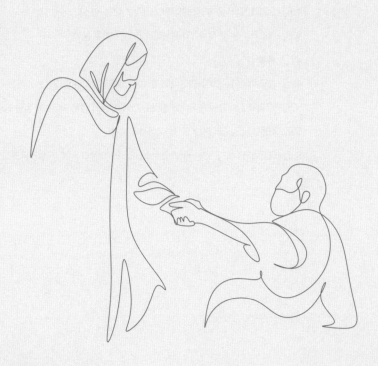

아담과 하와

창세기 2장~3장

- ⊙ 아담 : אדם , Adam. 사람이라는 뜻, ?~?(930세 – 창 5:5)
- ⊙ 하와 : הוה , Eve(Hawa–awa–eve), 존재라는 뜻에서 모든 산자의 어미(창 3:20), ?~?
- ⊙ 계보 : 부모는 없고, 자손은 가인과 아벨 그리고 셋(창 4:25, 920세)이 있었음.

아담은 하나님이 창조한 최초의 사람이었다. 그는 창조 마지막 7번째 날에, 하나님께서 직접 흙을 빚어 만드시고(아다마의 아파르 : 땅의 흙), 그 코에 생기를 불어 넣으심으로 생령(生靈, living soul, living being, 생명체, 아다마)이 되었다. 랍비들은 사람을 마지막으로 만드신 건, 항상 겸손 하라는 뜻이라고 생각했다.

하나님은 아담을 에덴동산에 살게 하셨다. 에덴(עדן, Eden,paradeisos-paradise)은 기쁨이라는 뜻으로 곧 '기쁨의 동산'이라는 뜻이다. 에덴동산은 이스라엘의 동편에 있었는데 네 개의 강이 발원하였다. 그 강은 비손(하윌라), 기혼(구스), 힛데겔(앗수르 동편), 유브라데 강이었다. 에덴동산 중앙에는 생명나무(the tree of life)와 선악과(the tree of knowledge of good and evil)가 있었다. 생명나무는 생명을 주는 나무이고, 선악과는 선과 악을 알게 하는 나무였다. 선과 악을 알게 한다는 말은 그 나무 열매를 먹기 이전에는 선과 악을 구분할 수 없었다는 뜻이 아니라, 항상 선을 행하며 살았다는 뜻이다. 늘 선을 행하던 자가 선악과의 열매를 먹게 되면 비로소 죄에 눈을 뜨게 된다는 말이다.

하나님은 아담에게 절대로 선악과를 먹어서는 안 된다고 하셨다. 이것은 아담이 에덴동산에서 살아갈 수 있는 유일한 조건으로 하나님을 향한 자발적인 순종을 요구하시는 것이었다. 따라서 선악과는 하나님의 말씀을 상징하는 것이라고 할 수 있다. 우리는 하나님의 말씀을 통해서만 진정한 선과 악을 구분할 수가 있으며, 하나님의 말씀은 절대로 범해서는 안 되는 것이기 때문이다. 따라서 죄라는 것은, 하나님의 말씀을 범하는 것이라고 정리할 수 있다. 그리고 생명나무는 영원한 생명을 주는 나무로써, 예수님을 상징하는 것이라고 할 수 있다.

하나님께서 아담의 갈비뼈 중에 하나를 뽑아 여자를 만드셨다. 아담은 그녀의 이름을 하와(3:20)라고 지었으며 그녀를 보고는 "이는 내 뼈 중의 뼈요 살 중의 살이라"라고 하였다. 뼈는 고통을 의미하고, 살은 쾌락을 의미한다고도 볼 수 있는데, 그렇다면 부부는 먼저 고통을 함께하는 것이라고 볼 수 있을 것이다. 또한 아담의 갈비뼈를 취하신 의미는 여자가 남자의 부속물이 아니라, 가슴에서 온 소중한 존재임을 강조하는 것이라고 보아야 할 것이다. 창세기 1:27, 5:2 에서는 아예 하나님께서 '남자와 여자'를 만드셨다고 되어있다. 이는 곧 남녀가 하나님 앞에서는 아무런 차별도 없음을 보여주는 것이라고 하겠다. 에덴동산에 살 때의 아담과 하와는 죄가 없었기에 아무런 부끄러움도 없이 살 수 있었다.

불행하게도 에덴동산에서 가장 간교한 들짐승인 뱀이 하와를 유혹하기 시작했다. 뱀은 물론 사탄을 상징하는 것이다. 뱀의 유혹 곧 사탄의 유혹은 하나님이 금하신 선악과를 먹으라는 것이었다. 하나님의 말씀을 거역하라는 뜻이다. 이는 곧 죄에 눈을 뜨게 하려는 것이었다. 그러자 그 속삭임에 넘어간 하와의 눈에 비친 선악과는 "먹음직도 하고 보암직도 하고 지혜롭게 할 만큼 탐스럽기도 한 나무(창 3:6)"로 보였다. 죄의 유혹이 얼마나 달콤한 것인가를 상징적으로 보여주는 말씀이다.

끝내 하와는 선악과에 손을 대었고, 남편 아담에게도 주었다. 그 결과 죄에 눈 뜨게 되었는데 그러자, 스스로에게 부끄러움을 느끼게 되었다. 그래서 무언가로 자신을 가리지 않으면 안 되었는데, 그것이 바로 죄가 가져온 결과였다. 또한 죄는 아담과 하와가 더 이상 에덴동산에서 살 수 없게 하였으며, 결국 죽게 만들었다. 이는 하나님의 명령을 어긴 결과였다. 또한 여자에게는 아이를 해산하는 고통이, 남자에게는 수고하는 고통이, 그리고 뱀에게는 배로 다니고 흙을 먹는 고통이 주어졌다. 흙(아파르: 티끌)을 먹는다는 말은, 흙에서 온 사람을 먹는다는 뜻이라고 보아야 한다. 그래서 하나님은 아담에게 "너는 흙(아파르)이니 흙으로 돌아갈 것이니라(창 3:19)"라고 말씀하신 것이다.

이어서 하나님은 뱀, 곧 사탄을 향해 이채로운 말씀을 남기셨다.

내가 너로 여자와 원수가 되게 하고 너의 후손도 여자의 후손과 원수가 되게
하리니 여자의 후손은 네 머리를 상하게 할 것이요 너는 그의 발꿈치를 상하
게 할 것이니라 (창 3:15)

이 말씀은 상당히 의미심장한 말씀으로, 여기에서 말씀하시는 여자의 후손은
아담 곧 남자를 통한 후손이 아니라 순수하게 여자만을 통해서 오시게 될 예수 그
리스도(처녀의 몸에 오실 분)를 미리 말씀해 주시는 것이라고 할 수 있다. 이 말씀
그대로, 사탄은 주님의 발꿈치를 상하게 해서 그를 십자가에 못 박았지만, 여자의
후손인 예수께서는 사탄의 머리를 상하게 하셨다.

이 외에도 눈여겨보아야 할 장면은, 하나님께서 아담과 하와를 에덴동산에서
내보내시면서 그들에게 가죽옷을 만들어 입혀 주셨다는 것이다. 그렇게 함으로 더
이상 부끄러워 몸을 숨길 필요가 없게 된 것인데, 여기에 등장하는 가죽옷은 분명
어린양의 가죽으로 만든 옷을 상징하는 것으로, 장차 어린양 예수 그리스도의 보
혈의 공로가 죄의 부끄러움을 가리게 할 것임을 보여주시는 것이라고 할 수 있다.

아담은 장차 오실 예수 그리스도의 정반대되는 모형(롬 5:12~21)이었다.
아담이 실패한 모든 것을 예수께서는 복원하셨다.
아담은 유혹에 굴복했지만, 예수님은 사탄의 모든 유혹을 물리치셨다.
아담은 죄를 범해 죽음에 이르렀지만, 주님은 십자가를 지심으로 죄를 해결하
시고 부활하셨다.
아담 한 사람의 범죄로 온 인류가 죄에 빠졌지만, 예수님의 십자가로 모든 사
람이 구원에 이르게 되었다.

따라서 잃어버린 낙원(失樂園)을 회복하는 유일한 길은 오직 예수 그리스도의 십자가뿐이다.

가인과 아벨

창세기 4장

⊙ 가인 : Cain : 얻음이라는 뜻. 내가 여호와로 말미암아 득남하였다(창 4:1).
⊙ 아벨 : Abel, 히브리어 헤벨(הֶבֶל) : 숨, 허무(虛無), 무상(無常)이라는 뜻.
⊙ 셋 : Seth, 히브리어 쉐트(שֵׁת) : '지명된'이라는 뜻

아담과 하와는 900년 이상을 살면서 많은 자녀를 낳았다. 그중에 성서에 기록된 자녀는 세 명의 아들뿐이지만 분명 이보다 훨씬 많은 수의 자녀를 낳았을 것이다. 또한 게 중에는 딸도 많이 낳았을 것이며, 그 딸들이 아들들의 아내가 되어 생육하고 번성하게 되었을 것이다.

창세기 4장은 그 가운데서 가인과 아벨, 두 아들에 얽힌 비극적인 사건을 기록하고 있다. 가인은 농사를 짓는 사람이 되었고, 아벨은 가축을 돌보는 사람이 되었다. 이 두 아들은 아담을 도와 가계를 이끌어 가는 중요한 사람들이었다. 그러던 어느 날, 각자 자신이 얻은 곡물과 가축을 가지고 하나님께 제사를 지내게 되었다. 바야흐로 인류 최초의 제사가 시작된 셈이다. 그런데 하나님께서 아벨의 제사만 받으시고 가인의 제사는 받지 않으셨다. 정확하게 어떤 이유 때문인지는 기록되어 있지 않다. 그러나 히브리서 11장에서는 이 이유를 아벨은 믿음으로 제사를 드렸으나, 가인은 그렇지 않았기 때문이라고 하였다.

믿음으로 아벨은 가인보다 더 나은 제사를 하나님께 드림으로 의로운 자라 하시는 증거를 얻었으니 하나님이 그 예물에 대하여 증거하심이라. 저가 죽었으나 그 믿음으로써 오히려 말하느니라(히 11:4).

믿음으로 제사를 드렸다는 것은, 하나님께서 받으실 것임을 확신하면서 정성껏 제물을 준비해 바쳤다는 뜻이다. 반면에 가인의 제사는 하나님이 받으실 것에 대한 확신도 없었고, 정성도 부족한 제사였음을 말하는 것이다. 성경은 가인은 그저 '땅의 소산'으로 제물을 삼았다고 했는데, 아벨은 '양의 첫 새끼와 기름'을 드렸다고 했다. 다시 말해서 아벨은 자신의 것 중에서 가장 좋은 것, 가장 귀한 것을 정성껏 성별해서 바쳤지만 가인은 그냥 대충 농사지은 것을 아무렇게나 드렸다는 그런 뜻이다.

그런데 정작 하나님께서 아벨의 제사만 받으시자 가인이 무섭게 분노했다. 마땅히 자신의 잘못을 인정하고 다음부터는 그런 잘못을 범하지 않겠다는 다짐이 있어야 했는데, 오히려 아벨을 시기하고 분을 내기 시작했다. 이 모습은 회개하지 않는 악인의 전형적인 모습이다. 그가 아벨을 시기하고 분을 품었다는 건, 사실상 아벨을 향한 분이 아니라 자신의 제물을 받지 않으신 하나님께 대한 분이었던 것이다. 그런 가인의 상태를 잘 알고 계시는 하나님께서 가인에게 미리 경고하셨다.

네가 분하여 함은 어찜이며 안색이 변함은 어찜이뇨. 네가 선을 행하면 어찌 낯을 들지 못하겠느냐 선을 행치 아니하면 죄가 문에 엎드리느니라. 죄의 소원은 네게 있으나 너는 죄를 다스릴지니라(창 4:6~7)

표준새번역으로 이 문장을 다시 보면 이런 뜻이 된다.

어찌하여 네가 화를 내느냐? 얼굴색이 변하는 까닭이 무엇이냐? 네가 올바른 일을 하였다면, 어찌하여 얼굴을 펴지 못하느냐? 그러나 네가 올바르지 못한 일을 하였으니, 죄가 너의 문에 도사리고 앉아서 너를 지배하려고 하니, 너는 그 죄를 잘 다스려야 한다.

죄는 그 속성상 우리를 지배하려고 한다. 처음 술을 입에 대는 건 내 의지이지만 나중에는 술이 사람을 지배하게 되는 것과 같은 이치라고 하겠다. 그러나 불행하게도 가인은 하나님의 경고를 무시하였고, 그 결과 죄에 완전히 지배당하는 사람이 되어버리고 말았다.

끝내 가인은 아벨을 불러내 때려죽이고 만다. 자신의 분노를 억제하지 못하고 죄의 노예가 되어버린 것이다. 더욱 끔찍한 사실은 그런 범죄를 저지르고서도 가인은 전혀 양심의 가책을 느끼지 않았다는 것이다. 아무리 큰 죄일지라도 뉘우치고 회개하면 새로운 삶의 길이 있으련만 가인은 그럴 수 있는 기회마저도 저버리고 말았다. 왜냐면 이미 죄가 그를 지배하고 있었기 때문이다.

결국 가인은 하나님으로부터 저주를 받아 한 곳에 머물 수 없는 사람이 되고 말았다. 부모로부터도 쫓겨나서 머나먼 놋 땅에 가서 살게 되는데, 땅은 이제 그가 아무리 노력을 해도 결코 좋은 산물을 내주지 않게 되었다. 그러자 가인은 자신의 벌이 너무 무겁다고 투덜거린다. 자신의 죄는 생각지 않고 당하는 벌만 무겁다고 항명하는 전형적인 악인의 모습이다. 또한 가인은 자신이 아벨을 죽인 것처럼 다른 누군가가 자신을 죽일 것이라는 공포에 사로잡히고 만다. 여기서 말하는 다른 누군가는, 아벨이 이미 낳은 자녀가 있거나, 혹은 아담의 새로운 후손들 중에 누군가를 말하는 것이라고 볼 수 있다.

하나님은 그러한 가인의 공포에 대해서, 장차 가인을 죽이는 사람은 가인의 죗값보다 7배나 더한 벌을 받게 될 것이라고 말씀하셨다. 그러시면서 가인에게 표를 주사 만나는 누구에게든지 죽임을 면케 하여 주셨다고 되어있다. 원수를 갚은 것은 또 다른 원한을 불러일으킨다. 하나님을 믿지 않으면 원수를 갚아야 하겠지만, 하나님을 믿는다면 하나님께 맡겨야 한다. 가인이 어떤 표를 받았는지는 모르지만, 분명 살인자라는 표시였을 것이다.

가인은 에덴 동편 놋(Nod, 방랑, 추방) 땅에 거하였다. 그 이름이 상징하듯이 그는 방랑길에 오른 것으로 보인다. 그에게는 이미 아내가 있었을 것인데 필경 아담의 딸 중 하나였을 것이다. 남편 가인과 함께 추방된 가인의 아내는 아들을 낳아 그 이름을 에녹(Enoch)이라고 지었다. 바야흐로 죄악의 자손, 곧 가인의 후예들이 탄생하기 시작한 것이다. 창세기 5장에 나오는 하나님과 동행한 에녹과는 동명이인이다.

가인의 후손을 정리해 보면 다음과 같다.

에녹 – 이랏 – 므후야엘 – 므드사엘 – 라멕(Lamech, 힘센 자) : 아다, 씰라 (아내) – 야발(Jabal, 유목민의 시조), 유발(Jubal, 수금과 통소를 잡는 모든 자의 조상), 두발가인(Tubal-cain 대장장이 가인, 동철로 날카로운 기계를 만드는 자), 나아마(라멕의 딸).

창세기 4:23에는 일명 '칼의 노래'라 불리는 '라멕의 노래'가 기록되어 있다. 라멕은 가인을 능가하는 악인이었다. 그는 일부다처제를 처음 시행한 사람이고, 그 이름 그대로 힘을 숭상하는 사람이었으며, 물질적 풍요와 세속적 쾌락, 그리고 살생무기를 세상에 도입한 사람이다. 그래서 그의 노래는 참으로 무섭고 끔찍하기 그지없다.

아다와 씰라는 내 말을 들어라. 라멕의 아내들은 내가 말할 때에 귀를 기울여라. 나에게 상처를 입힌 남자를 내가 죽였다. 나를 상하게 한 젊은 남자를 내가 죽였다. 가인을 해친 벌이 일곱 갑절이면 라멕을 해치는 벌은 일흔일곱 갑절이다!

가인의 후예는 하나님을 믿지 않는 사람들의 시조였다. 그 결과 그들의 악이 세상에 관영하여 더 이상 하나님께서 방치할 수 없는 지경에 이르렀다. 노아의 홍수는 그들의 악에 대한 어쩔 수 없는 하나님의 심판이라고 보아야 할 것이다.

한편 가인의 후예와는 달리 하나님은 아담과 하와에게 새로운 아들 셋(Seth)을 주셨으며 그를 통해 믿음의 자손을 이어가게 하셨다. 성경은 셋이 아들을 낳

아 에노스(Enosh)라고 불렸으며 그로부터 하나님을 향한 믿음이 온전히 자리 잡혀갔다고 기록하고 있다

셋도 아들을 낳고 그 이름을 에노스라 하였으며 그때에 사람들이 비로소 여호와의 이름을 불렀더라! (창 4:26)

아담의 범죄 이후, 죄가 인간을 따라다니며, 할 수만 있으면 택한 사람이라도 넘어뜨리려고 우는 사자처럼 기다리고 있다. 일단 악에 사로잡히면 양심에 마비가 와서 죄를 죄로 인식하지 않고, 양심의 가책마저 잊어버리고 만다. 그 끝은 필경 사망과 지옥으로 이어질 뿐이다. 그러나 하나님께서 언제 어디서나 당신의 택한 자녀를 보호하며 지키신다. 악을 이기는 방법은, 오직 하나님의 능력 곧 성령의 도우심을 통해서만 가능한 것이다.

노아

창세기 6장~10장

- ⊙ 노아 : Noah, 안위, 위로, 즐거움이라는 뜻.
  여호와께서 땅을 저주하시므로 수고로이 일하는 우리를 이 아들이 안위하리라
  (창 5:29)
- ⊙ 셈 : Shem, 노아의 맏아들. 셈어족의 조상(바벨론, 앗시리아, 시리아, 페니키
  아, 히브리, 아랍)
- ⊙ 함 : Ham, 노아의 둘째 아들, 함어족의 조상(북아프리카, 이집트, 에디오피아,
  가나안)
- ⊙ 야벳 : Japheth, 노아의 셋째 아들 (야완-이오니아:헬라, 아리안, 인도-게르만)

노아는 아담으로부터 10대 자손이다

: 아담(930) - 셋(912) - 에노스(905) - 게난(910) - 마할랄렐(895) - 야렛(962) - 에녹(365세에 승천) - 므두셀라(969) - 라멕(777) - 노아(950)

이 중에서 에녹(Enoch)은 하나님과 깊은 영적 교제를 가졌던 분으로, 죽음을 보지 않고 그 나이 365세에 승천한 분이다(창 5:22~24). 성서는 여러 곳에서 이 에녹을 언급하는데, 위대한 신앙인이요, 믿음으로 승리한 위대한 영웅(히 11:5)으로 나타난다. 위경(僞經) 가운데 하나인 『에녹서』에서는 천사론과 천문학에 조예가 깊은 분으로 묘사하나 근거는 희박하다.

그런데 세상에는 아담과 셋의 후손뿐만 아니라 가인의 후손도 동시에 존재하고 있었다. 그들은 두말할 필요도 없이 타락한 사람들이었다. 하나님과는 관계가 끊어지고 버려진 자손들이었다. 은총은 오직 셋의 후손을 통해 이어지고 있었다. 하지만 시간이 지날수록 하나님의 자녀들인 셋의 후손들이 가인의 후손들에게 매력을 느끼기 시작했다. 그래서 서로가 혼인하는 일이 비일비재로 벌어지게 되었다(창 6:1~2). 그 결과는 참혹했다. 가인의 후손을 따라 셋의 자손들이 함께 타락하기 시작한 것이다.

결국 그들의 타락은 이제 더 이상 하나님이 방관하실 수 없는 참담한 지경에 처해지고 말았다. 이에 하나님께서는 그들에게 마지막 경고를 하셨다. 이제부터 120년 동안 살 수 있는 기회를 주겠는데, 그동안에 회개하지 않으면 멸망 당하게 될 것이라는 것이었다(창 6:3). 이렇게 120년을 한정하신 하나님께서는 당대 유일한 의인이었던 노아를 부르셨다.

성경은 노아에 대하여 이렇게 평하고 있다.

노아는 의인이요 당세에 완전한 자라. 그가 하나님과 동행하였으며,

그가 세 아들을 낳았으니 셈과 함과 야벳이라(창 6:9)

하나님은 의인 노아를 부르셔서 잣나무로 방주(方舟, Ark)를 만들라고 하셨다. 그 규모는 길이가 300규빗(약 150m), 너비가 50규빗(약 25m), 높이가 30규빗(약 15m) 정도로 거대한 것이었다. 노아는 그 거대한 방주를 산에다 만들기 시작했다. 왜냐면 나무가 있는 곳은 산이었기 때문이다.

노아는 방주를 만들면서, 사람들에게 많은 경고와 권면을 하였을 것이다. 그러나 그 누구도 노아의 말에 귀를 기울이는 사람은 없었다. 도리어 산에다 배를 만드는 노아를 보고 조롱을 하고 비웃었을 것이다. 그렇게 노아는 120년이라는 장구한 시간 동안 배를 만들었다. 그가 세 아들을 낳기 시작한 게 500세부터니까, 처음 방주를 만들었을 때에는 자식 하나도 없이 홀로 그 거대한 배를 만들기 시작했음이 분명하다. 실로 놀라운 믿음이 아닐 수 없다.

마침내 노아가 그 나이 600세 되던 해에 하나님의 명을 받고 노아는 각종 짐승과 함께 방주에 들어간다. 하지만 그가 배에 들어가고 난 뒤에도 7일간 비는 내리지 않았다(창 7:10). 이는 분명 세상 사람들을 향한 마지막 기회가 되었을 것이다. 그러나 안타깝게도 아무도 배에 오르지 않았다.

결국 배는 굳게 닫혔고, 무섭게 비가 내리기 시작했다. 비는 40일 동안 밤낮으로 내렸다. 비단 비만 내린 것이 아니라 땅의 샘들까지 터져 올라오기 시작했다. 그 결과 산꼭대기에 만든 노아의 방주는 둥둥 떠다니게 되었다. 물은 그렇게 150일 동안 세상을 뒤덮었다.

끝내 세상의 모든 사람들과 땅 위의 짐승들은 다 죽고 말았다. 물이 줄어들기 시작하자 방주는 아라랏(Ararat, 거룩한 땅)이라는 산에 머물렀다. 튀르키예 북쪽에 있는 아라랏 산이라고 추정되는 아그리닥 산은 그 높이가 해발 5,165m에 달하는 높은 산이다.

그렇게 가인의 모든 후손은 멸망 당하고, 이제 세상에는 오직 노아의 후손만이 남게 되었다. 하나님께서는 참담하게 죽어간 사람들과 동식물을 안타까워하시며 이제 다시는 물로 세상을 심판하지는 않으시겠다는 약속으로 무지개를 보여주셨다(창 9:13).

그 후 노아는 농사를 짓다가 포도주를 지나치게 마시고는 벌거벗고 잠이 든다. 그 모습을 둘째 아들 함이 보고는 아버지의 부끄러움을 비웃고, 형제들에게 아버지가 술에 취해서 벌거벗고 잔다며 조롱하고 다녔다. 하지만 셈과 야벳은 아버지의 부끄러움을 가려주기 위해서 뒷걸음으로 들어와 옷을 덮어 주었다. 나중에 이 사실을 알게 된 노아가, 불같이 화를 내며 함의 아들 중에서 가나안에게 저주를 내렸다.

가나안은 저주를 받아 그 형제의 종들의 종이 되기를 원하노라(창 9:25)

동시에 셈과 야벳에게는 축복이 선언되었다.

셈의 하나님 여호와를 찬송하리로다. 가나안은 셈의 종이 되고, 하나님이 야벳을 창대케 하사 셈의 장막에 거하게 하시고, 가나안은 그의 종이 되게 하시기를 원하노라(창 9:26~27)

일각에서는 셈은 동양인(황인종)이고, 야벳은 서양인(백인종), 그리고 저주 받은 함은 흑인이라고 보기도 하지만, 이는 성경을 이용해서 흑인들을 노예로 부리려던 18세기 신학자들의 의도적인 잘못된 해석일 뿐이다. 성경은 함의 후손이 이집트를 비롯한 북아프리카 사람들이라고 하지만, 그들이 노예로 팔렸던 남아프리카의 원주민들은 아니다.

아무튼 이렇게 해서 세 형제를 통해 세상에 여러 민족이 생겨나게 되었다. 비록 이제는 모습도 다르고 풍습도 다르지만 분명한 건, 지구촌의 모든 사람들은 원래가 한 가족이라는 사실이다. 이들은 원래 언어까지도 동일하였지만, 훗날 바벨탑을 쌓고 교만해진 결과 언어가 나뉘고 말았다.

아브라함

창세기 11장~25장

⊙ 아브라함 : Abraham, 여러 민족의 아버지 (아브람 : 고귀한 아버지)
  이제 후로는 네 이름을 아브람이라 하지 아니하고 아브라함이라 하리니
  이는 내가 너를 여러 민족의 아버지가 되게 함이니라 (창 17:5)
⊙ 사라 : Sarah(여러 민족의 어머니) (사래 : 왕비), 아브라함의 아내, 이삭의 어머니
  니
⊙ 하갈 : Hagar(방황하는, 도피하는), 사라의 여종으로 이집트인, 아브라함의 첩,
  이스마엘의 어머니.
⊙ 그두라 : Keturah(향기), 아브라함의 후처, 여섯 아들의 어머니(아랍인의 조상
  – 창 25:4~6)

아브라함의 아버지는 데라(Terah)다. 그는 메소포타미아 갈대아 지역의 우르(Ur)라는 지역에 살던 사람이다. 이 우르가 바로 세계 7대 불가사의 중 하나라는, 바빌론의 지구라트(ziggurat)가 있었던 곳이다. 일반적으로 바벨탑은 바빌론의 지구라트 중 가장 거대한 것이었던, 마르둑 신전의 지구라트라는 견해가 지배적이다. 그리고 갈대아 지역이란, 바빌로니아의 한 왕조인 갈대아 왕조(Chaldea, BC 626~539)의 이름에서 기인한 것이다.

성경은 데라가 노아의 10대 후손이라고 소개하고 있지만 사실 그는 신앙을 잊어버린 지 이미 오랜 사람이었다. 그는 그저 당대의 풍속을 따라 지구라트의 우상(Nannar, 달의 신)을 섬기던 평범한 수메르인이었다. 데라가 살던 우르라는 곳은 오늘날의 쿠웨이트와 이라크의 국경에 해당하는 곳인데 바빌론의 문명이 지배하던 곳이다. 그곳에는 두 개의 유명한 강이 흐르고 있었다. 바로 유프라테스 강과 티그리스 강이다. 그곳은 아주 비옥한 곳이었고, 많은 사람들이 모여 사는 곳이었으며, 뛰어난 문명을 소유하고 있었던 곳이다.

당시 많은 사람들이 그러했듯 데라 역시 여러 명의 부인이 있었던 모양이다. 그 부인들에게서 그는 삼남일녀를 두었다. 아들의 이름은 아브람과 나홀과 하란이고 딸의 이름은 사래였다. 나홀의 아들은 브두엘이고 브두엘의 아들은 라반, 딸은 리브가다. 훗날 이삭의 아내가 되는 분이다. 하란은 아버지보다 앞서서 세상을 떠났다. 하란은 죽기 전에 일남이녀를 두었는데, 아들 이름이 롯이고 딸의 이름은 밀가와 이스가였다.

아브라함은 당시 풍습을 따라 여동생인 사래와 결혼을 했다. 그런데 어느 날 아버지 데라가 고향을 떠나게 된다. 데라는, 아브람과 나홀, 그리고 전에는 딸이었지만, 이제는 며느리가 된 사래, 그리고 손자인 롯을 데리고 떠났다. 그 여행은 장장 800Km에 달하는 굉장히 긴 것이었다. 데라는 그렇게 북쪽으로 걷고 또 걷는 긴 여행을 했는데, 그러다 '하란(Charan)'이라는 곳에 도착한다. 원래 그는 가나안까지 가고자 했지만, 무슨 이유인지 하란에 머물렀다. 하란에서 가나안까지는 500Km를 더 가야하는 곳이었다. 그리고 나이 175세를 살다가 세상을 떠났다(창 25:7)

아버지 데라가 죽은 뒤에 아브라함은 하란 땅에 살다가 그 나이 75세에 하나님의 말씀을 듣게 된다.

너는 너의 고향과 친척과 아버지의 집을 떠나 내가 네게 보여 줄 땅으로 가라. 내가 너로 큰 민족을 이루고 네게 복을 주어 네 이름을 창대하게 하리니 너는 복이 될지라. 너를 축복하는 자에게는 내가 복을 내리고 너를 저주하는 자에게는 내가 저주하리니 땅의 모든 족속이 너로 말미암아 복을 얻을 것이라!
(창 12:1~3)

이 말씀을 따라 아브라함은 조카 롯과 함께 무작정 길을 나선다. 하나님은 그들을 가나안으로 인도하셨다. 그러나 가나안에는 이미 주인이 살고 있었다. 그래서 아브라함은 그곳 약속의 땅에서 나그네가 된다. 더구나, 그들이 도착하고 난 뒤에 곧바로 큰 흉년이 든다. 결국 실망한 아브라함은 가나안을 버리고 이집트까지 내려가고 만다.

믿음은 반드시 시험을 동반한다. 아브라함의 믿음은 척박한 땅 가나안의 겉모습과 연이어 겹친 흉년으로 시험받았는데, 아브라함은 그 시험에 넘어지고 말았다. 믿음의 조상이라고 불리는 아브라함이지만, 성경을 보면 그 역시 다분히 인간적이었고, 늘 의심했으며 고뇌하고 두려워하는 연약한 인간이었음을 알 수 있다.

아브라함은 자신의 목숨을 구하기 위해 아내를 누이동생이라고 말해서 남에게 빼앗긴 적이 두 번이나 있었다. 한 번은 이집트 왕 바로에게, 또 한 번은 그랄 왕 아비멜렉에게 빼앗겼다. 그 역시 연거푸 같은 실수를 할 수 있는 연약한 인간이었던 것이다. 또한 그는 남에게 모질게 굴 수도 있는 사람이었다. 후처 하갈과 아들 이스마엘을 광야 한복판으로 아무것도 나누어 주지 않고 모질게 내쫓은 사람이었다.

이는 아브라함 역시 우리와 다르지 않은 성정(性情)을 지닌 연약한 인생임을 보여주는 것이다. 그러나 분명한 사실은, 그럼에도 불구하고 그는 하나님을 잘 믿었다는 것이다. 그것도 아주 철저하게 믿었다. 하나님이 떠나라고 하면 무조건 떠날 줄 알았다. 또한 조카 롯을 구하기 위해서라면 나라들과 전쟁을 벌일 수도 있을 만큼 담대한 사람이었다. 이는 그가 원래 용맹한 사람이어서가 아니고, 하나님이 함께하신다면 무엇이든 가능한 것임을 믿은 사람이기 때문에 가능한 일이었다. 가장 놀라운 사실은 그가 나이 100세나 되어 얻은 아들 이삭을 하나님이 제물로 바치라고 하자 바치려고 했다는 것이다.

하나님은 왜 아브라함에게 이삭을 바치라고 하셨을까? 이 물음에 대한 수수께끼는 창세기 22장의 첫 구절을 보면 문제가 풀린다.

그 일 후에 하나님이 아브라함을 시험하시려고 (창 22:1a)

그 일이란 아브라함이 하갈과 이스마엘을 억울하게 내쫓은 사건을 의미한다. 비록 하나님께서 그들을 내보라고 해서 내보내는 것이기는 하지만 아무런 잘못도 없는 그들을 그냥 무작정 광야 한복판으로 내쫓은 건 분명 잘못한 일이다. 아브라함은 막대한 부를 소유하고 있었으니 최소한 먹고 살 수 있는 기반은 마련해서 내보내야 했다. 그러나 아브라함은 양 한 마리도 나누어주지 않았다.

그 결과 하갈과 이스마엘은 땡볕 아래 죽어가면서 통한의 눈물을 흘렸고, 그들의 어려움이 하늘에 상달되어 하나님의 도우심으로 살아났다. 바로 그 일 후에 하갈을 원통하게 만들어 그 눈에서 피눈물이 나게 한 후에 하나님은 똑같은 시험으로 아브라함을 시험하신 것이다.

다행스럽게도 아브라함은 그 시험을 잘 견디어 냈다. 하나님의 말씀에 절대적으로 순종하여 스스로의 잘못을 씻고 믿음의 조상이 된 것이다. 아브라함이 그토록 하나님을 믿을 수 있었던 것은 여호와 이레, 곧 준비하시는 하나님을 확실하게 알고 있었기 때문이다. 그렇다. 하나님은 준비하시는 분이다. 모든 것을 준비하시는 분이다. 그러니 하나님을 믿고 살기만 하면 모든 것이 다 준비되어있는 것이다.

또한 아브라함은 미처 알지 못했겠지만, 그가 아들을 드리려 한 것은 그대로 하나님의 은총으로 이어져 하나님께서도 아브라함의 후손에게 당신의 아들을 주시는 것으로 보답되었다. 아브라함의 믿음이 곧 예수 그리스도의 십자가를 통한 구원의 효시(嚆矢)가 되었다는 말이다.

이 밖에도 아브라함의 위대한 점은 너무나도 많다. 우선 그는 대접하는 일에 최선을 다한 사람이었다. 그저 자기 집 앞 지나가는 나그네를 대접함에 있어서도 정성을 다했는데, 그 결과 천사를 대접하는 사람이 되었다. 예수님의 말씀 그대로 배고픈 자에게는 먹을 것을 주고, 목마른 자에게는 마실 것을 줄 줄 아는 사람이었던 것이다.

또한 그는 상관없는 소돔과 고모라 도성을 위해서도 간절히 기도할 줄 아는 사람이었다. 할 수만 있으면 그들을 구원하기 위하여 여러 번이나 하나님께 간절하게 간구하며 기도했던 사람이다. 또한 아브라함은 아낌없이 드릴 줄 알았던 분이다.

멜기세덱을 만나 십일조를 드렸고, 하나님께 제사 드리는 일에 있어서는 아까운 것이 없었다. 실로 성경도 없던 시대에 성경 말씀 그대로 산 분이라고 할 수 있다.

이렇게 볼 때 아브라함은 우리와 똑같이 겁도 많고 실수도 많은 연약한 인생이지만, 그럼에도 불구하고 철저하게 하나님을 믿고 사랑했던 분이고, 이웃을 향해서는 참사랑을 실천한 분이다. 그것이 바로 아브라함이 믿음의 조상이 되는 이유라고 할 수 있을 것이다.

이삭

창세기 21장~35장

- ⊙ 이삭 : Isaac, 이츠하크 : יִצְחָק – 그가 웃었다
  (창 21:6) 사라가 이르되 하나님이 나를 웃게 하시니 듣는 자가 다 나와 함께
  웃으리로다!
- ⊙ 리브가 : Rebekah, 이삭의 아내. 아브라함의 동생 나홀의 손녀 (아버지 : 브두
  엘, 오빠 : 라반)

아브라함이 100세에, 90세 난 사라에게서 얻은 약속의 아들로 아브라함의 대를 이어 이스라엘 민족의 조상이 된 사람이다. 이삭은 태어날 수 없는 상황에서(어머니 사라의 경수가 그친 뒤) 태어난, 기적의 아들로 하나님의 선물, 곧 은혜로 태어난 사람이다. 이삭이 태어나기 전에 그의 어머니 사라는 하나님의 약속을 웃음(이삭)으로 치부해버렸지만, 태어난 뒤에는 진정한 기쁨으로 웃었다. 그래서 그 이름이 이삭이다.

하나님의 선물은 이와 같다. 꿈도 꾸지 못했던 일, 그런 일이 나에게도 일어나리라고는 상상도 못했던, 그래서 듣기는 들어도 그저 웃어넘기던 일이 실제로 일어나는 것이다. 나 같은 죄인이 구원함을 받고, 나 같은 못난 사람이 주의 일을 하고, 나처럼 부족한 사람이 쓰임 받는 것, 도저히 받을 수 없는 것을 받게 되고, 이룰 수 없는 것을 이루게 되는 것, 그것이 바로 이삭 곧 기쁨의 선물, 은혜인 것이다.

이삭은 어려서부터 믿음의 가정에서 말씀으로 잘 양육된 사람으로, 성경에 나오는 많은 사람들 중에서도 단연 온유하고 겸손하며, 무슨 말씀이던 늘 순종하는 사람이었다. 그는 어려서부터도 말씀이라면 무조건 순종할 줄 아는 믿음의 사람이었다.

그의 첫 번째 순종은 아버지 아브라함이 그를 붙잡아 모리아 산에서 번제물로 바치려는 순간에 극적으로 드러난다. 보통 사람 같으면 거역하고 도망칠 수 있었음에도 불구하고 이삭은 하나님의 뜻이기에, 또한 아버지 아브라함이 결정한 일이기에 순종했다. 마치 도살장에 끌려가는 줄 알면서도 순종하는 어린 양처럼, 그리고 우리 주 예수 그리스도처럼, 이삭은 자신의 죽음 앞에서도 순종할 줄 알았던 사람이다.

또한 그는 아버지가 짝지어 주기까지 기다리며 순종했던 사람이다. 그의 나이 40이 되도록 아브라함은 그에게 아내를 들여 주지 않았다. 사실 주변에는 많은 여인들이 있었다. 그러나 그는 부모가 짝지어 주기까지 결코 마음대로 연애하지 않다가 40세 때에 아브라함이 저 멀리 동생 나홀의 집에서 데려온, 얼굴도 모르는 아내 리브가와 믿음으로 혼인한 사람이다.

뿐만 아니라 이삭은 리브가와의 사이에 20년이 넘도록 자식이 생기지 않아도 다른 방법을 취한 사람이 아니다. 그 아버지 아브라함은 약속의 자손이 태어나지 않는다고 첩을 들이기도 하고, 엘리에셀이라는 종을 상속자로 생각하기도 하였지만, 이삭은 변함없이 참고 기다릴 줄 알았던 사람이다.

이처럼 이삭은 순종하며 기다리는 믿음의 사람이었다. 그래서 이삭의 인생은 그 누구보다 평탄하였고, 큰 어려움이 없었다. 그는 누구와도 다투지 않았으며, 주어진 운명에 고요히 순종하는 사람이었다. 그러한 사람이었기에, 그가 어디로 가든, 설령 잘못이 있어도, 하나님의 도우심으로 늘 잘 해결되었다.

그 역시 두려움이 있는 사람이기에, 흉년을 피해 블레셋의 그랄(Gerar)로 피신할 때가 있었다. 하지만 그때, 하나님께서 그에게 나타나 약속의 땅을 떠나지 말고, 이집트로 내려가지 말라고 하셨다. 그 말씀에 순종한 이삭은 이집트로 도망치지 않고 어려워도 약속의 땅 근처에 남아 있었다. 그곳이 바로 그랄이었다.

그러나 그랄의 남자들이 두려워 자기 아내를 아내라 하지 않고 누이라고 했다. 그 역시 아브라함의 전차를 밟았던 것이다. 그러나 처음부터 하나님이 지켜 주셔서 누구도 그의 아내를 넘보지 않았다. 오히려 블레셋 왕 아비멜렉이 리브가가 이삭의 아내인 것을 먼저 알아차리고 보호해 주었을 정도였다.

이처럼 이삭이 어려움 속에서도 순종하며 기다리자 하나님은 그에게 많은 물질의 복을 주었다. 성경은 이삭이 그랄에서 농사를 지었더니 백배의 결실을 거두었다고 했다. 또한 창대하고 왕성하여 마침내 거부가 되었다고 했으며 양과 소가 떼를 이루고 종이 심히 많았다고 했다(창 26:13~14).

하지만 물질적인 축복이 임하자 곧이어 시험도 따라 왔다. 이삭이 그랄 땅에서 큰 부자가 되자 그랄 사람들, 곧 블레셋 사람들이 시비를 걸기 시작한 것이다. 당시 농사짓는 사람에게 있어 가장 중요한 것은 우물이었다. 우물이 있어야 머물 수 있고, 머물 수 있어야 농사를 지을 수 있기 때문이었다. 그런데 그랄 사람들은 이삭이 우물을 파고 머물려고 하는 곳마다 찾아와서 시비를 걸었다. 파 놓은 우물을 메워 버리기도 하고, 자신들의 것이라고 우기며 빼앗기도 했다.

그러기를 자그마치 4번이나 계속했다. 그때마다 이삭은 자신의 우물을 내어주고 물러섰다.

놀라운 것은, 이삭이 그렇게 양보만 했음에도 불구하고 그가 파는 곳마다 우물이 나왔다는 것이다. 우물을 빼앗기면 큰일이 날 것 같지만, 곧 망할 것 같지만, 빼앗기면 옮겨가서 다시 파고, 그러면 또다시 샘이 솟고, 또 빼앗기면 또다시 옮겨가서 다시 파고, 그러면 신기하게도 또다시 샘이 솟았다는 거다.

그렇게 양보하고 또 양보하면서도 이삭은 늘 형통의 복을 누렸다.

뿐만 아니라 그렇게 양보하다 보니까 그의 발걸음은 아버지 아브라함이 그랄 왕 아비멜렉과 일찍이 언약을 맺었던 브엘세바(약속의 우물)까지 다다르게 되었다. 그는 그저 늘 양보만 하면서, 마치 항상 지는 사람처럼 살았지만, 그 걸음을 인도

하시는 하나님께서 그를 약속의 땅으로 인도해 주신 것이다.

이삭은 항상 참고 기다렸던 사람이다. 아버지가 죽이려고 해도 참았고, 아내가 없어도 참았고, 자식이 없어도 참았다. 흉년이 들어도 참았고, 억울하게 우물을 빼앗겨도 참았다. 심지어는 아들 야곱이 눈먼 아버지 이삭을 속이고 축복을 강탈해 갔어도 참았다. 아내 리브가가 아들 야곱과 짜고 아버지를 속여도 참았고 오히려 그 아들이 도망칠 수 있도록 배려해주기까지 했던 인자한 아버지였다.

그러한 그의 인내는 늘 더 좋은 것으로 보상받았다. 목숨을 내놓으면 수풀에 걸린 어린 양이 대신 죽었고, 이는 훗날 하나님의 아들 예수님이 오실 수 있는 놀라운 발판이 되었다. 흉년이 들어도 참고 있었더니 100배의 결실을 통해 거부가 되었다. 억울하게 우물을 빼앗겨도 참고 또 참으니까 아비멜렉이 스스로 찾아와 화평의 조약을 맺자며 평화의 선언을 하게 되었다. 아들들이 다투는 것까지도 참으니까 마침내 집 나갔던 아들 야곱이 돌아오는 것을 보았고, 큰 아들 에서와 극적으로 화해하는 것까지도 보게 되었다.

이삭은 그렇게 화목하게 된 두 아들이 지켜보는 가운데, 180세의 나이로 평안하게 눈을 감았다.

이삭은 그 이름 그대로 웃음의 사람이었다. 그의 인생에도 비극이 있었고, 고난이 있었지만 그럼에도 불구하고 그는 모든 어려움을 참고 이겨낸 사람이며, 하나님의 은총으로 끝내 승리한 사람이다. 그래서 이삭은 그리스도인의 참된 본이 되는 사람이다. 순종할 줄 알고, 견딜 줄 알고, 기도할 줄 아는 사람이기 때문이다. 이삭이야말로 온유하고 겸손한 사람이었던 것이다.

사라와 리브가

창세기 12장~23,24~49장

- ⊙ 사라 : Sarah(열국의 어미), 아브라함의 아내, 이삭의 어머니
- ⊙ 하갈 : Hagar(방황하는, 도피하는), 사라의 여종으로 이집트인, 아브라함의 첩, 이스마엘의 어머니.
- ⊙ 리브가 : Rebekah, 이삭의 아내. 아브라함의 동생 나홀의 손녀 (아버지 : 브두엘, 오빠 : 라반)

사라는 아브라함의 아내이자 동시에 이복 여동생이다(창 20:12). 원래의 이름은 사래(Sharai)였는데, 하나님께서 그 이름을 사라라고 개명시켜 주셨다(창 17:15). 사라는 남편 아브라함과 나이가 10살 차이 났는데, 안타깝게도 결혼 한 뒤에 여러 해가 지나도록 아이를 갖지 못했다. 그녀의 고향 역시 갈대아 우르(Chaldea-Ur)이지만 아버지 데라(Terah)를 따라, 또 남편 아브라함을 따라 하란으로 다시 가나안으로 이주하며 살았다.

사라의 인생은 참 서러운 인생이었다. 고대의 여인으로서 아이를 낳지 못한다는 것은 큰 수치가 아닐 수 없었기 때문이다. 그래서 그런지 그녀는 남편 아브라함이 시키는 일이라면 무슨 일이든 마다하는 법이 없었다. 심지어 아브라함이 자신을 남편이라고 부르지 말고 오라비라고 부르게 했어도 순응했으며, 그 결과 이집트에서는 바로(Pharaoh)에게 끌려가기도 했고 블레셋의 그랄(Gerar)에서는 아비멜렉(Abimelech)에게 끌려가기도 했다. 그럼에도 불구하고 그녀는 자신이 유부녀라는 사실을 숨기고 남편의 부탁에 순응했다. 다행히 하나님이 그녀를 구출해 주셨기 망정이지 자칫 이집트나 블레셋의 후궁이 될 뻔 했었다. 이런 수모를 당하면서도 그녀는 여전히 아브라함에게 순종했는데, 아마도 아이를 낳지 못하는 여자라는 자격지심 때문에 아무 말도 못하면서 살았던 것으로 보인다.

그것이 얼마나 서러웠던지 급기야 사라는 자신의 몸종이었던 하갈을 아브라함에게 주어 그녀로 하여금 아이를 갖게 하였다. 그때는 아브라함의 나이가 85세요, 사라는 75세가 되던 해였다. 이제 자신은 아이를 낳을 수 있는 희망이 없다고 생각했기 때문이다. 사실 여인으로서 그런 결단을 한다는 건 정말 죽기보다 더 싫은 일임에 틀림없었을 것이다. 그럼에도 불구하고 사라는 아브라함을 위하여, 그 가문의 대가 끊어지지 않게 하기 위하여 이런 결단까지 내렸던 것이다.

그녀의 뜻대로 몸종 하갈은 아브라함과 동침했고 얼마 지나지 않아 임신을 하게 되었다. 참 어이없는 이야기가 아닐 수 없다. 서러워도 이토록 서러울 수 있겠는가 말이다. 사라는 75세가 되도록 갖은 노력을 다해도 생기기 않던 아이가 하갈은 며칠 만에 덜컥 들어서니 얼마나 답답한 이야기인가 말이다.

그런데 더 큰 문제는 몸종 하갈이 임신을 한 다음부터 여주인 사라를 업신여기기 시작했다는 거다. 기막힌 이야기가 아닐 수 없다. 아이를 못 낳는 것도 서러운데, 그래서 남편에게 다른 여자를 넣어 주는 것은 더더욱 서러운 것인데, 이제는 그 여자가, 그것도 몸종이 자신을 업신여기기 시작한 것이다. 결국 참다못한 사라는 아브라함에게 하소연을 하고, 다행스럽게도 아브라함은 아내 사라에게 하갈을 마음대로 해도 좋다는 허락을 내려주게 된다. 그러자 사라가 하갈을 무섭게 야단쳤다. 그랬더니 하갈은 사라 앞에서 도망을 쳐버리고 말았다.

사실, 하갈의 입장에서도 서럽기는 매한가지였다. 종으로 태어난 것도 억울하고 서러운데, 원래 고향인 이집트에서부터 주인인 아브라함을 따라 멀리 가나안까지 오게 하더니 시집도 보내주지 않고, 85세 먹은 아브라함의 씨받이가 되게 하고, 그래서 임신했더니 그걸 트집 잡고 괴롭히니 또 얼마나 서러운가 말이다.

다행히도 하나님께서 이 두 여인 사이에 중재를 서서서 하갈을 다시 아브라함에게 돌려보내 주셨다. 뿐만 아니라 그녀에게서 태어날 아기의 이름도 이스마엘(하나님이 들으심)이라고 지어 주셨다.

그로부터 다시 15년의 세월이 흘렀다. 소돔과 고모라를 멸하기 위해 천사를 대동하고 아브라함을 찾아오셨던 하나님께서 벌써 나이 90이 된 사라에게 내년 이맘 때에 아이를 낳게 될 것이라고 말씀했다. 상식적으로 생각하면, 말도 안 되는 이야기였다. 그래서 아브라함도 웃었고, 사라도 웃었다. 그러나 하나님께서는 그들에게 정말로 아이를 주셨고, 그 이름을 그가 웃었다는 뜻의 이삭이라고 지어주셨다.

그런데 이삭이 태어난 다음부터 사라는 불안해지기 시작했다. 이스마엘 때문이었다. 결국 사라는 하갈과 이스마엘을 내쫓아 버리고 마는데, 잔인하게도 유산한 푼 들려주지 않았다. 그건 그대로 광야에 나가 죽으라는 것과 진배가 없는 것이었다. 서러운 하갈은 또다시 광야에 나가 죽어가는 아들을 바라보며 대성통곡을 하고, 이것을 불쌍히 여기신 하나님의 도움으로 새로운 인생을 살아가게 된다.

이래저래 사라의 이야기는 서러운 이야기이다. 아이를 낳지 못해서 서럽고, 이런저런 불안에 시달리느라 서럽고, 아무튼 서러운 이야기이다. 그러다 127세의 나이에 세상을 떠나고 만다. 그때 아들 이삭은 37세였고, 아직 장가도 들지 못한 상태였다.

사라가 죽은 후에, 아브라함은 서둘러서 며느리를 들이게 된다. 집안에 여자가 없는 것이 아쉬워서일 수도 있고, 며느리를 보지 못하고 죽은 아내 사라의 한을 풀어주기 위함도 될 것이었다. 그래서 이삭의 나이 40에 멀리 하란 땅에서 살던 동생 나홀의 손녀 딸 리브가를 데려오게 된다.

리브가는 우물가에서 낯선 나그네를 정성껏 대접했다가 그의 눈에 들어 이삭의 아내가 되는 축복을 누리게 된다. 그녀는 두 말도 않고 나그네를 따라 얼굴 한 번도 보지 못한 이삭에게 시집을 온다. 그런데 어찌 된 까닭인지 리브가 역시 20년 동안이나 아이를 갖지 못했다. 그러니까 남편 이삭이 60이 되도록, 아이를 낳지 못했던 것이다. 그러다가 20년 만에 아이를 갖게 되는데 한꺼번에 쌍둥이를 갖게 되었다.

그래서 태어난 아이들이 에서와 야곱이었다. 리브가는 이 아이들을 잘 키워보려고 했는데, 이삭은 맏이 에서만 유독 편애를 하는 것이었다. 그래서 리브가는 천덕꾸러기 야곱을 더욱 사랑하게 되었는데, 이것이 집안의 큰 화를 불러일으키고 말았다. 두 아들 사이에 심각한 갈등을 초래하고 만 것이었다. 결국 그녀는 견디다 못해 작은 아들 야곱을 고향 하란으로 보내버리고 만다.

리브가의 인생 역시 참 서러운 인생이었다. 그녀 역시 아이가 생기지 않아서 늘 남편에게 미안해했는데, 그 남편 역시 시아버지 아브라함처럼, 블레셋 그랄에 내려갔다가, 자기 아내를 아내가 아니라고 하는 일을 자행하기도 했었다. 그래도 꾹 눌러 참을 수밖에 없었고, 큰 아들 에서가 이방 여자를 다섯 명이나 데리고 들어와 살아도 어쩔 수 없이 보고 참을 수밖에 없었다. 뿐만 아니라 큰 아들 에서가 야곱을 죽이겠다고 벼르는 것을 보고는 가슴이 내려 앉아 끝내 사랑하는 작은 아들을 피신시키고야 말았던 것이다.

사라도 그렇고 리브가도 그렇고, 아이를 낳지 못한 것 때문에 평생을 숨죽이며 살았던 여인들이다.

하나님은 어째서 다른 사람들의 집에는 아이를 잘도 주시면서, 택하신 가정 아브라함과 이삭에게는 그토록 오랜 세월 동안 아이를 주시지 않았던 것일까? 또 이왕 주시려면 젊을 때 주셔서 건강하게 키울 수 있도록 해주실 일이지 어째서 20년 30년씩 기다리게 하신 것일까?

몇 가지 이유가 있다. 우선, 하나님의 자녀는 기도를 통해 낳아야 하기 때문이었다. 만약 결혼하자마자 아이를 갖게 된다면 그 아이를 위해 그만큼 기도할 시간이 줄어들 것이다. 반면에 불임 기간이 길면 길수록 아이를 위해 더욱 간절히 기도

할 것이고, 그러면 그만큼 기도의 아이가 태어날 것이기 때문이다.

또한 어머니들의 믿음이 성숙되어야 하겠기 때문이었다. 사라는 분명 아브라함을 통해 하나님의 약속을 들었을 것이다. 그럼에도 불구하고 그 약속을 기다리지 못하고 자신의 형편만 헤아려 성급하게 몸종 하갈을 첩으로 주는 등 참고 견딜 줄 몰랐던 것이다. 그런 상태에서는 하나님의 응답을 받을 수 없다. 그래서 하나님은 사라의 믿음이, 또 리브가의 믿음이, 최절정에 오를 때를 기다려 아이를 주신 것이다.

기도는 서러움 속에서 더욱 간절하게 드려지게 되어있다.

사라도 리브가도 서러운 삶 때문에 더욱 간절히 하나님께 매달렸을 것이다.

그 결과 그녀들의 모든 서러움은 사라지고, 그 누구도 기대하지 못한 엄청난 은총의 주인공이 된 것이다.

에서

창세기 25장~36장

⊙ 에서 : Esau(עֵשָׂו : 에사우, 털이 많은) , 사냥꾼, 에돔(Edom : 붉다)족속의 시조
⊙ 야곱 : Jacob(יַעֲקֹב : 야아코브, 뒤꿈치를 잡다, 빼앗다)
⊙ 유딧, 바스맛 : Judith, Basemath 헷 족속의 여인들로 에서가 40살에 나가 아내로 삼은 여인들
⊙ 마할랏 : Mahalath, 이스마엘의 딸, 부모가 유딧과 바스맛을 못마땅하게 생각하자 얻은 여인
⊙ 아다, 오홀리바마 : Adah, Oholibamah 헷 족속과 히위 족속의 여인(혹 유딧과 바스맛과 동일인물)

에서는 이삭이 60세에 리브가에게 얻은 쌍둥이 아들 중 첫째이다. 그는 태어날 때부터 몸이 붉었고, 또 자라면서 몸에 털이 많았다. 그래서 그의 이름은 털이 많다는 뜻에서 에서(털이 많다)가 되었고, 또 별명으로는 붉은 피부를 가져서 에돔(붉다)이라고도 불렸다.

에서는 타고난 사냥꾼이었다. 그래서 그는 사냥감을 좇아 늘 집 밖으로 나다녔다. 늘 들로 산으로 나가 사냥을 하였는데, 아버지 이삭은 그가 사냥해서 가져온 짐승을 요리해 먹는 걸 좋아했다. 이삭은 에서가 맏아들이고 남자다우며 또한 그 아들이 만든 음식을 좋아해서 에서를 편애하였다. 하지만 이렇게 아버지의 편애를 받고 자란 에서는 무엇이든 자기 마음대로 처리하는 고집불통이며 이기적인 사람으로 성장해 갔다.

에서는 자기에게 주어진 모든 조건을 당연한 것으로 여겼다. 쌍둥이로 태어났으면서도 장자의 지위를 누리는 것을 조금도 이상하게 생각하지 않았고, 또 힘이 세고 사냥을 잘했으므로 아버지의 사랑을 독차지하는 것도 전혀 이상하게 여기지 않았다. 무엇이든 하고 싶은 건 해야만 직성이 풀리는 사람이었던 것이다.

때때로 사냥을 나갔다가 허탕을 치고 돌아오기도 했는데, 어느 날은 마침 야곱이 팥죽(붉은 죽)을 쑤고 있을 때 허기가 진 채로 돌아왔다. 그러자 에서는 장자의 명분을 야곱에게 주기로 맹세하고 팥죽 한 그릇을 받아먹고 말았다. 그래서 에서의 별명이 에돔, 곧 붉다는 뜻으로 불려지기도 했다. 성경은 그러한 에서의 행동을 "에서가 장자의 명분을 가볍게 여김이었더라 (창 25:34)"라고 비판하고 있다.

하나님이 주신 것을 소중히 여기지 않으면 빼앗기게 되어있다. 은혜는 가진 사람은 더욱 가져 넘쳐나게 되고, 소중히 여기지 않는 사람은 그나마 받은 것마저 빼앗기게 되어있는 것이다 : *무릇 있는 자는 받아 풍족하게 되고 없는 자는 그 있는*

것까지 빼앗기리라! (마 25:29).

에서는 많은 혜택을 받고 태어난 사람이었다. 건강한 육신과 장자의 직위, 거기에 아버지 이삭의 사랑까지 독차지 한 사람이었다. 하지만 그는 자신이 가지고 있는 것에 조금도 감사할 줄 모르는 사람이었다. 그가 감사할 줄을 알았다면 쌍둥이 동생 야곱의 가슴에 그토록 한(恨)이 박히도록 행동하지 않았을 것이다. 에서의 그러한 행동은 어머니 리브가를 자극해서 어머니는 반대로 불쌍한 아들 야곱만을 편애하게 만들었던 것이다. 이는 곧, 어머니의 사랑으로부터 점차 에서가 멀어져 갔음을 또한 의미하는 것이다.

더구나 에서가 결정적으로 어머니 리브가의 마음을 상하게 한 것은, 그 나이 40에 홀로 바깥에 나갔다가 마음대로 여자 둘을 아내라고 데려온 것이었다. 헷(Hittites) 족속, 곧 가나안 부족의 여자들이었던 유딧과 바스맛이었는데, 성경은 이 여인들이 이삭과 리브가의 마음에 근심이 되었다고 적고 있다(창 26:35). 필경 제멋대로 행동하였을 것이고, 무엇보다 하나님을 경외하는 마음이 없어 부모의 마음을 상하게 하였을 것이며, 친정집에서 섬기던 우상을 그대로 가지고 들어왔을 터였다.

이렇게 어머니 리브가의 눈 밖에 난 에서는 곧 그 대가를 철저하게 치르고 만다.

아버지 이삭이 눈이 어두워져서(아마도 백내장과 같은 질병이었을 것이다) 이제 죽을 날이 가까워 왔다고 판단을 하고는 에서를 불러 사냥을 해서 요리를 가져오라고 했다. 그러면 그것을 먹고 에서에게 마음껏 축복을 해주겠다는 거였다. 이삭은 분명 신앙적인 의미에서 축복을 해주겠다고 한 것인데, 나머지 식구들 곧 아내 리브가나 에서, 그리고 야곱까지도 이것을 아버지의 유산에 대한 상속으로 여겼던 모양이다.

어머니 리브가의 입장에서는 에서가 가업을 잇는 것이 못내 못마땅했다. 도무지 어머니의 말을 듣지 않고 무시했기 때문이다. 고민하던 리브가는 결국 남편 이삭을 속이고 야곱을 보내 축복을 가로채게 만들었다. 그렇게 하면 야곱이 아버지의 뒤를 잇게 될 것이라고 믿었기 때문이다.

곧 그 사실을 알게 된 에서는 아버지 이삭과 함께 분노하고, 또 목을 놓아 대성통곡을 하고 만다. 어떻게 하든 아버지의 축복을 받고 싶었지만 이삭은 단 한 가지의 축복도 해줄 수가 없었다. 축복은 분명 이삭이 하는 것이지만, 그 뒤에서 이삭을 붙들고 계신 하나님의 섭리로 복을 받을 자와 받지 못할 자가 극명하게 나뉜 것이다.

하지만 에서는 아버지의 가업을 그대로 이어받았다. 유산도 에서의 몫이었다. 야곱이 가져간 것은 오직 영적인 장자권과 영적인 축복이 전부였을 뿐이었다.

어쨌든 에서는 그 뒤로 야곱을 죽이기로 마음먹었다. 아버지 이삭이 죽고 나면 곧바로 실행에 옮기기로 마음에 다짐을 했던 것이다. 장차 자신과 자신의 후손이 야곱이 종노릇을 하게 될 것이라는 아버지 이삭의 축복이 너무도 싫었기 때문이었다. 이러한 사실을 눈치챈 리브가가 야곱을 친정인 밧단 아람으로 피신 보낸다. 리브가는 형의 분노가 풀리기까지 몇 날 동안만 가 있으라고 했지만, 에서의 분노는 20년이 지나도 풀리지 않았고 끝내 그것이 리브가와 야곱의 마지막이 되었다. 20년 뒤에 야곱이 돌아왔을 때에 리브가는 이미 고인이 되고 없었기 때문이다. 사실 20년 뒤에 야곱이 돌아올 때까지도 이삭은 여전히 살아있었다. 만약 리브가가 좀 더 기도하였다면 집 안에서 형제의 사랑을 회복할 수도 있었을 것이다.

20년 세월이 지나 야곱은 큰 부자가 되어 돌아온다. 그 소식을 들은 에서는 400명이나 되는 군사를 이끌고 야곱을 죽이기 위해 나선다. 그가 400명이나 되는 군사를 동원할 수 있었다는 건, 에서가 결코 실패한 인생을 산 사람은 아니었음을 증명하는 것이다. 그 소식을 들은 야곱은 겁에 질려 많은 선물을 차례차례 에서에게 보내 그 마음을 풀어주고, 자신은 천사와 씨름하다가 평생 장애인이 되고 만다.

그러한 야곱의 정성을 본 에서는 그 마음을 풀고 야곱과 부둥켜안고 눈물을 흘린다. 야곱이 증오로 에서를 대할 때는 에서의 마음에도 증오가 있었지만, 야곱이 먼저 마음을 열고 에서를 맞이하자 에서의 마음도 풀려진 것이었다. 그렇게 형제가 화해하는 것을 보고 이삭은 180세의 나이에 세상을 떠난다. 그렇다면 에서와 야곱은 장장 60년간이나 함께 아버지를 모시고 사이좋게 지낸 것이다. 그 후 에서는 야곱에게 가나안을 내어주고 세일산으로 떠나간다. 두 사람의 재산이 하도 많아서 함께 거할 수 없게 되자 에서가 스스로 양보하고 떠난 것이다(창 36:7).

이삭의 축복대로 훗날 에돔 족은 유다의 속국이 되고 만다. 다윗에게 정복당한 뒤에 여러 번 독립을 꿈꾸지만 끝내 뜻을 이루지 못하고 결국은 유다가 바벨론에 패망한 뒤에 서서히 역사에서 자취를 감추고 만다. 그들은 이두매(Idumea) 족속이 되어 유다에 편입되었다. 훗날 이스라엘을 다스린 헤롯 왕이 바로 이두매 자손이었다.

에서는 여러 면에서 참 장점이 많은 사람이었다. 재능도 있었고, 힘도 있었다. 또한 나름대로는 효도도 하려고 했고, 야곱과 화해한 뒤에는 깨끗하게 물러설 줄도 알았던 사람이다. 그러나 그는 하나님의 선택을 받지 못했다. 왜냐면 겸손하지 않았기 때문이다. 또한 감사할 줄도 모르는 사람이었기 때문이다.

　그는 말씀에 순종한 사람이 아니라 자기 방식대로 행동한 사람이었다. 에서가 분명 많은 노력을 한 사람임에는 틀림이 없지만, 그러나 그 모든 노력은 말씀에 순종하는 노력이 아니라 여전히 자기 방식을 고수하면서 취한 행동들이었다. 하나님이 원하는 사람은 재주 있고, 능력 있는 사람이 아니라, 겸손하게 엎드려 말씀에 순종하는 사람이었던 것이다.

야곱

창세기 25장~50장

- ⊙ 야곱 : Jacob (יַעֲקֹב : 야아코브, 뒤꿈치를 잡다, 빼앗다) Israel (יִשְׂרָאֵל : 하나님과 겨루어 이긴 자, 하나님이 다스리는 사람)
- ⊙ 에서 : Esau (עֵשָׂו : 에사우, 털이 많은) , 사냥꾼, 에돔(Edom : 붉다)족속의 시조
- ⊙ 라반 : Laban 하얀색, 하란 땅 밧단아람에 살던 아람족속 나홀(아브라함의 동생)의 손자
- ⊙ 레아 : Leah 사나운 소, 안력이 부족한 여인 : 아름다움이 부족한 여인. 르우벤, 시므온, 레위, 유다, 잇사갈, 스불론, 디나의 어머니.
- ⊙ 라헬 : Rachel 암양 , 야곱이 결혼하기 위해 14년간을 무료로 일한 여인, 요셉과 베냐민의 어머니.
- ⊙ 실바 : Zilpah 코가 짧은(?), 레아의 몸종 , 갓과 아셀의 어머니.
- ⊙ 빌하 : Bilhah 겸손 정숙 , 라헬의 몸종 , 단과 납달리의 어머니. 훗날 야곱의 큰 아들 르우벤과 통간을 한 여인.

야곱은 아브라함의 아들 이삭이 나이 60에 리브가에게서 얻은 쌍둥이 아들 중 차남이다. 야곱은 태어날 때부터 형 에서의 발꿈치를 잡고 있었는데, 그래서 그 이름이 야곱(עקב:야아코브, 뒤꿈치를 잡다, 빼앗다)이 되었다. 아버지 이삭은 야곱보다는 늘 에서를 더 사랑했다. 야곱에게는 이것이 못내 한이 되었다. 그래서 어떻게 하든 형의 자리 곧 장자의 자리를 차지하려고 수단과 방법을 가리지 않았다.

형 에서의 장자권을 팥죽 한 그릇으로 교묘하게 사버리고, 형에게 축복하려는 아버지 이삭의 마음을 알아채고 어머니 리브가와 공모하여 눈먼 아버지를 속이고 장자의 축복마저 가로채고 말았다. 그렇게 함으로 야곱은 장자가 되기를 원했지만 그러나 그에게 돌아온 것은 오히려 20년간이나 집에서 쫓겨나 방황하는 것뿐이었다.

아버지를 속이고 형에게 죽을까봐 도망을 친 야곱이 간 곳은 밧단-아람에 있는 외삼촌 라반의 집이었다. 그곳을 향해 가던 야곱이, 루스(Luz : 길을 잘못 들다)라는 동네의 거리에서 처량하게 돌베개를 베고 자다가 한 꿈을 꾸는데, 하늘까지 이어진 사다리가 있고 그 끝에서 하나님의 음성을 들었다. 하나님이 함께하시고, 다시 돌아오게 해주실 거라는 말씀이었다. 잠에서 깬 야곱은 베고 자던 돌베개 위에 기름을 붓고, 하나님께 예배를 드린 후에, 그곳의 이름을 벧엘(Bethel 하나님의 집)이라고 명명했다. 그 뒤로 야곱 신앙의 중심은 이곳 벧엘이 되었다.

천신만고 끝에 밧단-아람을 물어물어 찾아간 야곱은 그곳에서 그는 사촌 여동생 라헬을 보고 한 눈에 반해버렸다. 그래서 그녀와 결혼하는 조건으로 장장 7년 동안 무상으로 라반의 일을 한다. 마침내 7년이 되자 외삼촌 라반은 약속대로 결혼식을 올려주었다. 하지만 라반이 신방에 들여 준 여인은 라헬이 아니라 언니 레아였다. 다음날 아침 야곱이 이 사실을 알고 화가 나서 외삼촌에게 따지러 간 야곱에게 하는 라반의 말은 참으로 의미심장하다.

라반이 이르되 언니보다 아우를 먼저 주는 것은 우리 지방에서 하지 아니하는 바이라(창 29:26)

결국 아무 말도 하지 못한 채, 야곱은 또다시 7년을 무료로 일을 해서 간신히 라헬을 합법적인 아내로 맞을 수 있었다. 라반은 레아와 함께 라헬을 주면서 이런 약속을 받아 내었던 것이다. 그 뒤로 6년 동안 더 라반의 일을 봐주면서 야곱은 자기 몫을 챙기게 되는데 라반은 10번이나 약속한 품삯을 가로채버렸다.

그럼에도 불구하고 큰 재산을 모은 야곱은 라반을 피해 야반도주(夜半逃走)를 감행하게 된다. 하지만 이내 라반에게 붙들리고 만다. 만약 하나님께서 라반의 꿈에 나타나 야곱을 해하지 말라고 경고하지 않았다면 야곱은 그날 필경 죽음을 면치 못했을 것이다.

그렇게 20년을 보내 나이 60이 된 야곱이 고향집으로 돌아오게 되었다. 자기 생각에는 20년의 세월이 흘렀으니 형 에서의 마음이 많이 누그러졌을 것이라고 여겼지만 에서는 전혀 마음이 녹지 않고 있다가 야곱이 온다는 소식을 듣자마자 군사를 400명이나 데리고 쫓아오게 된다. 더구나 그동안 자기편을 들어주던 어머니 리브가 마저 세상을 떠나고 없었기에 이제 야곱을 도와줄 사람은 아무도 없었다.

두려움에 빠진 야곱은 얍복강 나루에서 재산과 가족을 먼저 보내고 홀로 남아 어떤 사람과 씨름을 벌이게 된다. 그러다 그에게 얻어맞아 허벅지 관절(환도뼈)이 어긋나지만, 그래도 끝내 그를 붙들고 놓아주지 않아 원하던 축복을 받게 된다. 그런데 그 사람이 바로 하나님(성육신 이전의 예수님)이셨다.

그래서 야곱은 이스라엘(Israel 하나님과 겨루어 이긴 자, 하나님이 다스리는 사람)이라는 이름을 얻었고 마침내 그토록 소망하던 이스라엘 민족의 조상이요 이삭의 장자권을 획득하게 된다. 그리고는 다리를 절면서 에서와 상봉하는데 야곱은 형 에서 앞에 7번이나 절을 하면서 나아가 용서를 구하고 그 모습에 감동한 에서는 미움을 버리고 야곱을 끌어안게 된다.

야곱은 원하던 재물도 얻었고 네 명의 아내에 11명의 아들까지 얻었다.
그렇다면 마땅히 벧엘로 돌아가 하나님께 감사의 예배를 드려야 했으나, 그만 세겜(Shechem)에 머물고 만다.

그 결과 애지중지하던 외동딸 디나가 세겜 족장의 아들 하몰(Hamor:숫 당나귀)에게 욕을 보게 되고 이에 격분한 아들들이 비겁한 수단으로 세겜의 모든 남자들을 몰살시키는 참화(慘禍)를 겪게 된다. 결국 또다시 사람들의 미움을 받게 된 야곱은 그제야 손을 들고 벧엘로 올라가 비로소 다시 하나님을 만나게 된다. 벧엘로 가기 전에 야곱은 가지고 있던 모든 우상을 세겜 근처 상수리나무 아래 묻고, 하나님께로 나아간다. 그러자 하나님은 야곱의 이름을 이스라엘로 다시 확인하여 주시고 장차 야곱의 자손이 받게 될 많은 복에 대하여 약속해 주셨다.

벧엘에서 다시 하나님을 만난 뒤에, 야곱은 아버지 이삭이 머물고 있는 기럇아르바(헤브론)의 마므레로 간다. 그 길에서 사랑하는 아내 라헬이 막내아들 베냐민을 낳다가 난산으로 세상을 떠나게 된다. 그 후 아버지 이삭과 함께 있던 야곱은 에서와 함께 180세의 나이인 아버지 이삭을 평안히 보내게 되는데, 그때 야곱의 나이가 120세였다. 아버지 이삭이 세상을 떠난 후 극심한 가뭄에 시달리던 야곱은 그로부터 10년 뒤인 130세에는 이집트의 총리대신이 된 아들 요셉을 만나기 위해 이집트로 떠나고 끝내 고향으로 돌아오지 못한 채 이집트에서 눈을 감는다.

야곱의 일생은 그를 변화시키고 훈련시키시는 하나님의 섭리와 결국은 자신을 버리고 하나님께 믿음으로 나아오는 야곱의 신앙고백으로 점철되어 있다고 볼 수 있다. 그 과정에서 야곱은 때로는 큰 어려움을 겪기도 하고 때로는 눈물을 흘리기도 하는 등, 자기 비움과 믿음의 고백 사이에서 이리저리 오가는 모습을 보여준다.

잊지 말아야 할 것은, 하나님은 야곱이 저지른 모든 실수와 잘못에 대한 대가를 다 치르게 하셨다는 것이다. 팥죽 한 그릇에 장자권을 빼앗으려던 야곱은 오히려 에서에게 7번이나 절하며 용서를 구해야 했고 도리어 엄청난 재물을 선물로 안겨주어야만 했다. 또한 에서를 속여 약삭빠르게 살던 야곱이 외삼촌 라반을 만나 그 몇 배의 속임을 당하는 수모를 견뎌야만 했다. 나아가서 아버지 이삭을 속여 축복을 가로채 눈먼 아버지가 온 몸을 부들부들 떨 정도로 분노하게 했던 야곱은 자식들에게 그 이상의 속임을 당하게 되는데 사랑하는 아들 요셉이 짐승에게 물려 죽은 줄 알고 평생을 아픔 속에서 살아야만 했던 것이다.

이 밖에도 야곱은 많은 아픔을 간직한 인생을 살았던 사람이다. 사랑하는 아내 라헬이 젊은 나이로 요절하는 것을 보아야 했고, 외동딸 디나가 불행한 인생을 사는 것을 보아야만 했다. 뿐만 아니라 맏아들 르우벤이 자신의 첩 빌하와 통간하는 사실까지도 알게 되었으며 말년에는 먹을 것이 없어 끝내 이집트로 피난을 하러 가야 하는 비참한 처지에 놓이게 되기도 하였다.

이러한 야곱의 일생은 처음부터 믿음으로 살지 못하고 인간적인 계산을 앞세운 신앙인의 삶이 얼마나 고달픈 것인지를 극명하게 보여주는 것이라고 할 수 있다. 신앙인은 신앙으로 살아야 한다. 믿음으로 자란 사람은 믿음을 중심에 놓고 살아야 한다. 그렇지 않고 자신의 생각이나 계산을 앞세우다가는 항상 실패할 수밖에 없는데, 하나님이 그러한 신앙인의 모습을 그냥 보고만 계시지 않기 때문이다.

세상 사람은 세상의 방법으로 살아도 잘 살지만, 성도는 세상의 방법으로 살면 망할 수밖에 없다. 성도는 말씀으로 살고 기도로 살고 믿음으로 살아야만 하기 때문이다.

유다

창세기 29장~49장

- ⊙ 유다 : Judah, 예후다, 그를 찬미하자, 그를 기억하자, 엘 오난 셀라의 아버지.
- ⊙ 수아 : Shua, 가나안 사람으로 이름이 밝혀지지 않은 그의 딸이 유다에게 시집을 와서 세 아들을 낳았다
- ⊙ 다말 : Tamar(종려나무) 유다의 며느리, 엘의 아내, 시아버지 유다를 통해 베레스와 세라를 낳은 여인.
- ⊙ 야곱 : Jacob (בקעי : 야아코브, 뒤꿈치를 잡다, 빼앗다) Israel (ישראל : 하나님과 겨루어 이긴 자)
- ⊙ 레아 : Leah , 사나운 소, 안력이 부족한 여인 : 아름다움이 부족한 여인. 르우벤, 시므온, 레위, 유다, 잇사갈, 스불론, 디나의 어머니.

야곱은 총 12명의 아들을 낳았으며 이들은 장차 이스라엘의 12 지파(Tribe)의 시조가 된다. 그중에서도 가장 끝까지 남아 야곱, 곧 이스라엘의 뒤를 이은 지파가 바로 유다 지파이다. 그래서 예수님 당시에는 이스라엘이라는 이름과 동시에 유다라는 이름이 같이 쓰일 정도였다. 오늘날도 이스라엘은 유다인(Jewish, 유태인)이라는 이름으로 불리고 있다. 다른 지파들은 오랜 세월이 흐르는 동안 다른 지파와 병합되기도 했고, 역사 속에서 사라졌기 때문이다. 오직 유다 지파만이 끝까지 남아 이스라엘의 대를 이었으며, 다윗이 속한 지파이며 이스라엘의 왕통을 계승한 지파이고, 영광스러운 그리스도 예수님의 조상이 되는 영예를 안은 지파이기도 하다.

하지만 야곱의 12 아들 가운데 유다가 차지하는 비중이 처음부터 큰 것은 아니었다. 유다는 야곱에게 있어서는 가장 주목받지 못했던 아들 가운데 한 사람이었으며, 형제들 사이에서도 대단한 영향력을 발휘한 사람은 아니었다. 오히려 성경에 등장하는 그는 때로는 비겁하기도 하고 교활하기까지 한 사람이었다.

유다 역시 아버지 야곱의 사랑을 독차지하고 있던 요셉에 대한 미움이 극에 달해서 그를 해치려고 마음을 먹었지만, 맏형 르우벤이 돌이켜 구덩이에 가두어만 두었고, 유다의 제안으로 이집트에 노예로 팔아버리고 말았다. 그때 형제들이 받은 돈은 은 20개였다.

요셉이 이집트로 팔려간 다음 야곱의 집안은 점차 가세가 기울기 시작한 모양이었다. 야곱의 지배력도 점점 약해져서 급기야는 아들들이 제멋대로 행동해도 제재를 가할 수 없는 지경에까지 이르게 되었다. 그 와중에서 유다는 집안을 버리고 독립하고 만다. 아마 요셉을 팔아버린 죄책감에서 집을 떠났을 것이다. 유다는 경제적으로만 독립을 했을 뿐 아니라 아버지의 허락도 받지 않고 마음대로 가나안 여인을 아내로 맞이했다.

그녀는 가나안 사람인 수아라는 사람의 딸인데, 그렇게 결혼한 그들 사이에 세 아들들이 태어나게 된다. 그 아들들의 이름은 엘(Er), 오난(Onan), 셀라(Shelah)라고 하였다. 맏아들 엘은 20대 어린 나이에 다말이라는 이름의 가나안 여인과 결혼을 한다. 그런데 이 엘은 아주 악한 사람이었다. 얼마나 악했던지 하나님께서 그가 자식 하나도 낳기 전에 저주를 하셔서 죽고 말았다. 그러자 다말이 자식이 없는 청상과부가 되고 말았다.

다행히도 당시에는 계대결혼(繼代結婚, 嫂婚, Levirate)이라는 제도가 있었다.

고대 유목민들에게 여인은 자식을 낳기 위하여 존재하는 사람으로 여겨졌다. 그래서 아들을 낳지 못한 여인은 온전한 대접을 받을 수 없음은 물론이고 그 생계마저 막막해지는 것이 당시의 현실이었던 것이다. 이러한 여인들의 비극적인 운명을 불쌍히 여겨, 율법은 아들을 낳지 못한 채로 과부가 된 여인은 남편의 동생과 결혼하여 그 대를 잇게 할 수 있도록 아예 법으로 제정하여 놓았던 것이다.

이 법에 따라 엘의 동생인 오난이 형수인 다말과 결혼을 하게 되었다. 그런데, 이 오난이라는 사람 역시 욕심이 많은 사람이었던 모양이다. 형 엘이 죽게 된 지금, 이제 장자권은 자신에게 돌아오게 되어있는데, 만약 다말이 아들을 낳으면 모든 상속권이 다 그 아들에게 돌아가게 되었음을 잘 알고 있었기 때문에 다말로 하여금 아이를 낳을 수 없도록 교묘한 방법을 사용하였다. 결국 그 오난 역시 하나님의 저주를 받아 세상을 떠나고 말았다.

일이 이 지경에 이른 것은 애당초 유다가 아버지 야곱의 곁을 떠나 제멋대로 가나안 여인과 결혼을 했기 때문이었다. 그의 좋지 못한 이 품행이 그 가정에 불행을 불러 일으켰던 것이다. 그뿐 아니라 아들들을 제대로 가르치지 못한 아버지의 책임은 아무리 해도 면할 길이 없었음에 틀림없다. 그렇다면 의당 유다는 하나님께 회개하고 죄를 뉘우쳐 가문을 바로잡고 신앙 안에서 살아야 마땅한 일이었다.

하지만 유다는 자신의 잘못 때문에 벌어진 이 모든 일의 책임을 엉뚱한 곳에 돌리고 만다. 유다가 생각해낸 건, 며느리 다말이 잘못 들어왔다는 것이었다. 그녀가 들어옴으로 자기 가정에 불행한 일들이 생겼다는 것이다. 그래서 셋째 셀라와 결혼시키는 대신에 책임을 물어 친정으로 쫓아버리고 만다.

이러한 유다의 처사가 잘못된 때문인지, 하나님께서는 이번에는 유다의 아내를 데려가셨다. 두 아들에다 아내까지 잃은 유다는 그러나 아직도 제정신을 차리지 못하고 있었다.

양털을 깎는 잔치 날 가나안 사람들과 흥청거리며 돌아다니던 유다는 길거리에서 한 창녀를 만나게 된다. 분명 술에 만취하였을 그는 그 여인을 품고자 덤벼들게 된다. 당시 창녀들의 화대는 대략 염소 한 마리 정도에 해당하는 것이었던 모양인데, 그나마도 나중에 주기로 하고 우선 도장과 지팡이를 맡기고 일을 치렀다.

그런데, 문제는 그 창녀가 다름이 아닌 자신의 며느리 다말이었다는 사실이다. 다말이 의도적으로 창녀로 분장하고 시아버지를 유혹했던 것이다. 참 입에 담기조차 부끄러운 이야기이지만, 성경은 분명 낱낱이 이러한 사실을 기록하고 있다. 다말은 그렇게 해서 마침내 아이를 잉태하게 되었다. 다말의 잘잘못을 따지기 전에 그렇게라도 해서 아이를 가져야만 하는 당시 여인들의 운명이 참으로 안타깝기 그지없다.

그런데, 3개월 뒤 자신이 쫓아버렸던 며느리가 잉태하였다는 소식이 유다에게 들려온다. 그 말을 들은 유다는 불같이 화를 내며 그녀를 화형에 처하려고 하였다. 유다가 이렇게까지 하는 까닭은 아마도 다말을 셋째아들 셀라와 결혼시키지 않으려는 심사가 크게 작용했을 것이었다. 그러자 다말은 그때 유다에게 자신이 가지고 있던 도장과 지팡이를 보여주며 자신을 잉태시킨 남자가 바로 유다라는 사실을 밝혔다.

그제야 잘못을 뉘우친 유다가 다말을 용서해주고 뉘우쳤다. 그래서 다말은 쌍둥이를 낳게 되는데, 그 중 베레스(Perez)라는 아이가 유다지파의 대를 잇게 된다. 이 베레스가 바로 다윗의 조상이며, 예수 그리스도의 육신적 조상이 되게 된다. 사실 유다는 결코 의로운 사람도 아니었고, 그렇다고 신앙적인 사람도 아니었다. 오히려 그는 방탕하고 교활한 사람이었다. 그럼에도 불구하고 유다가 12지파의 명실상부한 후계자가 되며, 이스라엘의 명맥을 잇게 된다는 것은, 구원은 결코 행함으로 말미암은 것이 아님을 여실히 증명하는 것이라고 할 수 있다.

하지만 유다가 무조건 악하고 나쁘기만 한 사람은 아니었다. 정작 유다의 단 한 가지 훌륭한 점이 훗날 요셉을 만나게 된 뒤에 드러나게 된다. 이집트의 총리대신이 된 요셉은 자신의 신분을 속이고 형들을 궁지에 몰아넣는다. 그것은 동생 베냐민에게 형들이 어떤 대접을 하고 있는가를 시험해 보는 것이었다. 만약 자신에게 했던 것처럼 동생에게도 못되게 굴면 죄를 물어 용서하지 않으려고 했던 것이다.

그러나 그런 요셉의 마음을 감동시킨 장본인이 바로 유다였다. 베냐민이 궁지에 몰리자, 유다가 나서서 베냐민의 죄를 자신이 지겠노라고 간절하게 호소하고, 그 호소가 요셉의 얼어붙었던 마음을 녹이는 시금석이 되었던 것이다.

유다는 젊은 시절을 참 방탕하게 보낸 사람이었다. 실수도 많이 했고, 그래서 고통도 많이 겪은 사람이었다. 두 아들과 아내를 앞세웠고 며느리에게는 돌이킬 수 없는 망신을 산 사람이었다. 그러나 놀랍게도 하나님은 그런 유다를 통해 다윗을 보내셨고, 또한 그리스도를 보내셨다.

이것은 구원이라고 하는 건 절대로 행위로부터 말미암는 것이 아님을 보여주는 것이라고 하겠다. 구원은 오직 믿음에서부터 오는 것일 뿐이다. 그리고 그 믿음은 자신의 죄를 인정하고 뉘우친 사람, 곧 회개한 사람만이 얻을 수 있는 것이다. 이런 면에서 유다는 회개한 사람이고 또 믿음의 사람이다.

요셉

창세기 30장~50장

- ⊙ 요셉 : Joseph (יוסף : 요세프, 보라 아들이다. 여호와여 더하여 주소서) 사브낫 바네아(Zaphenath-paneah : 신이 말씀하시고 또한 신은 살아계신다)
- ⊙ 아스낫 : Asenath, 요셉의 아내, 온(On)의 제사장 보디베라의 딸, 므낫세와 에 브라임의 어머니.
- ⊙ 므낫세 : Manasseh(잊게 만드는...), 요셉과 아스낫의 큰 아들.
- ⊙ 에브라임 : Ephraim(열매가 풍성한), 요셉과 아스낫의 둘째 아들.
- ⊙ 야곱 : Jacob (בקעי : 야아코브, 뒤꿈치를 잡다, 빼앗다) Israel (ישׂראל : 이스라 엘 하나님과 겨루어 이긴 자)
- ⊙ 라헬 : Rachel , 암양 , 야곱이 결혼하기 위해 14년간을 무료로 일한 여인, 요셉 과 베냐민의 어머니.

요셉은 야곱의 11번째 아들이며, 요셉이 생전에 가장 사랑했던 부인 라헬의 맏 아들이다. 라헬은 그의 시어머니 리브가와 사라가 그랬던 것처럼 아이를 낳지 못하는 아픔을 지니고 있었다. 그래서 하나님께 간절히 기도해서 얻은 귀한 아들이다(창 30:22). 이것만 보아도 야곱의 12 아들 가운데서 요셉이 진정한 신앙의 적통을 이어받은 아들이라는 사실이 증명된다고 할 수 있다.

야곱은 늘그막에 라헬을 통해 얻은 요셉을 극진히 사랑했다. 그러나 그 사랑이 오히려 요셉에게는 화가 되었으니, 형들의 미움을 받게 되었기 때문이었다. 17세가 된 요셉은 형들의 잘못을 아버지에게 고자질하기까지 했으며, 그가 꾼 꿈은 형들의 분노를 사기에 충분했다(창 37장). 그 첫 번째 꿈은 형들의 곡식 단이 요셉의 곡식 단을 둘러서서 절을 하는 꿈이었으며 두 번째는 해와 달과 열 한 별이 자신에게 절을 하는 꿈이었다.

미움에 사로잡힌 형들은 요셉이 아버지의 심부름으로 세겜을 지나 도단에 온 요셉을 죽이려고 하였다. 다행히도 맏아들 르우벤이 죽이지는 말자고해서 그 목숨을 구하게 되었지만, 유다의 제안으로 행상꾼인 이스마엘 사람들에게 노예로 팔리고 말았다. 그들은 요셉의 몸값으로 은 20개를 받았다. 뿐만 아니라 요셉의 옷을 벗겨 숫염소의 피를 칠한 뒤에 야곱에게 가져다주는 잔인한 짓도 서슴지 않았다.

그 후 요셉은 이집트에 끌려가서 노예시장에 팔리게 된다. 그때 요셉을 산 주인은 보디발이라는 사람으로 임금 바로(파라오, Pharaoh)의 시위대장, 곧 경호실장이었다. 비록 노예로 팔려온 서러운 신세였으나 요셉은 꿈을 잃어버리지 않고 성실하게 살았다. 그는 늘 하나님을 기억하였으며, 항상 기도하는 삶을 살았다. 그래서 그가 하는 일은 무엇이든 형통하게 되었다. 보디발은 점점 더 요셉을 신뢰하게 되어 집안의 모든 대소사를 요셉에게 맡겼다.

그러나 음탕한 보디발의 아내는 요셉의 외모를 보고 유혹하였다. 그녀가 요셉의 옷을 붙들고 늘어지자 요셉은 아예 옷을 벗어 던지고 뛰쳐나왔다. 그러자 여인은 요셉을 몰아세워 자신을 해치려 한 파렴치한으로 몰아버린다. 억울한 누명을 뒤집어쓴 요셉을, 보디발이 왕의 죄수를 가두는 감옥에 넣어버렸다. 이쯤 되면 모든 것을 포기할 법도 하건만 요셉은 감옥에서도 여전히 성실한 사람이 되어 사람들의 인정을 받게 되었다. 간수들이 감옥의 제반 모든 사무를 다 맡길 정도로 요셉을 신뢰하게 되었다. 이 장면을 성경은 이렇게 전한다.

이는 여호와께서 요셉과 함께하심이라! 여호와께서 그의 범사에 형통하게 하셨더라!(창 39:23)

하나님이 함께하시는 사람, 하나님이 형통하게 하시는 사람이란, 단순히 불행을 겪지 않거나 하는 일마다 마음대로 되는 사람을 의미하는 것이 아니다. 하나님이 함께하시는 사람에게도 억울한 일이나 불행한 일은 생길 수 있다. 그러나 하나님이 함께하시는 사람은, 어떤 어려움 속에서도 다시 일어서 그 불행을 극복해내고 만다. 또한, 하나님이 함께하시는 사람에게 닥치는 어려움에는 반드시 뜻이 있게 마련이다. 당장은 그 뜻이 무엇인지를 몰라 답답하지만, 하나님이 고난을 주실 때에는 그만한 이유가 반드시 있다.

요셉도 역시, 당장은 괴롭고 힘들고 또 억울하기만 한 일이었으나, 그 어려움을 슬기롭게 참아내며 끝까지 기도하며 견뎌내자, 마침내 때가 되었을 때 그 불행이 인연이 되어 엄청난 기연을 맺는 계기가 되었다. 바로 그곳에서 바로의 신하인 술 맡은 관원장의 꿈을 해석해주게 되었던 것이다. 요셉이 꿈을 해석했다는 것은, 단순히 그가 그런 능력이 있는 사람이라는 말이 아니라, 그만큼 하나님께 기도하는 사람이었음을 뜻하는 것이다.

그 일이 계기가 되어, 바로의 꿈을 해석할 수 있는 기회를 얻게 되는데, 그 꿈은 살진 암소 7마리를 파리한 암소가 잡아먹는 것이었고, 잘 여문 일곱 이삭이 말라버린 이삭에게 잡아먹히는 꿈이었다. 이 꿈으로 번민하던 바로는 술 맡은 관원장의 소개로, 요셉을 불러들여 그 꿈의 뜻을 듣게 된다.

그 꿈은 장차 7년 동안 풍년이 든 뒤에 무서운 흉년이 7년간 계속될 것인데, 흉년의 기세가 너무나도 엄청나서 풍년의 기쁨이 다 사라질 것이라는 것이었다. 요셉의 지혜에 탄복한 바로는 곧바로 요셉을 등용해서 나라의 2인자, 곧 총리대신을 삼게 된다. 그러자 요셉은 풍년 동안에 곡식을 모아들여 흉년을 예비하였다. 결국 요셉을 통해 이집트는 물론이고 인근의 전 지역이 구원받는 큰일을 이루게 된다. 뿐만 아니라, 가나안에 살던 아버지 야곱과 형제들의 목숨도 구하게 되고, 그가 어려서 꾸었던 꿈 그대로 형들의 절을 받게 된다.

바로는 요셉의 아버지와 형제들을 흉년을 피해 이집트로 이주할 수 있게 배려해주고, 야곱은 70명의 자손을 이끌고 이집트에 들어선다. 그로부터 400년 뒤에 이 70명으로 시작한 야곱의 후손은 장정만 60만에 달하는 엄청난 규모로 성장하게 된다.

요셉은 성경에 나오는 인물 중에서 가장 그리스도와 닮은 사람이다.

그리스도가 온 인류를 구원하신 것처럼 요셉은 굶어 죽게 될 수많은 사람들을 구원한 사람이었다. 그리스도가 믿었던 제자 가룟 유다에게 배신을 당해 은전 30개에 팔렸던 것처럼, 요셉은 믿었던 형들에게 배신을 당해 은전 20개에 팔리고 만다. 그리스도가 당신을 배신하고 조롱하는 모든 무리들을 용서하신 것처럼, 요셉 역시 자신을 팔아버린 형제들을 용서한다. 그리스도의 십자가가 구원의 상징이 되었듯이, 노예로 팔린 요셉의 고난과 시련은 요셉을 이집트의 총리대신이 되게 하는 시금석이 되었다.

높이 올라가는 건물일수록 그 기초를 깊이 파야 한다. 크게 쓰임 받을 사람일수록, 시련과 고통은 그만큼 더 깊고 더 긴 법이다. 시련을 겪지 않는 인생은 없지만, 시련을 이겨내는 인생은 적다. 그것은 시련을 이기는 법이 자신에게 있지 않고 하나님께 있음을 아는 이가 적기 때문이다. 하나님을 알고, 그분을 믿게 될 때, 비로소 시련을 견디어내게 되고, 시련을 견디어 낸 사람만이 진정한 사명을 감당할 수 있는 것이다.

시험을 참는 자는 복이 있도다.
이것에 옳다 인정하심을 받은 후에
주께서 자기를 사랑하는 자들에게 약속하신
생명의 면류관을 얻을 것임이니라.

야고보서 1 : 12 (개역)

모세

출애굽기~신명기

- ⊙ 모　세 : Moses (hvEm : 모쉐, 이집트어 –mes~, 건져냄, 태어남)
- ⊙ 아므람 : Amram, 모세의 아버지, 레위지파
- ⊙ 요게벳 : Jochebed(여호와는 전능하시다...), 모세의 어머니, 남편 아므람의 고모.
- ⊙ 아　론 : Aaron(이집트어), 모세의 형(세살 위), 미리암의 동생
- ⊙ 미리암 : Miriam 아론과 모세의 누이, 여선지자
- ⊙ 이드로 : Jethro(높음, 고귀함), 르우엘(Reuel, 하나님의 친구 : 부족이름), 호밥(맏아들)으로도 불림.
- ⊙ 십보라 : Zipporah(제비), 모세의 아내, 게르솜(Gershom, 이방에서 객이 되었다)과 엘리에셀(Eliezer)의 모친

야곱이 70명의 자손을 데리고 요셉이 총리대신으로 있는 이집트에 들어간 후 400년 이상의 세월이 흘렀다. 그러자 70명에서 출발한 야곱의 자손 곧 이스라엘 백성들이 장정만 60만 명에 달하는 큰 민족으로 성장하였다. 그러나 그들은 점차 소외계층으로 전락하기 시작했고, 이스라엘이라는 이름 대신에 히브리(Hebrew) 종족으로 불리게 되었다. 히브리라는 말의 뜻은 하비루(Habiru, Apiru)라는 말에서 온 것으로 하층 민족을 가리키는 말이었다. 혹은 강을 건너온 사람들(이브림, Ivrim)라는 말에서 온 것으로 보기도 하는데, 아무튼 이방 민족이라는 뜻이다.

결국, 요셉의 공로를 알지 못하는 바로(Pharaoh, 투트모세 3세?)가 통치하던 BC 1400년경부터 히브리 민족에 대한 무서운 압제가 시작되었다. 바로는 왕성하게 성장하는 히브리인들에 대한 두려움으로, 산아제한 정책을 쓰기 시작했는데, 처음에는 산파들을 동원해서 사내아이를 죽이려 하다가 잘되지 않자, 모든 히브리 사내아이는 나일강에 던져 죽이도록 명령했다.

레위 지파의 후손인 아므람은 친 고모인 요게벳과 결혼(출 6:20)을 해서 딸 미리암을 낳았고, 아들 아론을 낳았다. 아론을 낳은 3년 뒤에 다시 사내아이를 낳게 되었는데, 바로 그때가 바로가 모든 히브리의 사내아이들을 나일강에 던져 넣으라고 명령한 때였다. 아므람과 요게벳은 3개월 동안 아기를 숨겨 키웠으나 울음소리가 커져 더 이상 키울 수 없게 되자, 어쩔 수 없이 갈대 상자에 아기를 넣어 나일강에 띄우고 만다. 그렇게 부모로부터 버려졌던 아기 모세는 때마침 나일강에 목욕하기 위해 나왔던 이집트의 공주에게 발견되어 구사일생으로 살아나게 되고, 미리암의 활약으로 다시 부모에게 돌아와 젖을 뗄 때까지 양육 받게 된다.

그 후 왕궁으로 돌아가 나이 40살이 될 때까지 왕궁의 많은 학식을 공부하며 자라나게 된다. 그러나 자신이 히브리인인 것을 알고 있었던 모세는 히브리인을 위한 일을 하려고 하다가 살인을 저지르게 된다. 처벌을 두려워한 모세는 급기야 광야로 도망을 치게 되고 미디안 광야에서 이드로를 만나 그의 딸인 십보라와 결혼을 해서 게르솜과 엘리에셀을 낳게 된다.

모세는 80세에 호렙산에서 불붙은 떨기나무 가운데 임하신 하나님을 만나, 이스라엘을 구원하라는 명령을 받는다. 그 명령에 따라 이집트로 돌아온 모세는 바로 앞에서 10가지 재앙(피로 변한 나일강, 개구리, 이로 변한 먼지, 파리, 가축의 죽음, 피부병, 우박, 메뚜기, 사흘간의 어둠, 장자의 죽음)을 통해 이스라엘을 구원하여 가나안을 향한 대장정에 오른다. 그러나 바로가 마음을 바꿔 홍해 바다 앞에서 유숙하던 이스라엘을 치러 왔을 때, 하나님은 바다를 갈라 이스라엘 백성을 구원하셨으며 따라 들어온 이집트 병사들에게는 죽음을 내리셨다.

이집트의 추격을 따돌린 모세와 이스라엘 백성은 미리암의 찬송 가운데 광야에 들어선다. 여러 가지 어려움이 있었지만 2년 만에 가나안을 목전에 둔 모세는, 백성들의 요구로 12명의 정탐꾼을 파견한다. 그러나 가나안을 정탐하고 온 12명의 정탐꾼 가운데 여호수아와 갈렙을 제외한 나머지 10명이 절망적인 소식을 전하였고, 급기야 이스라엘 백성은 탄식하며 모세를 원망하고 하나님을 배반하게 된다. 그 결과 하나님의 진노하심으로 38년 동안 가나안에 들어가지 못하고 광야를 방황하게 된다.

그럼에도 불구하고 하나님께서는 여전히 그들을 보호하셨는데, 낮에는 구름기둥으로 밤에는 불기둥으로 인도하셨으며, 아침마다 만나를 내려주셨고, 때로는 메추라기 떼를 보내 고기를 먹고 싶어 하는 그들의 요구도 충족시켜 주셨다. 사실 그들에게는 양 떼와 소 떼가 있었으니, 고기가 전혀 없었던 것은 아니었다. 뿐만 아니라 반석에서 샘물이 솟아나게도 하셨고, 마라에서는 쓴물을 단물로 바꾸어주시기도 하셨다. 그렇게 40년 세월을 광야를 떠돌며 방황하던 이스라엘 백성에게 하나님은 모세를 통해 당신의 계명, 곧 십계명과 율법을 내려주시게 된다.

또한 아말렉 족속과 전쟁이 벌어지게 되었을 때에는 모세의 손이 올라가 있는 동안 함께하여 주셨는데, 아론과 훌은 모세의 손이 내려오지 않도록 그 손을 붙들어 주기도 했다. 모세가 수많은 민원으로 인하여 시달리고 있을 때는 장인 이드로를 보내 조직을 개편하게 함으로 모세의 수고를 덜어준 동시에 이스라엘이 조직적으로 정비될 수 있는 터전을 만들어 주셨다.

하지만 그 많은 은총에도 불구하고 이스라엘 백성들은 수시로 하나님을 원망하였고, 심지어 모세를 때려죽이려고 하기도 했다. 그 결과 불뱀에 물려 다 죽게 되었지만, 모세의 기도를 들으신 하나님께서 모세로 하여금 놋뱀을 만들게 하시고, 그것을 바라본 사람에게만 새 생명을 허락하셨다.

모세는 기도의 사람이었다. 율법을 받기 위해서 40일 동안, 세 번이나 시내산에 올라가 금식 기도하였던 사람이었고, 이스라엘 백성들이 범죄 하였을 때는, 자신의 목숨을 내놓으면서 하나님께 애원한 눈물의 지도자였다. 모세가 얼마나 열심히 기도했던지, 하나님께서 모세 앞에는 직접 나타나시기까지 하셨으며, 사람이 친구와 대화를 하듯이 모세와는 이야기를 나누셨다(출 33:11). 모세가 얼마나 기도하는 사람이었는지를 알 수 있다.

또한, 모세는 사랑의 지도자였다. 자신을 배신하고 원망하던 백성들을 위해 자신의 목숨을 내놓고 그들을 구원하기 위해 노력한 모세는 참된 지도자의 모습이 어떠한 것인지를 보여주는 것이라고 할 수 있을 것이다. 뿐만 아니라 모세는 비록 자신의 실수(가데스 므리바 사건)로 가나안에 들어갈 수 없게 되었을 때도 하나님을 원망하지 않았으며, 자신의 운명에 순응했고, 나아가서 여호수아를 비롯한 이스라엘 백성들을 위해 축복하며 기도한 사람이었다.

모세는 욕심이 없는 사람이었다. 자신의 많은 공로에도 불구하고 후계자를 세움에 있어 자신의 두 아들을 전혀 고려하지 않은 사람이고, 제사장의 후손을 선정함에 있어서도 자신의 자손이 아니라, 형 아론의 자손을 세워 공로를 나누어 준 사람이었다.

이처럼 모세는 모든 면에서 뛰어난 지도자였다. 겸손한 사람이었고, 사랑이 많은 사람이었으며, 항상 깨어 기도하는 사람이었다. 모세를 통해 이스라엘은 비로소 민족이 될 수 있었고, 나라를 세울 수 있었으며, 조직을 정비하였고, 무엇보다 율법을 하사받을 수 있었다. 또한 모세를 통해 제사법을 확립했고, 성막과 법궤를 만들 수 있었으며, 죽음의 광야 그 40년 동안에도 은총으로 견디어낼 수 있었다.

아론

출애굽기~신명기

- ⊙ 아 론 : Aaron(이집트어 : 고상함), 모세의 형(세살 위), 미리암의 동생
- ⊙ 모 세 : Moses (hvEm : 모쉐, 이집트어 −mes∼, 건져냄, 태어남)
- ⊙ 아므람 : Amram, 아론과 모세 미리암의 아버지, 레위지파
- ⊙ 요게벳 : Jochebed(여호와는 전능하시다...), 아론과 모세의 어머니, 남편 아므람의 고모.
- ⊙ 미리암 : Miriam 아론과 모세의 누이, 여선지자
- ⊙ 엘리세바 : Elisheba(하나님은 온전하시다), 아론의 아내, 나답과 아비후와 엘르아살과 이다말의 모친.
- ⊙ 나답과 아비후 : Nadab(관대한), Abihu(그는 나의 아버지시다) 모세의 장남과 차남으로 술에 취해 잘못된 불로 분향하다 저주 받아 죽었다.
- ⊙ 엘르아살 : Eleazar(하나님이 도우셨다), 아론의 셋째 아들, 후계자, 비느하스의 아버지, 사독의 조상.
- ⊙ 이다말 : Ithamar(종려나무의 장소), 아론의 막내아들, 게르손 자손과 므라리 자손의 족장.

아론은 모세의 친형으로 모세보다 3살 더 많았다. 하지만 비록 형제라고는 하여도 함께 자라난 것으로 보기는 어렵다. 왜냐면 모세는 젖을 뗀 다음에는 바로의 궁전에 들어가 왕자로서 생활을 하였을 것이기 때문이다. 물론 모세와 아론은 서로가 형제인 것은 알고 있었겠지만 신분의 차이가 워낙 많이 나서 형제로서의 많은 교감은 나누기 어려웠을 것이다.

모세의 나이 40세가 되었을 때, 그러니까 아론의 나이는 43세였을 때 모세는 살인을 저지르고 미디안 광야로 도망을 쳐버리고 만다. 그 뒤로 40년 세월 동안 아론은 동생 모세의 소식을 듣지 못하고 살았을 것이다. 그동안 이집트에 사는 히브리 민족의 고통은 나날이 증가하여 갔을 것이고 압제에 신음하며 아론을 위시로 한 모든 이스라엘 백성들은 하나님께 해방을 간구하였을 것이다.

그들의 기도가 사무쳐 마침내 하나님의 응답이 시작되었다. 하나님께서는 아론을 부르셔서 그 동생 모세를 돕게 하셨다. 이는 모세가 언변이 부족해서 일을 할 수 없음을 고백했기 때문에 빚어진 일이긴 했으나, 동시에 아론의 능력이 하나님으로부터 인정을 받았음을 보여주는 것이라고 할 수 있다.

그 후로 아론은 모세의 대변인이 되어 파라오 앞에 서게 된다. 뿐만 아니라 모세의 명령에 따라 모세의 지팡이로 이적을 행하는 일 역시 아론의 몫이었다. 아론은 모세를 그림자처럼 뒤따르며 모세의 명령을 수반하게 된다. 실로 아론은 모세의 입이었고, 손과 발이었다.

아론의 성실함은 아말렉과의 전쟁 중에 두드러지게 나타났다. 아말렉과 전쟁이 벌어질 당시 모세가 손을 올리고 기도를 하면 이스라엘이 이겼지만, 모세가 팔이 아파서 내리면 아말렉이 이겼다. 이를 알고 아론이 앞장서서 훌과 함께 모세의 손을 붙들어 올림으로 아말렉을 물리칠 수 있었던 것이다.

이러한 아론의 충직함이 인정되어 아론은 제 1대 대제사장이라는 영예를 안게 된다. 모세는 정치적인 지도자요, 신앙의 영도자였던 반면에, 그의 형 아론은 대제사장이 되어 대대로 그의 가문으로부터 대제사장을 배출하는 영광을 안게 된 것이다.

그러나 아론에게는 부족한 점 역시 많이 있었다.

그의 가장 큰 잘못은 모세가 십계명을 받기 위하여 시내산에 올라가 40일을 금식하며 기도할 때, 백성들의 강요에 못 이겨 금송아지 우상을 만든 것이었다. 백성들은 모세가 산에 올라간 뒤로 소식이 없자, 틀림없이 사망했을 것이라고 단정하고, 아론을 강요해서 금송아지를 만들게 하였던 것이다.

이러한 백성들의 요구에 아론은 단호하게 대처하지 못하고 금붙이를 모아다가 우상을 만들었던 것이다. 그들이 우상을 만들고 축제를 시작할 즈음에 하나님은 모세를 내려보내셔서 그 우상을 파괴하게 하셨고, 아론을 비롯한 이스라엘은 큰 책망을 면할 길이 없었다. 이때 하나님은 아론에게 진노하셔서 그를 죽이려고 하셨지만, 모세가 간절히 기도함으로 죽음을 면하게 되었다.

또 하나의 큰 잘못은 누이 미리암과 함께 모세를 공개적으로 비난하였다는 것이다. 모세가 구스 여인을 아내로 맞이하자, 그것을 공개적으로 비난한 것인데, 이 일로 미리암은 나병에 걸리고 만다. 아론은 곧 뉘우치고 회개하였지만, 미리암은 일주일 동안 진 밖에 머물러야 했다.

또한 아론은 자식들 때문에 하나님의 영광을 가린 일도 있었다. 나답과 아비후가 바로 그들인데, 이들은 술에 취해서 하나님께서 명하신 불이 아닌, 다른 불을 제단에 드리다가 하나님의 화염으로 사망하고 말았다(레 10장). 그럼에도 불구하고 아론은 하나님의 형벌에 대하여 침묵하게 되고, 그 마음이 인정되어 그의 다른 두 아들 엘르아살과 이다말이 제사장이 될 수 있었다.

하나님은 민수기 16장에서, 고라와 다단과 아비람이 모세와 아론에게 도전하여, 그들의 성직을 부정하고 자신들을 내세우려고 할 때도 모세와 아론의 편을 들어 주셨다. 그들은 땅이 갈라지며 산채로 음부에 빠져들어 가고 말았다. 그럼에도 불구하고 백성들은 여전히 모세와 아론을 원망하였다. 그러자 전염병이 창궐해서 1만 4천 7백 명이나 되는 사람들이 죽었는데, 이때 아론이 향로를 들고 전염병 가운데 서자, 비로소 죽음이 그쳤다. 이후 하나님은 모든 지파의 대표자들에게 지팡이를 내게 하셨는데, 12개의 지팡이 중에 아론의 지팡이에서만 싹이 나서, 그가 하나님의 선택받은 제사장임을 만방에 드러내 주셨다.

아론은 모세와 함께 40년 동안 이스라엘의 대제사장이 되었으며, 그가 호르산에서 임종한 뒤에 모세는 그 아들 엘르아살에게 대제사장 직분을 물려주었다. 이렇게 해서 엘르아살 계열의 대제사장 가문이 탄생하였으며, 다윗의 제사장 사독까지 그 계열로 이어지게 되었다.

비록 아론은 많은 실수가 있었던 사람이지만, 그럼에도 불구하고 항상 빨리 뉘우칠 줄 알았던 사람이다. 그것이 바로 아론이 대제사장으로 대대토록 하나님께 봉사할 수 있었던 가장 중요한 요인이라고 할 수 있을 것이다. 또한 동생임에도 불구하고 모세에게 전적으로 순종하였던 아론의 겸손한 모습이, 하나님의 사람으로 부름 받을 수 있는 자격 요건이 되었다고 할 수 있다.

그러나 이 모든 요건보다 중요한 것은, 하나님께서 아론을 부르셨고 선택하셨다는 것이다. 비록 그에게 인간적인 부족함이 많이 있었지만, 또한 결격 사유도 있었지만, 하나님은 이를 용납하셨다. 이점이야말로, 하나님의 사람들, 곧 성직자를 바라보는 우리들의 바람직한 자세라고 할 수 있다. 즉, 성직자는 완벽한 사람이어서 부름 받은 사람이 아니라, 오직 하나님의 선택이 그를 부르셨다는 것이다.

여호수아

출애굽기~여호수아

⊙ 여호수아 : Joshua(여호와께서 구원하신다, 여호와는 구원이시다)
⊙ 모 세 : Moses (모쉐, 이집트어 –mes~, 져냄, 태어남) 여호수아의 스승.
⊙ 눈 : Nun (생선), 여호수아의 아버지, 에브라임 지파.
⊙ 갈 렙 : Caleb(개~종으로서의 충성과 애정을 나타내는 이름), 유다 지파.
⊙ 호세아 : Hoshea(구원), 여호수아의 본명, 모세가 여호수아로 개명시켰다(민 13:16).
⊙ 예 수 : Iesous(여호와께서 구원하신다), 여호수아의 이름을 헬라어로 쓴 표기.

여호수아는 모세의 충성스런 부관이었으며 믿음직한 후계자였다.

여호수아의 본명은 호세아(구원)인데, 모세가 여호수아 곧 여호와께서 구원하신다로 바꾸어 주었다.

여호수아가 성경에 처음 등장하는 장면은 르비딤에서 아말렉 족속과 전쟁이 벌어졌을 때이다. 그때 여호수아는 이스라엘 백성을 이끌고 직접 아말렉과 전투를 벌였다. 아말렉은 광야를 지배하던 베두인족인데, 이스라엘 백성들이 광야에 들어오자 비겁하게 뒤쪽을 공격했다. 놀라운 것은 그 전쟁을 할 때, 모세가 손을 들면 이스라엘이 이기고 내리면 지곤 하였다는 것이다. 하지만 모세는 팔이 아파서 계속 들고 있을 수가 없었다. 다행히 아론과 훌이 모세의 손을 붙들어 올려 여호수아와 이스라엘이 아말렉을 무사히 물리칠 수 있었다.

그 후 바란 광야에서 여호수아는 다른 지파의 수령들과 함께 에브라임 지파의 대표로 가나안 땅 정탐에 나서게 된다. 40일 동안 계속된 정탐을 마치고 돌아온 정탐꾼들은 대부분 절망적인 소식을 전하였다. 그곳 가나안은 분명히 풍요로운 곳임에 틀림이 없지만, 무서운 거인들이 차지하고 있어서 도저히 정복할 수가 없다는 내용이었다. 그러나 여호수아와 유다 지파의 수령으로 참가했던 갈렙 만은, 하나님이 함께하신다면 얼마든지 정복할 수 있을 것이라고 말했다. 그때 여호수아와 갈렙은 이렇게 외쳤다.

우리가 두루 다니며 정탐한 땅은 심히 아름다운 땅이라! 여호와께서 우리를 기뻐하시면 우리를 그 땅으로 인도하여 들이시고 그 땅을 우리에게 주시리라! 이는 과연 젖과 꿀이 흐르는 땅이니라! 다만 여호와를 거역하지는 말라 또 그 땅 백성을 두려워하지 말라 그들은 우리의 먹이라! 그들의 보호자는 그들에게서 떠났고 여호와는 우리와 함께 하시느니라! 그들을 두려워하지 말라!(수 14:7~9)

하지만 이스라엘 백성들은 여호수아와 갈렙의 말이 아니라 다른 정탐꾼들의 말을 더 신뢰하였고 오히려 여호수아와 갈렙을 돌로 때려죽이려고 하였다. 하나님은 이스라엘의 믿음 없음에 진노하셔서, 40년 동안 광야를 떠돌아다니게 만드셨다. 그 기간이 40년이 된 것은 40일 동안 가나안을 정탐했기 때문이다. 또한 그 기간은 살아있는 이스라엘 백성 중에서, 20세 이상 되는 모든 남성이 사망하고 난 다음을 의미하는 것이었다. 오직 여호수아와 갈렙 만이 살아남아 약속의 땅을 볼 수 있었다. 훗날 이스라엘을 대표하는 두 지파가 에브라임과 유다가 된 이유도, 사실은 여호수와와 갈렙의 믿음으로부터 기인하는 것이라고 할 수 있다.

여호수아는 모세를 그림자처럼 호위하며 따라다녔다. 모세가 시내산에서 40일 동안 금식하며 말씀을 받을 때, 여호수아는 산 아래에 남아서 끝까지 모세를 기다렸다. 다른 사람들은 모두 모세가 산에서 죽었을 것이라고 생각했을 때도 여호수아는 끝까지 믿음을 버리지 않았다. 여호수아는 성막이 세워진 후에는 언제나 성막에 머물면서 그곳의 관리자로 지내며 모세를 보필하였다(출 33:11).

40년의 광야 생활이 끝나고 가나안에 들어가기 직전에, 하나님은 모세를 데려가시면서 모세의 후계자로 여호수아를 세우라고 하셨다. 모세는 그 명령에 따라 여호수아에게 안수하였다. 그러자 모세에게 임하셨던 지혜의 신 곧 성령님께서 여호수아에게 충만하게 임함으로 이스라엘을 다스릴 수 있었다.

지도자가 된 여호수아는 가나안을 정복하기 위해 요단강을 건너간다. 놀랍게도 법궤를 맨 제사장들의 발이 요단강에 닿는 순간 강물이 멈추고 모든 백성이 마른 땅을 건너듯 요단강을 건너 가나안에 진입하였다. 요단강을 건넌 후에 여호수아는 할례를 받지 않은 사람들에게 다 할례를 받게 하고, 유월절을 지키게 하였다. 그 유월절 다음날부터 가나안의 농산물을 먹을 수 있었고, 그러자 만나가 그쳤다.

여호수아가 가나안에서 처음 정복한 곳은 여리고 성이었다. 여리고는 이미 이스라엘에 대한 소문을 듣고 성벽을 걸어 잠근 뒤였다. 그 상태로는 몇 년이 걸릴지 장담할 수 없는 상태였다. 그러나 하나님의 능력으로 그 성을 쉽게 무너뜨리게 된다. 이스라엘이 한 일은 그저 일주일 동안 하루에 한 바퀴씩 성을 돈 것이 전부였을 뿐이다.

여리고를 쉽게 정복하고 난 뒤에 여호수아는 아이 성을 정복하려고 나선다. 사실, 아이 성은 여리고보다 훨씬 큰 성이었다. 하지만, 여리고를 쉽게 정복한 여호수아와 이스라엘 백성은 아이 성을 쉽게 생각했다. 그래서 기도도 하지 않고 성을 정복하려다 대패를 당한다. 그제서야 하나님께 엎드려 기도하며 통회한 여호수아는 자신들 가운데 죄를 범한 사람이 있음을 알게 된다. 아간이라는 자가 온전히 하나님께 전부 다 드려야 할 여리고의 물품(헤렘 : Cherem)을 숨겨둔 것이었다. 이에 아간을 아골 골짜기에서 처형하고 난 뒤에야 비로소 아이 성을 정복할 수 있었다.

여호수아는 큰 신앙의 사람이었기에 비교적 순탄하게 가나안을 정복해 나갈 수 있었다. 그러나 간혹 기도를 게을리하다 낭패를 당하는 때가 있었다.

멸망시켜야 할 기브온 주민에게 속아서 그들과 평화조약을 체결한 것도, 사실상 기도하지 않은 까닭에 발생한 일이었다. 하지만 여호수아는 비록 실수로 맺은 평화의 조약일지라도 끝까지 지켰는데, 하나님께서도 그의 결정을 받아주셨다. 아모리 연합군의 공격을 받은 기브온 주민이 도움을 요청하자 여호수아는 밤새 달려가 그들을 구하였다. 하지만 밤이 되려고 하자 하늘의 해와 달이 그 자리에 멈추게 해달라고 기도하였다.

여호와께서 아모리 사람을 이스라엘 자손에게 넘겨주시던 날에 여호수아가 여

호와께 아뢰어 이스라엘의 목전에서 이르되, 태양아 너는 기브온 위에 머무르라! 달아 너도 아얄론 골짜기에서 그리할지어다! 하매 태양이 머물고 달이 멈추기를 백성이 그 대적에게 원수를 갚기까지 하였느니라(수 10:12~13)

여호수아는 110세에 딤낫 세라에서 하나님의 부름을 받는다.
여호수아는 죽기 직전, 이스라엘 백성들에게 오직 하나님만 섬길 것을 선택하라고 했다.

이제는 여호와를 경외하며 온전함과 진실함으로 그를 섬기라! 너희의 조상들이 강 저쪽과 애굽에서 섬기던 신들을 치워 버리고 여호와만 섬기라! 만일 여호와를 섬기는 것이 너희에게 좋지 않게 보이거든 너희 조상들이 강 저쪽에서 섬기던 신들이든지 또는 너희가 거주하는 땅에 있는 아모리 족속의 신들이든지 너희가 섬길 자를 오늘 택하라! 오직 나와 내 집은 여호와를 섬기겠노라!(수 24:14~15)

그러자 온 백성들이 이렇게 대답했다.
우리 하나님 여호와를 우리가 섬기고 그의 목소리를 우리가 청종하리이다!

여호수아는 아직 정복하지 못한 땅도 믿음으로 분배하였던 신앙의 사람이다. 그는 항상 기적의 중심에 있었다. 이집트에 10가지 재앙이 내릴 때도, 홍해가 갈라질 때도, 아말렉을 물리칠 때도, 요단강이 마를 때도, 여리고가 무너질 때도, 아얄론 골짜기에 해와 달이 멈출 때도, 여호수아가 그 중심에 있었다. 그의 믿음이 이 모든 일을 목도하게 하였으며 그 믿음으로 승리하게 하였던 것이다.

기적은 믿음이 있는 사람만이 볼 수 있는 것이다.

여호수아가 바로 그 믿음의 사람 곧 기적의 사람이었다.

갈렙

민수기~사사기

- ⊙ 갈 렙 : Caleb(개~ 종으로서의 충성과 애정을 나타내는 이름, 또는 공격자), 유다 지파.
- ⊙ 여호수아 : Joshua(여호와께서 구원하신다, 여호와는 구원이시다)
- ⊙ 여분네 : Jephunneh(그가 돌이키시기를 원하노라) 갈렙의 부친, 유다지파(그나스 사람)
  ※ 그나스(Kenaz, 가장자리)족속은, 가나안 족속으로 이집트에서 히브리민족과 합류하였던 많은 민족 중의 하나.
- ⊙ 옷니엘 : Othniel(하나님은 힘이시다) 첫 번째 사사, 갈렙의 동생(혹은 조카)이며 사위.
- ⊙ 악사 : Achsha(복사뼈 장식 즉 발목걸이) 갈렙의 딸, 옷니엘의 아내.

갈렙은 모세의 뒤를 이은 여호수아와 함께 유다 지파의 대표자가 되어 가나안을 정복한 사람이다. 하지만 그는 유다 지파의 대표자임에도 불구하고 정통 히브리민족이 아니었다.

성경은 갈렙을 가리켜 '그나스(Kenaz), 또는 그니스(Kenizzite) 사람'이라고 소개한다. 그나스 족속이 어떤 사람들인지에 대해서는 이견이 참 많이 있지만, 분명한 사실은 정통 유대인은 아니라는 것이다. 그래서 성서학자들은 갈렙이 모세가 출애굽 할 당시에 함께 이집트를 탈출했던 '수많은 잡족' 중의 한 사람이라고 본다(출 12:38). 그렇다면, 그는 이방인이었다는 말이다. 물론 할례를 받고 유대인으로 귀화하였을 것이다. 하지만, 그럼에도 불구하고 그는 분명 이방인 출신이었던 것이다. 그런 그가 유다 지파의 대표자가 되기까지는 정말이지 이루 말할 수 없는 큰 고통이 있었을 것이다. 하지만 그는 그 모든 어려움을 다 극복하고 유다 지파의 수장이 되었다.

갈렙은 모세가 출애굽을 한 뒤에 '가데스 바네아'란 곳에 이르러 가나안을 정탐하기 위하여 선출한 12명의 정탐꾼 가운데 유다 지파의 대표자가 되었다. 그런데 그 12명 가운데 여호수아와 갈렙을 제외한 나머지 10명의 정탐꾼은 돌아오자마자 가나안에 대하여 갖은 악평을 늘어놓기 시작했다. 민수기 13장에 보면 그때 그들의 언행이 고스란히 기록이 되어 있다.

이스라엘 자손 앞에서 그 정탐한 땅을 악평하여 이르되 우리가 두루 다니며 정탐한 땅은 그 거주민을 삼키는 땅이요 거기서 본 모든 백성은 신장이 장대한 자들이며 거기서 네피림 후손인 아낙 자손의 거인들을 보았나니 우리는 스스로 보기에도 메뚜기 같으니 그들이 보기에도 그와 같았을 것이니라 (민 13:32~33)

이 말을 들은 이스라엘 백성들은 밤새도록 통곡하며 모세를 원망하기 시작했다. 그러자, 여호수아와 갈렙은 옷을 찢어가며 간절하게 호소하였다.

우리가 두루 다니며 정탐한 땅은 심히 아름다운 땅이라. 여호와께서 우리를 기뻐하시면 우리를 그 땅으로 인도하여 들이시고 그 땅을 우리에게 주시리라! 이는 과연 젖과 꿀이 흐르는 땅이니라! 다만 여호와를 거역하지는 말라! 또 그 땅 백성을 두려워하지 말라! 그들은 우리의 먹이라 그들의 보호자는 그들에게서 떠났고 여호와는 우리와 함께 하시느니라! 그들을 두려워하지 말라!
(민 14:7~9)

하지만 이미 절망에 빠져버린 이스라엘 백성들은 여호수아와 갈렙의 이 간절한 호소를 외면하고 도리어 돌을 들어 그들을 치려고까지 하는 어리석은 행동을 취하고 말았다. 그래서 이스라엘은 끝내 가나안에 들어가지 못하고 다시 광야로 쫓겨나서 40년간이나 방황하지 않으면 안 되게 되었던 것이다. 하나님께서는 당시 20세 이상 된 모든 사람들이 다 죽을 때까지는 가나안에 들어가지 못할 것이라고 하셨는데, 유일한 예외가 바로 여호수아와 갈렙이었다.

당시 갈렙의 나이가 40세였다. 그로부터 40년의 세월이 흘러 광야의 방황 기간이 끝나고 마침내 가나안에 다시 들어가는 기회가 주어지게 되었다. 이미 지도자 모세도 세상을 떠나고, 여호수아가 그 뒤를 잇고 있었다. 당시 갈렙의 나이는 80을 바라보는 나이였다. 하지만 노익장을 과시하며 전투에 임하여 혁혁한 공로를 세웠다. 그렇게 7년의 세월이 지나고, 마침내 이스라엘 백성들에게 여호수아가 새로운 땅을 나누어 주는 때가 왔는데 각 지파별로 제비를 뽑아 땅을 분배해 주었다. 당시 갈렙의 나이는 장장 85세였다.

하지만 아직 가나안 땅을 다 정복한 것은 아니었다. 그중에 일부는 여전히 가나안 족속의 소유로 남아 있었다. 그중 가장 대표적인 곳이 '기럇 아르바' 곧 아르바의 성읍이라는 곳이었다. 이 아르바라는 말은 한 부족의 명칭인데, 바로 아낙 자손 중의 한 부족이었다. 아낙 자손은 가나안에 살던 거인 부족이다. 일찍이 45년 전 정탐꾼들이 들어왔다가 기가 질려 도망쳐서 그들에 비하면 우리는 메뚜기에 불과하다고 절망하게 만들었던 그 부족이 아낙 자손이다. 그 아낙 자손 중에서도 가장 거대한 부족이 바로 아르바 족속이다. 여호수아와 이스라엘 백성들도 다른 대부분의 지역은 정복을 했지만 이 아르바 족속이 사는 기럇 아르바 만큼은 아직 손도 대지 못하고 있었던 것이다. 그런데 그때 갈렙이 나섰다. 그리고 이렇게 말했다.

오늘 내가 팔십오 세로되, 모세가 나를 보내던 날과 같이 오늘도 내가 여전히 강건하니 내 힘이 그 때나 지금이나 같아서 싸움에나 출입에 감당할 수 있으니, 그 날에 여호와께서 말씀하신 이 산지를 지금 내게 주소서! 당신도 그 날에 들으셨거니와 그 곳에는 아낙 사람이 있고 그 성읍들은 크고 견고할지라도, 여호와께서 나와 함께 하시면 내가 여호와께서 말씀하신 대로 그들을 좇아내리이다! (수 14:10~12)

갈렙은 가만히 있어도 이스라엘에서 가장 좋은 땅을 수여받을 수 있었다. 그는 유다 지파의 대표자였으며 또한 가장 나이 많은 원로에다 혁혁한 공로가 있는 사람이었다. 그럼에도 불구하고 그는 여전히 아낙 자손들이 기세등등하게 살아있는 기럇 아르바를 요구하였던 것이다. 85세의 갈렙이 앞장선 이스라엘 군대는 그토록 난공불락의 도성이라고 불리던 기럇 아르바를 점령하였다. 그곳을 점령한 뒤에 갈렙은 그 이름도 헤브론(Hebron, 연합, 동맹)이라고 바꿨다. 그리고 훗날 여기에는 억울한 사람들이 도망하여 쉴 수 도피성이 들어서게 되었다.

갈렙은 정말 대단한 사람이다. 유대인도 아닌 이방인이었음도 불구하고 출애굽에 동참하였고, 그 가운데서도 인정을 받아 유다 지파를 대표하는 정탐꾼에 뽑혔으며, 또 모든 정탐꾼들이 다 절망을 할 때에도 홀로 당차게 믿음을 역설한 사람이다. 그의 이 불굴의 의지, 엄청난 믿음은 40년 광야 생활과 7년 정복 전쟁 이후에도 전혀 쇠하지 않고 있다가, 끝내 헤브론을 점령해 내었던 것이다.

사실, 헤브론은 그의 가슴 속에 남아 있는 가장 가슴 아픈 상처였을 것이다. 45년 전, 가나안을 목전에 두고서 다시 뒤돌아 광야로 나갈 수밖에 없었던 이유가 바로 이곳, 헤브론, 그곳에 사는 거인족 아낙자손에게 있었기 때문이다. 그토록 아픈 기억이 바로 헤브론과 아낙 자손에게 있었다. 그러나, 불굴의 용사 갈렙은 그 나이 85세가 되었음에도 불구하고 다시 일어섰다. 그리고 그 옛날부터 지금까지 그토록 이스라엘 전체를 절망에 몰아넣었던 그들에게 직접 도전장을 내밀었다. 모두가 꺼리고, 모두가 겁내는 아낙 자손, 그들이 모여 사는 헤브론을 향해 담대하게 나아갔다.

이 과정에서 갈렙은 기럇-세벨(Kiriath-Sepher, 드벨)을 점령하는 사람을 사위로 맞아 딸 악사를 주기로 했는데, 동생 옷니엘이 점령하여 그의 사위가 되었으며, 옷니엘은 최초의 이스라엘 사사가 되어 메소포타미아 왕 구산-리사다임 (Cushan-Rishathaim)의 8년 통치를 몰아내고 40년간 이스라엘을 다스렸다.

드보라와 바락, 입다

사사기

- ⊙ 드보라(삿 4:4~5:31) : Deborah(꿀벌), 4번째 사사, 랍비돗의 아내
- ⊙ 바락(4:4~24) : Barak(천둥 번개), 아비노암의 아들, 베단(Bedan)과 같은 사람(삼상 12:11)
- ⊙ 입다(11:1~12:7) : Jephthah(그가 열 것이다), 기생이 길르앗(Gilead)에게 낳은 아들
- ⊙ 옷니엘(3:9~11) : Othniel(하나님은 힘이시다), 그나스의 아들, 갈렙의 아우(조카), 첫 번째 사사, 갈렙의 딸 악사(Achsha)의 남편. 드빌을 정복하고 갈렙의 딸 악사를 아내로 맞은 사람 메소포타미아 왕 구산 리사다임의 8년 통치를 종식시키고, 이스라엘을 구원하였다.
- ⊙ 에훗(3:12~30) : Ehud(화합), 게라의 아들, 왼손잡이, 모압 왕 에글론을 암살한 사람이다. 에그론을 죽인 뒤에 이스라엘 자손을 모아 모압 자손 10,000명을 더 죽였다. 이렇게 모압을 무찌르고 난 이스라엘은 그 후 80년 동안 평화로웠다.
- ⊙ 삼갈(3:31) : Shamgar(술 따르는 사람), 소 모는 막대기로 블레셋 600명을 죽였다.
- ⊙ 아비멜렉(9:1~57) : Abimelech(나의 아버지는 왕이시다), 기드온의 아들, 처가인 세겜 사람들을 동원해서 형제 70명을 학살하고 스스로 왕이 되었던 사람. 더베스 성읍을 공격하다가 한 여인이 던진 맷돌 위짝에 맞아 비참한 최후를 맞이하였다.
- ⊙ 돌라(10:1~2) : Tola(심홍색), 부아의 아들, 23년 동안 사사로 있었다.
- ⊙ 야일(10:3~5) : Jair(밝게 하다, 계몽하다), 22년 동안 사사로 있었던 기르앗 사람.
- ⊙ 입산(12:8~10) : Ibzan(날쌘), 입다 이후 7년 동안 다스린 사사, 아들 30에 딸 30을 두었다.
- ⊙ 엘론(12:11~12) : Elon(참나무), 10년 동안 사사로 있었다.
- ⊙ 압돈(12:13~15) : Abdon(봉사, 섬김), 40명의 아들과 30명의 손자가 있었고, 70필의 나귀를 탔다. 8년 동안 사사로 있었으며 그가 죽은 뒤 40년간 블레셋의 압제가 이어졌다. 압돈의 뒤를 이어 등장한 사사가 삼손이다.

사사(士師, Judge, 쇼페트-שׁפט)란 판관(判官) 혹은 지도자를 가리키는 말로, 여호수아 이후부터 사무엘 이전까지 약 200여 년간에 등장하였던 12명의 영적 지도자를 가리키는 말이다 : 옷니엘, 에훗, 삼갈, 드보라, 기드온, 돌라, 야일, 입다, 입산, 엘론, 압돈, 삼손(이 중 삼갈, 돌라, 야일, 입산, 엘론, 압돈은 소사사).

사사기에는 "이스라엘에 왕이 없을 때"라는 말이 네 번이나 반복되어 나타난다(17:6, 18:1, 19:1, 21:25). 이로 보아 왕 이전의 시대적 혼란기를 나타내는 뜻으로 쓰이고 있음을 알 수 있다. 그러나 좀 더 분명하게 살펴보자면, 하나님께서 직접 이스라엘을 다스리시던 시대, 곧 하나님이 이스라엘의 진정한 왕이셨던 시대라는 의미를 가지고 있는 말이다. 하나님께 이스라엘의 기도를 들으시고 직접 응답하시던 시대, 그래서 시대마다 하나님의 마음에 합한 통치자를 세우던 이상적인 시대를 뜻하는 표현인 것이다.

하지만 사사기는 그 시대가 가장 암울하고 어두운 시대였음을 드러내 보여준다. 사사 시대가 그토록 어두운 시대였던 이유는, 사람마다 자기 소견에 옳은 대로 행하였기 때문이다. 하나님이 왕이시면 하나님의 뜻대로 살아야 하는데, 자신들이 하나님의 자리에 올라 자신들의 소견대로 행동하였다는 뜻이다.

그 때에는 이스라엘에 왕이 없었으므로 사람마다 자기 소견에 옳은 대로 행하였더라! (삿 17:6)
그 때에 이스라엘에 왕이 없으므로 사람이 각기 자기의 소견에 옳은 대로 행하였더라! (삿 21:25)

그렇기 때문에, 사사기에는 이스라엘 백성이 가나안을 완전히 정복하지 못하여, 가나안과 적당히 타협하고 계속해서 잘못된 관습과 우상 숭배, 그리고 이방인들과의 결혼으로 순수성이 무너지고, 그로 인하여 하나님을 쉽게 떠나가 버리는 모습이 나타난다. 또한 그 결과로 나타난 징계, 그리고 징계를 통한 회개와 그 회개 기도에 응답하심으로 사사를 통해 다시 구원하시는 역사가 반복적으로 나타난다.

드보라와 바락

드보라는 랍비돗의 아내로 성경은 그녀를 여선지자(女先知者)로 부른다. 그녀는 에브라임 산지 라마와 벧엘 사이에 살면서 이스라엘의 사사가 된 여걸(女傑)이었다. 드보라가 살던 고향은 그래서 '드보라의 종려나무'라고 불렸다. 그녀는 그곳에서 백성을 재판했다. 당시 이스라엘은 갈릴리 북쪽, 가나안 하솔(Hazor) 성의 왕 야빈(Jabin)의 압제에 20년 동안이나 시달리고 있었다. 그에게는 철병거가 900승이나 있었으며, 야빈의 군대장관이었던 시스라(Sisera)는 이스라엘을 아주 많이 괴롭혔던 장본인이었다.

여선지 드보라는 납달리 게데스에 살고 있었던 아비노암의 아들 바락을 불러 하나님의 이름으로 납달리 자손과 스블론 자손 10,000명을 데리고 다볼산에 가서 시스라와 전투를 하도록 명령하였다. 그러자 바락은 이 전투에 여선지 드보라가 동행하여 줄 것을 요구하였다. 이에 드보라는 동행을 약속하였지만 그렇게 할 경우에는 승리의 영광, 시스라를 죽이는 일이 바락이 아니라 다른 한 여인에게 돌아갈 것이라고 예언하였다. 드보라의 예언대로 이스라엘은 시스라의 군대를 무찌르게 되었지만 시스라 본인은 병거에서 탈출해 도망치고 만다. 그가 다다른 곳은 겐사람 헤벨의 아내인 야엘의 장막이었다. 그러나 야엘은 시스라를 안심시킨 후에 그가 잠든 틈을 타서 그를 암살하였다. 이렇게 해서 시스라를 죽인 영광은 드보라의 예언대로 바락 본인이 아니라 야엘에게 돌아가게 되었다.

그 후 드보라와 바락의 활약으로 마침내 야빈을 몰아내고 이스라엘에 평화를 가져올 수 있었다. 드보라는 믿음의 지도자였고, 바락은 정치적 지도자였는데, 이 둘의 합력이 가져온 결과였다. 이에 사사기 5장에 이 전쟁을 기념하는 드보라와 바락의 노래가 기록되어 있다.

입다

입다는 참 비극적인 삶을 살았던 사람이다. 그는 아버지 길르앗이 기생에게 낳은 사생아로 태어난 사람이었다. 그의 아버지 길르앗은 참 유력한 사람이었던 모양이었다. 그의 이름이 곧 그가 살던 지명이기 때문이다. 하지만 기생의 아들로 태어난 입다는 그의 어린 시절을 참으로 암울하게 보내지 않으면 안 되었다. 그는 다른 형제들로부터 따돌림을 당했으며 집에서 쫓겨나는 처지가 되고 말았다. 그래서 입다는 고향 길르앗을 등지고 멀리 요단강 건너편 돕(Tob) 땅으로 망명을 떠난다. 그곳에서 입다는 동네 불량배(잡류)들의 우두머리가 되었다(삿 11:3)

얼마 후에 암몬 자손이 이스라엘을 쳐들어왔다. 마땅한 장수가 없었던 길르앗 장로들은 돕 땅에 살던 입다를 데려오려고 하였다. 싸워 승리하기만 하면 '길르앗의 모든 주민의 머리' 곧 지도자가 되게 해주겠다는 약속과 함께 찾아온 것이었다. 그래서 비록 한을 품고 쫓겨난 입다였지만 마음을 고쳐먹고 하나님께 간절히 기도하면서 이스라엘의 사사가 되어 고향으로 돌아왔다.

이렇게 해서 입다는 이스라엘의 지도자가 되어 암몬과 전쟁을 벌이게 된다. 성경은 그때 입다에게 '여호와의 영'이 임하셨다고 기록한다(삿 11:29).

하지만 너무 성급한 탓에, 엉뚱한 서원을 하고 말았는데, 전쟁에 이기고 돌아올 때 누구든 자신의 집에서 가장 먼저 자신을 환영하는 사람을 하나님께 번제로 바치겠다고 한 것이다. 하나님의 능력으로 입다는 전쟁에 이기게 되지만, 그를 환영한 사람은 안타깝게도 그의 무남독녀 외동딸이었다. 이에 입다는 옷을 찢으며 탄식하지만 이미 돌이킬 수 없는 일이 되어버렸다. 끝내 입다는 자신의 딸을 하나님께 바치고 만다. 놀라운 것은 입다의 딸 역시 아버지의 서원에 순종하며 슬프지만 그 약속을 위해 기꺼이 자신의 목숨을 드렸다는 것이다.

그로부터 얼마 후 에브라임 족속들이 입다에게 시비를 걸어 왔다. 전쟁을 벌이면서 자신들을 부르지 않았다는 것이었다. 그들은 기드온 때에도 이러한 시비를 걸어 영광을 독차지했던 일이 있었다. 그러나 입다는 기드온처럼 그들을 높여주지 않고 오히려 싸움을 걸어 42,000명이나 되는 에브라임 사람을 죽였다. 입다는 6년간 이스라엘을 다스렸다.

기드온

사사기

- 기드온(Gideon : 나무꾼, 벌목꾼) : 므낫세 지파의 아비에셀 사람, 요아스의 막내아들. 일명 '바알과 다툰 사람'이라는 뜻의 여룹바알(Jerubbaal)로도 불린다.

- 요아스(Joash : 여호와는 강하심) : 기드온의 부친, 바알과 아세라를 위한 단을 쌓기도 하였으나 막내아들 기드온이 하나님의 명령으로 이를 부수자 아들을 옹호하여 그 목숨을 구하였다.

- 아비멜렉(Abimelech : 나의 아버지는 왕이시다) : 기드온의 아들. 왕이 되려고, 처가인 세겜 사람들을 동원해 친형제 70명을 학살한 사람. 3년 만에 세겜 사람들에게 배신당하자, 세겜 사람 수천 명을 학살하였으며, 성이 재건되지 못하도록 성을 헐고 소금까지 뿌렸다. 하지만 세겜과 협력했던 작은 성읍 데베스를 공격하다, 망대에서 여인이 던진 맷돌 위짝에 맞아 비참한 최후를 맞이하였다.

- 요담(Jotham : 여호와는 온전하심) : 기드온의 막내아들로 유일하게 아비멜렉으로부터 살아난 사람. 세겜 사람들을 향해 '가시나무의 저주'를 선포하고 은둔했는데 3년 만에 그 비유 그대로 아비멜렉이 가시나무가 되어 세겜을 해치게 되었다.

- 미디안(Midian) 족속 : 아브라함의 세 번째 아내 그두라 사이에 태어난 넷째 아들의 후예. 유목민으로 떠돌이 민족이었다. 요셉을 이집트에 팔아넘긴 상인들이며, 모세가 광야로 도망쳐 은거하였던 민족이기도 하였지만, 사사 시대에는 7년간 이스라엘을 극심하게 괴롭힌 민족이었다.

기드온은 므낫세(Manasseh) 지파에 속하는 아비에셀(Abiezer)의 가문의 사람이었다. 그의 아버지는 요아스라는 사람이었는데, 기드온의 그의 막내아들이었다. 성경에 등장하는 기드온의 첫 모습은 참으로 초라하기 그지없는 비참한 모습이었다. 당시 이스라엘은 미디안 족속의 잦은 침입으로 많은 괴롭힘을 당할 때였다. 가축 한 마리도 제대로 기를 수 없었고, 농사를 지은 모든 것을 다 빼앗겼으며, 언제 미디안 족속이 침입할지 몰라서 산에 굴을 파고 숨어 지내야 할 정도였다.

기드온은 미디안이 두려워서 겁을 먹고 너른 마당에서 타작해야 할 밀을, 포도주 틀에 숨어서 타작하고 있었다. 이것이 바로 기드온이 성경에 처음으로 등장하는 모습이다. 그러한 기드온 앞에 천사가 나타나 하나님의 능력으로 일어나 이스라엘을 위해 싸우라고 하지만, 겁에 질린 기드온은 그 말을 믿지 않는다. 그러면서 하는 말이 "여호와께서 우리와 함께 계시면 어찌하여 이 모든 일이 우리에게 일어났나이까? 또 우리 조상들이 일찍이 우리에게 이르기를 여호와께서 우리를 애굽에서 올라오게 하신 것이 아니냐 한 그 모든 이적이 어디 있나이까? 이제 여호와께서 우리를 버리사 미디안의 손에 우리를 넘겨 주셨나이다!(삿 6:13)"라고 하였다.

게다가 기드온은 눈앞에서 말씀을 전하고 있는 사람이 천사라는 사실도 믿지 않고, 표적을 보여 달라고 하였을 정도였다. 천사는 기드온이 가져온 음식을 하늘의 불로 살라 표적을 보여주었다. 그제야 하나님의 사람을 만난 줄 비로소 알게 된 기드온은 그러나 또다시 겁에 질리고 만다. 하나님을 만나면 죽는다는 말을 알고 있었기 때문이었다. 그러한 기드온 앞에 죽지 않을 것이니 두려워 말라는 하나님의 음성이 들려왔다. 그 음성을 믿고 제단을 쌓았는데, 그 제단의 이름이 바로 '여호와 샬롬'이었다.

하나님은 기드온에게 아버지 요아스가 만든 바알과 아세라의 제단을 때려 부수라는 명령을 내리셨다. 그 명령을 수행하면서도 기드온은 사람들이 보는 것이 무서워서, 한밤중에 아무도 몰래 살짝 해치웠다. 하지만 다음 날 아침이 되자 온 동네 사람들이 기드온이 한 일인 줄 알고 기드온을 죽이려고 하였다. 그때 그의 아버지 요아스가 나서서 기드온을 옹호하며 바알이 신이라면 자기 스스로를 지켜내라고 하여 기드온을 구하였다. 그 후로 기드온은 '바알과 다툰 사람'이라는 뜻으로 여룹바알(Jerubbaal)로 불리게 되었다.

얼마 후에 미디안 족속이 아말렉 및 동방 사람들과 연합해서 대규모로 이스라엘을 침공하였다. 그들의 수는 실로 엄청나서 메뚜기 떼처럼 보였고, 낙타는 해변의 모래알처럼 엄청났다. 하나님은 기드온에게 나가 그들을 무찌르라고 하셨고 그 명령에 기드온이 군사를 모집하니 3만 2천 명이 모였다. 그러나 기드온은 여전히 두려움에 젖어서 하나님께 확실한 징조를 보여 달라고 요구하였다. 그러면서 마당에 양털을 한 뭉치 놔둘 것이니 땅은 마르고 양털만 젖어있게 하여 달라고 했다. 하나님은 그의 요구를 들어주셨다. 하지만 아직도 의심을 버리지 못한 기드온은 또 다시 이번에는 양털만 마르고 땅은 젖어있게 하여 달라고 요구했다. 하나님께서는 이번에도 기드온의 요청을 그대로 들어주셨다. 하지만 기드온의 두 번에 걸친 의심은 두 번의 연이은 시험으로 이어졌다. 하나님께서는 기드온에게 3만 2천의 군사가 너무 많으니까 우선 겁이 나는 사람은 다 돌아가게 하라고 하셨다. 그래서 2만 2천 명이 돌아가고 1만 명이 남았다. 하지만 하나님은 그 1만 명도 많다고 하시면서 고작 3백 명만 남고 다 돌려보내게 하셨다. 기드온은 이제 3백의 군사를 가지고 미디안의 대군과 싸워야 하게 된 것이다.

그러한 기드온에게 하나님은 다시 용기를 주셨다. 그것은 미디안 군사들이 이야기하는 소리를 엿듣게 하신 것이었는데, 그것은 보리떡 한 덩어리가 미디안 진으로 굴러들어와 장막을 무너뜨리는 꿈이었다. 이 말을 들은 기드온은 용기백배하여서 3백 명의 군사를 이끌고 야밤에 미디안을 기습한다. 그때 그들이 가지고 온 것은 칼과 창이 아니라, 항아리와 횃불, 그리고 나팔이었다. 미디안의 진을 에워싸고 나팔을 불며 항아리를 깨뜨리고 횃불을 흔들자 적들은 혼비백산해서 스스로 치고받으며 도망을 치기에 급급했다.

미디안의 승전 소식이 온 이스라엘에 알려지자 곳곳에서 군사들이 일어났다. 그중 하나가 에브라임 지파였는데, 그들은 엉뚱하게도 기드온에게 자신들을 전쟁에 참여시키지 않았다고 항의하며 도전해왔다. 그러자 기드온은 그들을 좋은 말로 달래주었다. 하지만 에브라임 지파의 이 못된 버릇은, 훗날 사사 입다에게는 통하지 않았다. 입다에게도 똑같은 요구를 하다 4만 2천 명이나 죽임을 당하고 말았다(삿 12:6).

기드온은 미디안의 잔당을 추격하면서도 동족들의 도움을 별로 받지 못했는데 기드온의 군대가 작고 초라해 보였기 때문이었다. 그럼에도 불구하고 기드온은 끝내 미디안을 정벌했으며 그들을 조롱하고 비웃었던 숙곳 사람들과 브누엘 사람들을 혼내주었다. 전쟁이 끝난 뒤에 이스라엘은 기드온에게 자신들의 왕이 되어달라고 요청했다. 하지만 기드온은 그들의 요구를 정중하게 거절하며 이렇게 말했다. *"내가 너희를 다스리지 아니하겠고 나의 아들도 너희를 다스리지 아니할 것이요 여호와께서 너희를 다스리시리라!(삿 8:23)"* 기드온은 총 40년간 이스라엘을 다스렸는데, 그동안에는 태평성대가 펼쳐졌다. 하지만 기드온이 죽고 난 뒤에 그의 아들 아비멜렉이 형제 70명을 살해하고 스스로 왕이 되어 3년간 이스라엘을 다스리기도 하였다.

기드온은 참 위대한 믿음의 사람이었다. 누구도 이룰 수 없는 엄청난 역사를 이룬 분이다. 하지만 처음 그의 모습은 초라하고 보잘것없는 것이었다. 성경의 말씀도 온전히 믿지 못했고, 하나님이 친히 하시는 말씀도 의심했던 사람이다. 그럼에도 불구하고 하나님은 끝까지 그에게 용기를 불어넣어 주시며 그를 들어 이스라엘의 구원을 이루셨다. 그에게는 하나님만이 보실 수 있는 불굴의 정신이 숨겨 있었기 때문이었다. 실로 하나님은 외모가 아니라 중심을 보시는 분인 것이다.

하지만 그토록 위대한 기드온에게도 실수는 있었다. 전쟁을 마치고 난 뒤에 승전을 기념하기 위하여 백성들에게 금을 거둬 에봇을 만든 것이었다. 그 에봇은 무게가 700세겔(30Kg)이나 나가는 값진 것이었는데, 그것 때문에 이스라엘은 오히려 음란한 우상숭배에 빠져들고 말았다. 또 한 가지 잘못은 아내를 지나치게 많이 두어 70명이나 되는 아들들을 남겼다는 것이었다. 그것이 기드온의 사후에 엄청난 참극을 부르는 불씨가 되고 말았던 것이다.

삼손

사사기 13장~16장

- 삼손(Samson : 태양과 같은) : 단 지파 마노아의 아들, 이스라엘의 사사로 20년간 활동.
- 마노아(Manoah : 휴식, 안식) : 삼손의 아버지, 아내의 이름은 기록되지 않았다.
- 들릴라(Delilah : 약하다) : 삼손의 정부(情婦), 블레셋 사람들에게 은 1천1백을 받고 삼손을 넘겨주었다.
- 나실인(nazir : 성별된 사람) : 일평생, 혹은 일정 기간을 정해 하나님께 성결의 서약을 하고 지키는 사람으로 그 서약의 구체적 내용은 민수기 6장에 나와 있다. 주로 술을 멀리하고, 사체에 접촉하지 않으며, 머리카락을 깎지 않는 것 등이다. 나실인으로 유명한 사람에는 삼손과 사무엘이 있다.

삼손이 등장하는 시기는 이스라엘이 40년 동안 블레셋의 압제에 시달리고 있었던 시기다. 오해하지 말아야 하는 것은, 하나님께서 블레셋을 이용해서 이스라엘을 괴롭게 하신 것이 아니라, 이스라엘 백성들이 하나님을 떠나니까 자연스럽게 블레셋에게 시달리게 되었다는 것이다. 하나님은 성도를 괴롭히시는 분이 아니다. 다만 성도가 하나님의 곁을 떠났을 때 그에게 고통이 임하는 것이다.

40년이 지났을 때 하나님께서 기묘자(奇妙, Wonderful)라는 이름의 천사를 보내어, 아기를 낳지 못하는 단 지파 마노아의 아내에게 아들을 낳게 될 것을 예고하셨다. 그런데 그 아들은 태중에서부터 성별된 나실인으로 평생 머리카락을 깎아서는 안 되고, 그 어머니는 임신 중에 술을 마셔서도 안 된다고 하였다. 이렇게 해서 마노아의 집안에 태어난 나실인 아이가 바로 삼손이었다.

삼손은 대단한 괴력의 소유자였다. 맨손으로 사자를 죽여 찢을 수도 있었고, 나귀 턱뼈 하나로 1천 명을 때려눕힐 수도 있었다. 아무리 튼튼한 밧줄로 몸을 묶어도 다 끊어버릴 수 있었고, 심지어는 맨손으로 성 문짝을 들고 나갈 수도 있었다. 이렇게 볼 때 삼손은 세상에서 가장 힘이 센 사람이었음에 틀림이 없다. 동서고금(東西古今)을 막론하고 가장 힘이 센 사람은 단연 삼손이다.

하지만 안타깝게도 삼손에게는 그 힘을 통제할 수 있는 인격과 신앙이 없었다. 특이하게도 삼손은 이스라엘의 사사임에도 불구하고 한 번도 군사를 모집한 일이 없었다. 그저 홀로 나가 싸움을 벌였을 뿐이었다. 그나마도 하나님의 명령으로 나간 싸움이 아니고 자신의 분노를 다스리지 못해 횡포를 부리는 정도로 그치고 말았던 것이다. 그는 율법을 전혀 안중에 두지 않고 블레셋 여인들에게 마음을 빼앗기기도 했으며, 심지어 사사의 신분에도 불구하고 기생에게까지 들락거리는 패륜아였다.

그가 처음 블레셋과 마찰을 일으키게 된 것은 이름이 밝혀지지 않는 한 블레셋 여인과 결혼을 하려고 하면서부터였다. 이 결혼은 나실인으로서는 해서는 안 되는 일이었음에도 불구하고 그는 부모를 졸라서 서슴없이 결혼식을 거행하고 만다. 이스라엘의 결혼식은 7일 동안 계속되었는데, 그는 하객들에게 수수께끼를 내기도 하였다. 그 수수께끼의 내용은 '먹는 자에게서 먹는 것이 나오고 강한 자에게서 단 것이 나왔다'는 것이었다. 이것은 삼손이 사자를 찢어 죽이고 난 뒤에 그 자리에 벌이 벌집을 지은 것을 보고 생각해 낸 것이었다. 삼손은 이 수수께끼를 블레셋 청년 30명에게 내면서 옷 30벌을 걸었다. 그러자 신부는 하객들의 압력을 받게 되었고, 끝내 삼손을 졸라 답을 알아내고 만다. 이에 분노한 삼손은 이웃 마을로 가서 사람을 죽이고 옷을 약탈해서 그들에게 주었다.

그리고는 분을 삭이지 못해서 집으로 돌아 가버리고 만다. 하지만 얼마 후에 마음이 가라앉자 다시 신부를 찾아오지만 이미 신부는 다른 사람의 아내가 되어 있었다. 그러자 또다시 화를 내며 여우 300마리를 붙잡아 꼬리에 횃불을 매달아 블레셋 사람들의 곡식밭에 풀어놓는 기행을 벌인다. 그러자 블레셋 사람들은 삼손과 결혼하였던 그 집을 불 지르고 사람을 죽이게 된다. 또다시 분노한 삼손은 블레셋 사람을 크게 도륙하고는 에담이라는 동굴에 숨어버린다. 그러자 블레셋은 군사를 일으켜 이스라엘을 침공하였고, 이스라엘은 유화책으로 삼손을 붙잡아 새 밧줄로 몸을 묶어 블레셋에게 넘겨준다. 블레셋 앞에선 삼손은 몸을 묶은 밧줄을 끊어버리고 그 자리에서 죽은 나귀 새 턱뼈를 주워 블레셋 사람을 1천 명이나 때려죽인다.

그리고는 목이 말라서 싸움에 지게 되자 하나님께 기도를 하고, 하나님의 응답으로 샘물이 터져 나와서 갈증을 푼다. 그런데 이 장면이 삼손이 하나님께 기도하는 처음 장면이라는 것에 유의할 필요가 있다. 삼손은 그간 수많은 싸움을 하면서도 한 번도 하나님께 기도한 적이 없었다. 왜 그랬을까? 물론 기도할 필요를 느끼지 못했기 때문이다. 자신의 힘을 과신하고 있는 삼손은 하나님께 도움을 청할 이유가 없었던 것이다.

그 밖에도 성경은 삼손이 가사(Gaza)의 기생집에 갔다가 매복을 알아채고 성문짝을 통째로 들고나온 이야기 등을 적고 있다. 아무튼 삼손은 그 힘에 있어서만큼은 천하제일이었음에 틀림없다.

그러던 삼손이 소렉 골짜기(Valley of Sorek : 포도 골짜기)에 사는 들릴라(Delilah: 약하다)라는 여인에게 반해서 수시로 들락거리게 된다. 이 여인의 국적이 블레셋인지 아니면 이스라엘인지는 명확하지 않다. 아무튼 삼손은 그 여인을 좋아했지만 결혼을 한 것은 아니었다.

삼손이 그 여인을 좋아한다는 것을 알게 된 블레셋 사람들은 은 1,100 세겔(노동자 4,400명의 일당, 약 2억 원 정도)을 주겠다고 약속하며 들릴라에게 삼손의 약점을 알아내게 하였다. 들릴라의 유혹에 세 번이나 거짓말로 대답하던 삼손이 끈질기게 물고 늘어지는 들릴라에게 결국 나실인의 서원(誓願)을 털어놓고 만다. 평생 머리를 깎아서는 안 된다는 서원이었다. 이 서원은 하나님과 나실인 삼손의 계약으로, 이 계약이 파기되면 하나님의 은총도 따라서 자연히 소멸되는 것이었다. 중요한 건, 머리카락을 깎아서 힘이 사라진 것이 아니라 하나님과의 언약을 어김으로 인해 힘이 없어졌다는 것이다.

서원을 알게 된 들릴라는 삼손이 잠든 사이 그의 머리카락을 밀어버리고 블레셋에게 넘겨준다. 힘이 빠진 삼손은 블레셋에게 사로잡혀 두 눈이 뽑힌 채로 조롱거리가 되어 감옥에서 맷돌이나 돌리는 노예가 되어버리고 말았다. 나중에 철저하게 회개한 삼손은 마지막으로 하나님께 기도하게 되는데, 이 기도가 삼손이 드린 두 번째 기도였다. 이 기도가 응답되어 삼손은 다시 한번 힘을 쓸 수 있게 되었는데, 블레셋의 잔치 자리에서 기둥을 쓰러뜨림으로 블레셋에게 통렬히 복수하고 장렬히 산화하는 것이었다.

성경은 삼손의 이 장면을 기록하면서 이렇게 말한다.

삼손이 죽을 때에 죽인 자가 살았을 때에 죽인 자보다 더욱 많았더라(삿 16:30)

참 의미심장한 이야기이다. 기도하지 않았을 때의 삼손의 일보다는 기도하고 난 뒤의 일이 더욱 크게 나타났다고 하는 거다. 사실 삼손은 역사상 가장 힘이 센 사람이었다. 하지만 그 힘을 가지고 할 수 있는 일은 고작 1천 명을 무찌르거나 혹은 목숨을 바쳐 그보다 좀 더 많은 숫자를 무찌르는 것이 고작이었다. 다른 사사들이 군사를 일으켜 수십만의 군사를 무찌른 것에 비하면 턱없이 적은 숫자일 뿐이다.

삼손의 이야기는 인간의 힘이라는 것이 세 봐야 얼마나 센 것인지를 극단적으로 증명하는 것이다. 하나님이 함께하시지 않는 사람, 자기 힘만으로 살아가는 사람, 기도하지 않는 사람의 능력은 아무리 대단하여도 필경 실패하고 만다는 것이다.

사무엘

사무엘상 1~25장

- ⊙ 사무엘 : Samuel(여호와께 구함), B.C.약 1000년경에 활약한 사사, 선지자, 제사장, 예언자.
- ⊙ 엘가나 : Elkanah(하나님은 소유하심), 사무엘의 부친. 레위사람, 두 아내(한나와 브닌나)가 있었다.
- ⊙ 한　나 : Hannah(은총), 사무엘의 모친. 엘가나의 정실부인.
- ⊙ 엘　리 : Eli(고상함 높음), 사무엘의 스승, 실로(Shiloh)의 대제사장. 홉니와 비느하스의 부친.
- ⊙ 요엘과 아비야 : Joel & Apphia, 사무엘의 두 아들로 아버지의 뒤를 잇지 못하고 뇌물을 받았다.
- ⊙ 사　울 : Saul(희망), 이스라엘 최초의 임금. 베냐민 지파 사람.
- ⊙ 다　윗 : David(Dauivd, 사랑함), 이스라엘 최고의 통치자. 시편의 저자.

사무엘은 B.C. 1000년경에 활동한 이스라엘 최후의 사사이다.

또한 그는 모세 이후 최고의 선지자이며 가장 위대한 제사장이었고 예언자였다.

그의 부친 엘가나는 레위지파 중 고핫 자손인 여로함의 아들이었고, 에브라임 지파의 산지인 라마다임-소빔(Ramathaim zophim- 줄여서 라마라고 함)에 살고 있었다. 그에게는 한나와 브닌나라는 두 아내가 있었다. 아마도 정실부인인 한나가 결혼 후 오랫동안 아이를 갖지 못해 브닌나를 들인 것으로 보인다. 하지만 브닌나는 아이를 낳은 뒤에는 한나를 괴롭히기 시작했다. 남편의 사랑이 한나에게로 집중되었기 때문이다.

그러자 한나는 설움을 이기지 못하고 실로에 있었던 성소를 찾아 항상 눈물로 기도하였다. 그녀의 소원은 아들을 낳는 것이었으며 하나님이 그녀의 소원을 들어주신다면 그 아이를 하나님께 나실인(Nazir)으로 바치겠다고 서원하였다. 그녀의 간절한 기도로 마침내 아이가 태어났는데 그가 바로 사무엘이다. 한나는 그 아들의 이름을 사무엘, 곧 '여호와 하나님께 구함'이라고 지었다. 기도해서 낳은 아들이라는 뜻이다.

한나는 그렇게 얻은 귀한 아들 사무엘이 젖을 뗄 무렵이 되자 실로의 성막에 데려다 맡긴다. 하나님과의 서원을 지키고자 함이었다. 그렇게 해서 사무엘은 성소에서 대제사장 엘리의 가르침을 받으며 자라나게 되었다. 한나의 그 믿음을 귀하게 보신 하나님께서는 그 후에 그녀에게 세 아들과 두 딸을 더 주셨다.

어린 사무엘이 성소에서 자라날 당시는 '여호와의 말씀이 희귀하여 이상이 흔히 보이지 않던 시기(삼상 3:1)'였다. 그럼에도 불구하고 하나님은 어린 사무엘을 부르서서 그에게 엘리 가문이 장차 당하게 될 일을 경고하여 주셨다. 그 후로도 하나님은 항상 사무엘과 함께 계셔서 사무엘이 한 말은 다 이루어질 수 있도록 돌보아 주셨다. 그래서 사무엘의 이름이 온 이스라엘에 알려지기 시작했다.

얼마 후 블레셋과의 큰 전쟁이 벌어지게 된다. 이 전쟁에서 엘리의 두 아들인 홉니와 비느하스는 법궤를 갖고 출전하지만 대패하여 사망하게 되고 법궤까지 빼앗기게 된다. 또한 이 소식을 들은 엘리 제사장은 충격으로 넘어져 죽고 만다. 뿐만 아니라 블레셋에 의하여 실로의 성막은 파괴되고 이스라엘은 비참하게 패배하고 만다. 당시 사무엘이 어디에 있었는지, 어떠한 일을 했는지는 알 수 없다. 아마도 어린 나이를 감안해 볼 때 안전한 곳으로 피해 훗날을 도모하였을 것으로 보인다.

그로부터 20년 후 사무엘이 역사의 전면에 등장한다. 사무엘은 온 이스라엘을 독려해서 미스바 언덕 위로 모이게 한 뒤, 민족 대각성 회개집회를 개최한다. 온 백성은 사무엘의 인도 하에 진심으로 회개하기 시작했다. 때마침 이스라엘이 한자리에 모였다는 소식을 들은 블레셋이 대군을 이끌고 쳐들어오지만 하나님의 능력으로 그들은 혼비백산해서 도망쳐버리고 이스라엘이 대승을 거두게 된다.

그 후 사무엘은 이스라엘의 사사로 라마를 근거지로 삼고 해마다 벧엘과 길갈과 미스바 등지를 순회하면서 나라를 다스렸다. 사무엘의 통치 기간 중에는 블레셋이 감히 이스라엘을 넘보지 못했으며, 이스라엘은 그동안 블레셋에 빼앗겼던 많은 성읍들도 되찾을 수 있었다.

세월이 흘러 사무엘이 늙자 사무엘은 자신의 두 아들인 요엘과 아비야에게 통치의 일부를 맡기게 된다. 하지만 경험이 적었던 이들은 뇌물을 받는 잘못을 범하게 되어 이스라엘 장로들의 지적이 되었다. 그러자 사무엘을 찾아온 장로들이 사무엘에게 이스라엘에도 왕을 세워달라고 요구하였다. 그들 생각에는 이스라엘이 약소국의 설움을 면치 못하는 것이 왕이 없기 때문이라고 여겨졌기 때문이다.

결국 사무엘은 그들의 요구대로 왕을 세워주게 되는데 그가 바로 이스라엘의 초대 임금인 사울이었다. 출중한 외모와 번듯한 가문, 거기에 덕망까지 겸비한 사울은 명실공히 이스라엘에서 가장 뛰어난 사람이었음에 틀림없다. 그러나 단 한 가지, 그에게는 하나님을 경외하는 마음이 없었다. 그러나 다른 조건이 아무리 뛰어나더라도 신앙심이 없음은 절대적으로 부적격한 일이었다.

하나님께서는 끝내 신앙이 부족한 사울을 버리시고 그 뒤를 다윗에게 잇게 하신다. 이 일을 맨 처음 시도한 사람 역시 사무엘이었다. 사무엘은 아무도 모르게 다윗의 집안에 가서 다윗의 머리에 기름을 부어 장차 이스라엘을 다스릴 임금으로 세우기에 이른다.

그 후 사무엘은 일선에서 은퇴하여 라마에 거하면서 선지자 학교를 세우고 말씀을 가르치면서 남은 생애를 마치게 된다. 그가 아직 살아있을 때 사울에게 쫓긴 다윗이 찾아와 라마-나욧의 집회에 참가하기도 하였고, 살기등등한 사울이 왔다가 성령에 넘어져 종일종야를 예언하기도 하였다. 이처럼 뜨거운 성령의 역사 가운데 항상 나라와 민족을 위하여 기도하며 사무엘은 남은 생애를 다하였다.

사무엘은 정말 훌륭한 분이다. 평생을 나실인으로 경건하게 살았으며 어떤 상황에서도 욕심을 부리거나 불평을 일삼지 않았던 사람이다. 엘리의 밑에서도 훌륭하게 성장하였고, 나라가 어려울 때는 기도로 나라를 구원하였으며, 앞날을 내다보고 이스라엘을 항상 좋은 길로 인도하였던 선한 목자였다. 인간적인 감정에 휩싸이지 않았고, 사리사욕이나 명리를 탐하지 않았으며, 무엇보다 기도하기를 쉬는 죄를 범하지 않았던 사람이다. 그는 최고의 사사이며, 최고의 제사장이고, 또한 최고의 예언자로 불리기에 손색이 없는 분이다.

사울

사무엘상 9~30장

- ⊙ 사 울 : Saul(희망) 이스라엘 최초의 임금. 베냐민 지파 사람.
- ⊙ 사무엘 : Samuel여호와께 구함), B.C.약 1000년경에 활약한 사사, 제사장, 예언자.
- ⊙ 요나단 : Jonathan(여호와께서 주심), 사울의 장남. 길보아 전투에서 아버지와 함께 전사하였다.
- ⊙ 다 윗 : David(Dauivd, 사랑함), 이스라엘 최고의 통치자. 시편의 저자, 사울의 사위
- ⊙ 아히노암 : Ahinoam, 사울의 아내, 아히마스의 딸.
- ⊙ 리스위, 말기수아, 메랍, 미갈 : 이름이 밝혀진 사울의 아들과 딸들. 리스위와 말기수아는 아버지 사울, 그리고 큰 형 요나단과 함께 길보아 전투에서 전사했고,큰 딸 메랍은 아드리엘의 아내가 되어 아들 다섯을 낳았지만 기브온 거민에게 다 죽임을 당했다. 미갈은 다윗의 아내였으나 사울에 의하여 발디에에게 주어졌다가 훗날 다윗이 다시 찾았다.
- ⊙ 이스보셋 : Ishbosheth(부끄러운 사람), 사울의 넷째 아들로 사울이 죽은 뒤에 2년 동안 이스라엘을 다스렸지만 아브넬에게 배신당한 뒤에 낮잠을 자다가 신하들에게 살해당했다.
- ⊙ 아브넬 : Abner, 사울의 사촌 동생이며 군장이었다. 훗날 요압에게 암살당했다.

사울은 베냐민 지파의 귀족 기스(Cis)의 맏아들이었다. 훌륭한 배경을 가진 그는 여러 면에서 뛰어난 사람이었다. 가정교육을 아주 잘 받은 사람이었으며, 또한 당대 최고의 학식을 지닌 사람이었다. 또한 사울은 그 외모가 남다르게 특출한 사람이었다. 훤칠한 키에 그 누구도 비견될 수 없을 만큼 잘생긴 사람이었던 것이다. 이처럼 사울은 모든 조건을 구비한 최고의 사람이었다. 이스라엘 백성들이 사무엘에게 자신들을 다스릴 왕을 달라고 요구하였을 때, 하나님은 그들의 요구에 따라 사울을 왕으로 임명하셨다. 이것은 사울이 하나님의 눈에 합당한 사람이었기 때문이 아니라, 이스라엘 백성들이 요구하는 모든 조건에 부합하는 사람이었기 때문이었다.

사울은 분명 지혜로운 사람이었으며 겸손한 사람이었고 또 참을성이 있는 사람이었다. 처음 사무엘을 만나 장차 이스라엘의 왕이 될 것이라는 소식을 듣고 머리에 기름을 붓게 되지만 그 사실을 입 밖에 내지 않을 만큼 지혜로운 사람이었으며 사무엘이 온 백성을 미스바에 모으고 제비를 뽑아 왕을 선출할 때에는 당연히 자신이 선출될 줄 알고 있으면서도 숨어 자신을 낮출 줄 알았던 겸손한 사람이었던 것이다. 또한 그렇게 만백성 앞에서 왕으로 선출된 뒤에도 함부로 경거망동하지 않고 때를 기다렸던 참을성이 있는 사람이었다. 백성 중에는 아직 그를 왕으로 인정하지 않으려는 무리들도 있었기 때문이다. 그렇게 기다리다가 마침내 암몬 족속의 침략을 받은 뒤에 일어서서 이스라엘을 구원해냄으로 당당하게 왕의 자리를 차지한 사람이었다.

이처럼 사울은 교양이 있는 사람이었고, 지혜로운 사람이었으며, 외모까지 출중한 사람이었다. 그러한 사람이었기에 모든 이스라엘 백성은 그를 이스라엘의 초대 왕으로 선출할 수 있었다.

그러나 한 가지 사울에게 없는 것이 있었다. 바로 믿음이었다. 사울은 믿음이 부족한 사람이었다. 사울은 하나님의 말씀을 믿는 것이 아니라 눈에 보이는 사람을 믿고 사람의 마음을 얻으려고 노력했던 사람이었다. 그러니 만약 하나님께서 당신의 뜻대로 이스라엘의 왕을 임명하셨다면 사울은 결코 임명되지 않았을 것이다. 하나님께서 믿음이 부족한 사람을 하나님의 나라의 왕으로 임명하실 리가 없기 때문이다. 안타깝게도 사울은 하나님의 마음에 맞는 왕이 아니라 사람들의 마음에 맞는 왕이었던 것이다.

그의 믿음 없음은 왕이 되고 난 뒤에, 비로소 곳곳에서 나타나기 시작했다.
믿음의 유무는 평상시가 아니라 환란이 일어났을 때, 비로소 두드러지게 나타나는 것이기 때문이다.

사울은 즉위 후에 3천 명의 군사를 모집해서 자신의 휘하에 2천을 두고 아들 요나단에게 1천 명을 맡겨 베냐민 기브아에 배치하였다. 요나단은 그 1천 명을 이끌고 게바에 있는 블레셋 수비대를 쳐들어가 내쫓았다. 그 결과 블레셋과의 대대적인 전투가 벌어지게 되었다. 블레셋은 엄청난 대군을 이끌고 이스라엘을 침공하였다. 그러자 그들의 병력에 놀란 이스라엘 군대는 이리저리 흩어지기 시작했다. 설상가상으로 1주일이나 지나야 사무엘이 도착할 수 있다는 기별을 받게 되었다. 사무엘이 와서 기도하고 제사를 지내야 비로소 하나님의 도우시는 능력을 힘입어 전쟁을 시작할 수 있었는데 말이다. 결국 기다리다 못한 사울은 자신이 직접 제사를 지내는 잘못을 범하고 만다. 예배의 의미를 알지 못하는 사울이었기에 예배는 그저 형식적으로 치르기만 하면 되는 것인 줄 알았던 것이다. 그가 제사를 마치고 나자마자 사무엘이 도착을 했다. 사무엘은 약속 시간을 지켜 온 것이었다. 사울의 변명 앞에서 사무엘은 이렇게 말했다.

왕이 망령되이 행하였도다! 왕이 왕의 하나님 여호와께서 왕에게 내리신 명령을 지키지 아니하였도다! 그리하였더라면 여호와께서 이스라엘 위에 왕의 나라를 영원히 세우셨을 것이거늘 지금은 왕의 나라가 길지 못할 것이라. 여호와께서 왕에게 명령하신 바를 왕이 지키지 아니하였으므로 여호와께서 그의 마음에 맞는 사람을 구하여 여호와께서 그를 그의 백성의 지도자로 삼으셨느니라! (삼상 13:13~14)

다행스럽게도 아들 요나단의 믿음과 용기로 위기에 빠졌던 이스라엘을 구해내었다. 하지만 사울은 계속해서 하나님의 명령을 어기고 말았는데 아말렉과의 전투는 가장 결정적인 사건이 되었다.

하나님께서 옛날 모세의 시절에 이스라엘을 괴롭혔던 아말렉을 응징하라는 사명을 사울에게 내리셨다. 사울은 그 명령을 받아 전쟁에 임하지만 모든 것을 멸하라는 헤렘(Cherem:히렘, 키렘)의 명령, 곧 도말의 명령을 어기고 자신이 보기에 좋은 가축은 살려두었다. 뿐만 아니라 적장인 아각(Agag)마저 살려두고 말았다.

헤렘의 전쟁은 그 자체가 신령한 예배였다. 하나님께 모든 생명을 올려 드리는 특별한 제사였던 것이다. 하지만 사울은 하나님께 제사를 드리려고 가축을 살려왔다는 엉뚱한 핑계를 대며, 자신의 욕심을 채우고 또 백성들의 눈치만 살피면서 사람들의 마음에 맞는 행동만 하려고 하였던 것이다.

그 모습을 보신 하나님께서 사무엘에게 이렇게 말씀하셨다

내가 사울을 왕으로 세운 것을 후회하노니
그가 돌이켜서 나를 따르지 아니하며 내 명령을 행하지 아니하였음이니라!(삼

그러자 사무엘은 밤을 새워 사울을 위해 하나님께 기도하였지만 끝내 하나님은 더 이상 사울에게 기회를 주시지 않으셨다. 그 후 사울 앞에 운명적으로 하나님이 선택하신 사람 다윗이 등장하였다. 다윗은 사울의 맏아들 요나단보다도 한참 나이가 어린 동안의 소년이었다. 그러나 그는 믿음으로 등장해서 블레셋의 장수 골리앗을 때려눕히면서 한꺼번에 백성들의 온 마음을 사로잡고 말았다.

이미 하나님께 버림을 받은 사울은 그런 다윗을 좋게 볼 수가 없었다. 질투에 눈이 멀어버린 사울은 다윗을 죽이려고 온갖 술수를 쓰지만 하나님의 도우심을 받는 다윗은 그때마다 사울의 올무에서 벗어나게 된다. 결국 다윗을 암살하려던 사울은 끝내 공개적으로 다윗을 대적하게 되고, 이에 도망친 다윗은 10년 가까운 세월을 도망자로 이리저리 떠돌면서 방랑하게 된다.

그런 다윗에게 수많은 무리들이 모여들기 시작했다. 모두가 사울의 학정으로 인하여 견딜 수 없는 고통을 받고 있는 사람들이었다. 이 점만 보더라도 사울의 통치가 얼마나 가혹한 것이었는지를 알 수 있다. 더욱이 사울은 다윗을 도왔다는 죄목 아닌 죄목을 씌워 놉(Noph)의 대제사장이었던 아히멜렉(Ahimelech)과 85명의 모든 제사장, 그리고 그 가족까지 학살하는 만행까지 서슴지 않는 지경이 되고 말았다.

그로부터 얼마 후 사무엘이 하나님의 부르심을 받았는데, 사무엘이 죽음과 동시에 사울의 왕국도 급격한 몰락의 길을 걷기 시작한다. 그동안 그럼에도 불구하고 사울의 왕권이 계속 지속될 수 있었던 것은 나라를 위해 기도하기를 쉬지 않았던 사무엘의 기도 덕분이었음이 여실히 드러나는 장면이라고 할 수 있다.

사무엘이 죽은 뒤에 블레셋은 대대적으로 이스라엘을 침공한다. 이미 블레셋으로 망명해 있었던 다윗도 이 전투에 참여하여 암암리에 사울을 도우려고 하였지만 블레셋 방백들의 반대로 참전할 수 없게 된다. 뿐만 아니라 일신상의 급한 문제들이 터져 다윗은 사울은 물론 요나단을 전혀 도울 수 없게 되었고, 그 결과 사울은 길보아 산에서 화살에 맞아 중상을 입은 뒤에 스스로 자결하고 말았다.

요나단

사무엘상 13~30장

⊙ 요나단 : Jonathan(여호와께서 주심), 사울의 장남. 길보아 전투에서 아버지와
   함께 전사하였다.
⊙ 사 울 : Saul(희망), 이스라엘 최초의 임금. 베냐민 지파 사람. 요나단의 부친.
⊙ 아히노암 : Ahinoam(형제는 우정이다), 요나단의 모친, 아히마아스의 딸.
⊙ 다 윗 : David(Dauivd, 사랑함), 요나단의 매제.
⊙ 므비보셋 : Mephibosheth(부끄러운 추방자, 므립바알), 요나단의 아들, 장애인.

요나단은 사울 왕의 장남이며 사울의 왕위를 계승할 후계자였다. 그는 참으로 신앙이 돈독한 사람이었으며 욕심이 없고 담백한 성격을 지닌 사람으로 명실공히 성서의 인물 중 가장 훌륭한 인격을 지닌 사람이라고 불러도 과언이 아닐 것이다. 또한 성서의 인물 중 잘못이 기록되지 않은 아주 훌륭한 사람이기도 하다.

요나단은 사울이 아내 아히노암에게서 얻은 맏아들로 왕위에 오르기 전에 이미 태어난 자식으로 보인다. 사울이 왕위에 오른 지 2년 만에 요나단은 천명의 군사를 위임받아 베냐민 기브아(Gibeah)를 지키게 하였는데 이로 보아 당시에 벌써 요나단의 나이는 20세가 넘었을 것이기 때문이다. 그때 사울의 나이는 42세였다.

요나단은 자신에게 맡겨진 군사를 이끌고 게바(Geba)에 있는 블레셋 수비대를 습격한다. 그러자 이 소식을 들은 블레셋 군사가 대거 이스라엘을 침공하였다. 이에 사울은 전군을 소집하였고 이스라엘의 모든 지파가 군사를 파견하여 길갈(Gilgal)로 모여들었다. 당시 블레셋이 이끌고 온 군사는 병거가 3만, 마병이 6천, 그리고 군사는 해변의 모래와 같이 많았다. 그들은 벧아웬 동편 믹마스(Michmash)에 진을 치고 이스라엘을 위협하기 시작했다. 그러자 막강한 블레셋 군대 앞에서 겁을 먹은 이스라엘 군사들은, 동굴과 수풀과 바위틈과 은밀한 곳과 웅덩이에 숨어버리고 말았으며, 심지어는 요단강을 건너 갓과 길르앗 땅으로 도망가는 사람들까지 생겨났다.

그러자 다급해진 사울은, 일주일 안에 도착한다는 사무엘을 기다리지 못하고 망령되게도 자신이 하나님께 직접 제사를 올리고 만다. 제사를 그저 형식적인 절차로만 생각해서 벌인 큰 잘못이었다. 곧바로 도착한 사무엘은 크게 화를 내며 돌아가 버리고 그 모습을 본 이스라엘 백성들은 사기가 완전히 떨어져 사울에게 남은 군사는 고작 600명에 지나지 않았다. 그러니 사울에게는 이제 더 이상 승산이 없어 보였다. 더욱이 블레셋은 철기 문명으로 중무장을 하고 있었던 반면에 이스라엘은 그동안 블레셋의 간섭으로 철제 농기구 하나도 제대로 가지지 못하고 있었다.

그런데 바로 그때, 아무에게도 알리지 않고 요나단이 홀로 자신의 심복 한 사람과 적진을 향해 나아간다.

그때 요나단이 남긴 말이 너무나도 유명하다.

우리가 이 할례 받지 않은 자들에게로 건너가자! 여호와께서 우리를 위하여 일하실까 하노라!
여호와의 구원은 사람이 많고 적음에 달리지 아니하였느니라!(삼상 14:6)

요나단의 이 믿음이 엄청난 기적을 낳게 된다. 도저히 상대가 될 수 없을 것만 같았던 블레셋 군사들이, 홀로 적진을 향해 달려온 요나단 앞에 맥없이 쓰러지기 시작한 것이다. 또한 하나님께서 큰 지진으로 함께하시자 블레셋은 적과 아군을 구분하지 못하고 서로에게 칼을 휘두르기 시작했다. 멀리서 이 모습을 지켜보던 사울이 남은 군사를 이끌고 합세하였고, 전세가 역전되기 시작했다. 더구나 그동안 블레셋에 투항하여 그들의 군사로 있었던 이스라엘 군사들까지 마음을 돌이키고 이스라엘로 돌아왔다. 또한 숨어있었던 이스라엘의 군사들도 용기백배하여 뛰어나오자 이스라엘이 대승을 거두었다.

그런데 이 좋은 시기에 사울은 엉뚱하게도 병사들에게 금식을 선포하였다. 그래서 병사들은 하루 종일 힘들게 전투하면서 아무것도 먹지 못해 기진맥진하고 말았다. 그 결과 도망치는 블레셋을 뻔히 쳐다보면서 추격하지 못하고 놓쳐버리고 만다. 그러자 사울은 그들이 도망친 원인이 자신들 중 누군가가 금식령을 어기고 음식을 먹었기 때문이라고 주장하고, 급기야 누구에게 잘못이 있는지를 가리기 위하여 제비를 뽑는 일이 일어났다.

그때 제비에 당첨된 사람은 오늘의 승리를 가져온 요나단이었다. 이것은 사울의 주장이 얼마나 어처구니없는 것인가를 여실히 증명하고도 남는 것이었다. 그럼에도 사울은 끝까지 요나단을 추궁하였고, 결국 요나단은 금식령이 선포되었는지 모르고 수풀에서 꿀을 조금 찍어 먹은 적은 있다고 고백한다. 사실 이건 잘못이 아니었다. 금식이 선포되었는지 몰랐기 때문이다. 그럼에도 불구하고 사울은 요나단을 죽이려고 하지만, 백성들의 반대로 요나단은 목숨을 건지게 된다.

그런데 참으로 놀라운 것은 자신을 억울하게 몰아 죽이려고 하는 사울 앞에서도 요나단은 전혀 반항하지도 항변하지도 변명하지도 않았다는 것이다. 아무런 잘못이 없음에도, 아니 오히려 엄청난 공과를 세웠으니 마땅히 칭찬과 상급을 요구할 수 있음에도 불구하고, 요나단은 묵묵히 아버지 사울에게 순종하였다는 것이다. 요나단의 인격이 얼마나 뛰어난 사람인지를 여실히 보여주는 장면이라고 할수 있다. 이처럼 요나단은 큰 믿음의 소유자였으며, 뛰어난 인품과 덕망을 소유한참 훌륭한 사람이었다.

몇 년 뒤에 블레셋이 다시 대군을 이끌고 이스라엘을 침공하게 된다. 더욱이 이번에는 골리앗이라는 거인을 앞세우고 쳐들어와서 이스라엘을 교란시키게 된다. 하지만 그의 엄청난 위용 앞에서 이스라엘의 군사들은 겁을 집어먹고 아무도 맞서 나서지 못하게 된다. 바로 그때 다윗이 일어나 골리앗을 때려눕히는 사건이 생겨 또다시 사울은 블레셋을 무찌를 수 있었다.

요나단은 승리를 이끈 다윗을 보고는 그를 자기 생명같이 사랑하게 된다. 그래서 비록 나이 차이가 많이 남에도 불구하고 서로 간에 변치 말자는 우정을 서

약하고, 요나단은 자신이 가지고 있었던 겉옷과 군복과 칼과 활과 허리띠까지 선물로 다윗에게 주었다. 이렇게 해서 맺어진 다윗과 요나단의 우정은 요나단이 죽는 날까지 변하지 않았다.

반면에 사울은 승리를 축하하러 나온 여인들이 부르는 노래 소리에 시기심이 들어 다윗을 질투하고 죽이려는 마음을 품게 된다.

사울이 다윗을 죽이려고 한다는 사실을 알게 된 요나단은 아버지 사울에게 다윗을 변호하기도 하였으며 나중에는 사울의 본심을 다윗에게 알려 그로 하여금 피신할 수 있도록 계기를 만들어 주기도 하였다. 사실 다윗은 요나단이 장차 왕위에 오르는 것을 막을 가장 유력한 인물이었다. 그럼에도 불구하고 요나단은 전혀 다윗을 시기하지 않았고, 오히려 그를 축복하며 그와의 우정을 지켜낸 사람이었다.

다윗과 요나단이 마지막으로 만난 것은 사울이 다윗을 추격하던 와중에 십(Ziph) 황무지 수풀 속에서의 만남이었다. 그때 요나단은 다윗을 향해 이렇게 말했다.

두려워하지 말라! 내 아버지 사울의 손이 네게 미치지 못할 것이요
너는 이스라엘 왕이 되고 나는 네 다음이 될 것을 내 아버지 사울도 안다.(삼
상 23:17)

그 후 요나단은 사울의 마지막 전투인 길보아 전투에서 아버지와 함께 장렬히 전사한다. 나중에 다윗은 사울과 요나단의 시신을 거두어 정성껏 장례를 치러주었으며, 요나단의 장애인 아들 므비보셋을 극진하게 보살펴주었다. 므비보셋은 5살 때 요나단의 전사 소식을 들은 유모가 놀라 떨어뜨림으로 장애가 생겼다.

또한 다윗은 사울과 요나단의 죽음을 애석해하며 노래를 지어 불렀다.
그 노래는 이른바 '활의 노래'라고 불리며 사무엘하 1:19~27에 기록되어 있다.

이스라엘아! 네 영광이 산 위에서 죽임을 당하였도다. 오호라! 두 용사가 엎드러졌도다... 사울과 요나단이 생전에 사랑스럽고 아름다운 자이러니, 죽을 때에도 서로 떠나지 아니하였도다. 그들은 독수리보다 빠르고 사자보다 강하였도다. 이스라엘 딸들아! 사울을 슬퍼하여 울지어다! 저가 붉은 옷으로 너희에게 화려하게 입혔고 금노리개를 너희 옷에 채웠도다... 내 형 요나단이여! 내가 그대를 애통함은 그대는 내게 심히 아름다움이라! 그대가 나를 사랑함이 기이하여 여인의 사랑보다 더하였도다....

다윗

삼상16장~왕상2장, 대상 2장~29장, 시편

⊙ 다 윗 : David(Dauivd,사랑함), 이새의 막내아들, 룻의 남편 보아스의 증손(보아스-오벳-이새).
⊙ 요나단 : Jonathan(여호와께서 주심), 사울의 장남. 다윗의 처남.
⊙ 사 울 : Saul(희망) 이스라엘 최초의 임금. 베냐민 지파 사람. 다윗의 장인.
⊙ 이 새 : Jesse(주의 선물), 다윗의 아버지. 유다 지파, 베들레헴 사람.
⊙ 형 제 : 엘리압, 아비나답, 시므아(삼마), 느다넬, 랏대, 오셈, 스루야(女), 아비가일(女).
⊙ 아 내 : 미갈, 아히노암, 아비가일, 마아가, 학깃, 아비달, 에글라, 밧세바 등
⊙ 밧세바 : Bathsheba(맹약의 여자, 밧수아), 시므아, 소밥, 나단, 솔로몬의 어머니, 아히도벨의 손녀.
⊙ 자 녀 : 암논(아히노암), 다니엘(아비가일), 압살롬(마아가), 아도니야(학깃), 솔로몬(밧세바), 다말(마아가) 등.
⊙ 신 하 : 요압(Joab, 스루야의 아들, 아비새와 아사헬의 형), 요셉밧세벳(아디노), 엘르아살, 삼마, 30인의 두목 등.
⊙ 우리아 : Urija(여호와는 나의 빛이심), 37인의 용사 중 하나, 밧세바의 남편, 헷(Heth)사람.
⊙ 이스보셋 : Ishbosheth(부끄러운 사람), 사울의 아들, 군장 아브넬과 함께 다윗에게 7년간 대항.
⊙ 므비보셋 : Mephibosheth(부끄러운 추방자, 므립바알), 요나단의 아들, 장애인.

사무엘하 23:1은 다윗을 가리켜 "높이 세워진 자, 야곱의 하나님께로부터 기름 부음 받은 자, 이스라엘의 노래 잘 하는 자"라고 표현한다. 실제로 다윗은 가장 높은 곳에 올랐던 위대한 영웅이었고, 가장 귀한 믿음을 지닌 하나님의 사람으로 장차 오실 그리스도를 예표 하는 사람으로 불린다. 또한 무엇보다 하나님을 찬양하는 일에 최선을 다했던 사람이라고 할 수 있다. 하지만 이 모든 수식어를 가지고도 그 한 사람을 표현하는 것에 부족함을 느낄 만큼 그는 참으로 위대한 사람이었다.

다윗은 보아스의 손자 이새의 막내아들로 태어났다(보아스/룻-오벳-이새). 어린 시절의 다윗은 아버지 이새는 물론이고 형제들에게도 큰 주목을 받지 못했다. 그래서 양이나 돌보는 목동으로, 늘 들판에서 양을 지키며 밤을 새우기 일쑤였고, 그 과정에서 수금(Lyre)이나 비파(Harp)를 들고 홀로 하나님을 찬양하였고 간혹 양을 향해 달려드는 사나운 짐승들, 사자나 곰을 물리치곤 하였다.

그러던 그에게 인생의 전환점이 되는 두 가지 사건이 발생하였다. 하나는 하나님의 사람 선지자 사무엘이 아버지를 방문한 것이었다. 아버지는 사무엘에게 7명의 형들을 인사시켰지만, 막내 다윗은 인사조차 시키려고 하지 않았다. 하지만 사무엘이 다윗을 데려오라고 요구하여 사무엘을 만나게 되었는데, 사무엘은 그 자리에서 다윗에게 기름을 부어 장차 이스라엘의 왕이 될 것이라고 선언하였다. 그때 하나님은 사무엘에게 이렇게 말씀하셨다.

내가 보는 것은 사람과 같지 아니하니 사람은 외모를 보거니와 나 여호와는 중심을 보느니라! (삼상 16:7)

또 한 가지 사건은 사울이 블레셋과 전쟁을 벌이고 있을 때, 골리앗을 물리치는 사건이다. 그 당시 다윗은 아직 스무 살 이전이라 전쟁에 참여할 수 없었지만,

아버지의 심부름으로 전장에 갔다가 이스라엘을 비난하는 골리앗을 보고 의분을 느껴 맞서게 된다. 그때 다윗이 골리앗에게 외치며 나아간 말씀은 너무나도 유명한 말씀이다.

> 너는 칼과 창과 단창으로 내게 나아오거니와 나는 만군의 여호와의 이름 곧 네가 모욕하는 이스라엘 군대의 하나님의 이름으로 네게 나아가노라! 오늘 여호와께서 너를 내 손에 넘기시리니 내가 너를 쳐서 네 목을 베고 블레셋 군대의 시체를 오늘 공중의 새와 땅의 들짐승에게 주어 온 땅으로 이스라엘에 하나님이 계신 줄 알게 하겠고, 또 여호와의 구원하심이 칼과 창에 있지 아니함을 이 무리에게 알게 하리라! 전쟁은 여호와께 속한 것인즉 그가 너희를 우리 손에 넘기시리라! (삼상 17:45~47).

다윗은 이 믿음으로 중무장한 골리앗을 물리쳤고 이스라엘에 대승을 안겨 주었다. 이 과정에서 왕자 요나단은 다윗을 자기 생명처럼 사랑하게 되었다. 하지만 임금인 사울은 백성들의 마음이 어린 다윗을 향해 가는 것을 보고 그를 시기하며 질투하게 된다. 그럼에도 사울의 딸 미갈은 다윗을 흠모하게 되고, 결국 사울의 함정에도 불구하고 다윗은 끝내 사울의 사위가 되었으며, 군대의 천부장까지 오른다. 그러나 연이은 다윗의 승전으로 백성들 사이에서 다윗의 인기는 연일 상승하게 되고, 결국 사울은 광기를 부리며 다윗을 죽이려는 음모를 꾸미게 되고 말았다.

요나단을 통해 이 사실을 알게 된 다윗은 혈혈단신으로 사울에게서 도망을 친다. 그로부터 10년 이상의 세월을 고달픈 도망자로 이곳저곳을 전전하게 되지만, 하나님은 그에게 많은 부하들을 붙여 주셔서, 다윗은 고달픈 도망자 시절에도 이스라엘을 위해 좋은 일들을 많이 할 수 있었다. 뿐만 아니라 자신을 추격하는 사울을 두번이나 죽일 수 있는 결정적 상황이 있었지만 사울의 털끝 하나도 해하지 않았다.

　그 후 이스라엘의 최초 임금인 사울이 길보아 전투에서 아들들과 전사하게 되자, 비로소 헤브론으로 돌아와 유다지파 사람들로부터 왕으로 추대된다. 그때 다윗의 나이가 30세였다. 하지만 유다 지파를 제외한 다른 모든 지파는 사울의 남은 아들 이스보셋과 사울의 군장이었던 아브넬을 추종하였다. 그리하여 장장 7년 이상의 세월을 대치하게 되지만, 이스보셋은 아브넬과의 불화로 인하여 끝내 자멸하였고, 그 후에 11지파가 스스로 찾아와 다윗을 이스라엘의 2대 왕으로 공식 추대하였다.

　그 결과, 당당히 이스라엘의 왕이 된 다윗은 아직까지 가나안 족속들이 차지하고 있었던 예루살렘을 정복하여 이스라엘의 수도로 삼고, 주변의 열강들을 차례로 정복해 나가기 시작했다. 먼저 서쪽 해안을 장악하고 있었던 블레셋을 정복하였고, 동쪽 국경을 인접하고 있었던 에돔, 모압, 소바를 정복하였다. 이어 다윗의 사신을 멸시하여 스스로 멸망을 자초하였던 암몬과 그의 연합국이었던 아람까지 물리치게 된다. 이로써 다윗은 하나님께서 일찍이 아브라함에게 약속하셨던 가나안 복지를 완전히 정복하였다.

　또한 다윗은 예루살렘에 성막을 복원하고 방치되어 있었던 법궤를 안치하는 일도 하였다. 하지만 미처 성경을 연구하지 못한 까닭에 아비나답의 집에 있던 법궤를 수레에 싣고 나오는 잘못을 범하였다. 법궤는 반드시 제사장들이 직접 어깨에 메야 하는 것이었다. 그 결과 아비나답의 아들이었던 웃사(Uzza)가 죽임을 당하고, 법궤는 3개월간 오벧에돔(Obed Edom)의 집에 머무르게 된다. 그 후에 성경을 연구하여, 성경의 방법대로 제사장들이 법궤를 어깨에 메고 예루살렘으로 옮겨왔다. 이 과정에서 다윗은 기쁨에 겨워 온 백성과 함께 춤을 추며 찬양했지만,

사울의 딸 미갈은 이러한 다윗의 행동을 비웃고 말았다.

다윗은 역사상 누구도 이루지 못한 엄청난 업적을 이루어내며 태평성대를 이룩하였다. 하지만 그 후에 큰 잘못을 저지르고 말았다. 그의 첫 번째 잘못은 밧세바를 강간하고, 그 남편 우리아를 모살(謀殺)하였다는 것이다. 이 엄청난 잘못은 그 후 다윗의 일생 전체를 비탄과 탄식으로 몰아넣고 말았다. 처음에는 아무도 모르는 일이 되도록 음모를 꾸몄던 다윗은 선지자 나단(Nathan, 양심)의 지적으로 무릎을 꿇게 되고 남은 일생을 눈물로 참회하며 지내게 된다. 그럼에도 불구하고 다윗에게는 끝없는 앙화가 이어졌다. 맏아들 암논이 배다른 딸 다말을 강간하고, 이에 격분한 셋째 아들 압살롬이 형 암논을 살해하는 비극이 일어났으며, 5년 뒤에는 압살롬이 다윗의 모사(謀士) 아히도벨과 함께 반란을 일으키기도 한다. 이 반란이 진압된 뒤에도 세바가 반란을 일으키는 등 환란이 이어지고 말았다.

또한 다윗은 하나님의 뜻과는 다르게 자신의 힘을 과시하기 위해 인구조사를 벌이는 잘못을 범하기도 했는데, 그 결과 선지자 갓(Gad)의 책망을 들었고, 3일간 무서운 질병, 온역(瘟疫)으로 7만 명에 달하는 백성들의 목숨을 잃기도 하였다.

이러한 잘못이 있었음에도 불구하고 다윗은 가장 위대한 이스라엘의 임금으로 꼽히는 사람이다. 잘못이 없어서가 아니라, 항상 회개하고 뉘우치며, 기도하고 찬양하였던 사람이기 때문이다. 다윗은 어떠한 경우에도 하나님을 향한 믿음을 저버리지 않았으며 최악의 상황에서도 스스로를 낮춰 하나님을 경외하였던 진정한 믿음의 사람이었다. 이처럼 다윗은 하나님 앞에서 항상 겸손한 사람이었기에 하나님은 다윗을 높여 이스라엘에서 가장 영화로운 이름을 얻게 하셨던 것이다.

요압

삼상26장~왕상11장, 대상2장~27장

- ⊙ 요 압 : Joab(여호와는 아버지이시다), 다윗의 군대장관이며 조카.
- ⊙ 스루야 : Zeruiah, 다윗의 누이, 요압 아비새 아사헬의 모친
- ⊙ 아비새 : Abishai, 요압의 동생, 다윗의 부관.
- ⊙ 아사헬 : Asahel, 요압의 막냇동생, 들 노루처럼 빠른 발을 지님. 아브넬에게 죽임을 당함.
- ⊙ 아브넬 : Abner, 사울의 군대장관이며 사촌 동생, 사울이 죽은 후 이스보셋을 왕위에 올린 인물. 요압의 동생 아사헬을 죽임으로 훗날 다윗에게 귀순하였지만 요압에게 암살당하였다.
- ⊙ 아마사 : Amasa, 다윗의 누이 아비가일의 아들, 압살롬의 반란 시 군대장관. 다윗에게 용서받고 요압의 자리였던 군대장관이 되었다. 훗날 요압에게 암살당하였다.
- ⊙ 다 윗 : David(Dauivd, 사랑함), 요압의 외삼촌.
- ⊙ 압살롬 : Absalom, 다윗의 셋째 아들. 맏아들 암논을 살해하고 다윗에게 반역하여 반란을 일으킴.
- ⊙ 아도니야 : Adonijah, 다윗의 넷째 아들. 다윗의 노년에 요압과 함께 왕위 계승을 획책하다 실패하였다. 수넴 여인 아비삭을 밧세바를 통해 솔로몬에게 요구하다 사형 당하였다.

요압은 다윗에게 있어 가장 큰 공신이며 동시에 가장 큰 적이었다.

요압이 다윗을 따르기 시작한 것은 다윗이 사울을 피해 숨어다닐 때부터일 것으로 추측한다. 그때부터 요압과 그의 두 동생 아비새와 아사헬은 다윗을 그림자처럼 수호하였다. 특히 아비새는 다윗의 부관으로 항상 다윗을 따라다녔다. 사울이 전투 중에 잠이 들었을 때도 다윗과 함께 유일하게 적진 복판으로 건너가 사울의 창과 물병을 들고 나온 사람이 아비새다. 그때 아비새는 사울을 죽이겠다고 하였지만 다윗이 허락하지 않았다. 아무튼 이 세 형제는 대단히 용맹스러운 사람들로 항상 앞에서 전투를 이끌며 다윗을 도왔다.

그 중에서도 가장 용맹한 사람이 바로 요압이었다. 다윗에게는 37명의 장수가 있었는데, 그중에 가장 첫머리에 이름이 기록된 사람이 바로 요압이다. 요압은 다윗이 예루살렘을 정복할 당시 가장 먼저 그곳 원주민이었던 여부스 족속을 물리쳤던 사람으로 그 공로가 인정되어 군대장관이 되었다.

요압은 분명 혁혁한 공을 세운 대단한 무장이었다. 예루살렘을 정복하였고, 암몬족속과 아람나라의 연합군도 물리쳤다. 특히 암몬 족속과의 두 번째 전투에서는 암몬을 완전히 정복해서 무찌른 뒤 수도인 랍바(Rabbah)를 포위하여 함락 직전에 놓고 다윗을 모셔 그 공을 다윗이 차지하게 하였던 사람이었다. 바로 이 전투가 밧세바의 남편인 우리아를 사망으로 몰아넣은 전투이기도 하다. 아무튼 요압은 어떠한 위험도 마다하지 않고 항상 최전방에서 전투를 벌인 사람이었다.

하지만 그럼에도 불구하고 요압은 다윗에게 사랑을 받지 못하였다. 성격이 너무 잔인하였고, 또한 목적을 위해서라면 어떠한 행동도 불사하는 사람이었기 때문이다. 다윗이 에돔을 정복했을 때에는 6개월 동안이나 에돔 땅에 남아 에돔의 모든 남자들을 다 살해해 버렸을 정도로 잔인한 사람이었으며, 자신의 자리를 위협하는 아브넬과 아마사는 음모를 꾸며 암살한 사람이기도 하다.

사울이 죽은 뒤에 사울의 군대장관이었던 아브넬은 사울의 넷째 아들 이스보셋을 도와 이스라엘의 왕좌에 앉게 하였다. 다윗이 비록 헤브론을 차지하고 유다 지파의 왕이 되었지만 나머지 모든 지파는 이스보셋을 추종하였기에, 사실상 이스라엘 전역은 아직 사울의 아들 이스보셋의 손에 있었던 것이다. 하지만 이스보셋은 명목상의 왕이었을 뿐 전권을 휘두른 사람은 아브넬이었다.

그러다가 7년 만에 사울의 첩 리스바와 불륜을 저지르게 되었고 이 사실을 이스보셋이 지적하자 도리어 화를 내며 이스보셋을 배신하고 다윗에게 귀환한 사람이다. 그때 아브넬은 이미 발디의 아내가 되어있었던 미갈을 다윗의 요구로 빼앗아 다윗에게 데려왔다. 다윗은 그러한 아브넬을 대대적으로 환영하며 잔치를 베풀어 주었다. 이렇게 함으로 동족상잔의 비극 없이 이스라엘을 통일할 수 있었기 때문이었다.

그러나 요압은 다윗에게 나아가 아브넬이 첩자라며 공박하더니 다윗도 모르게 아브넬을 다시 불러들여 암살하고 말았다. 나중에 이 사실을 알게 된 다윗은 크게 상심하며 안타까워하였다. 그러나 엄청난 공이 있는 요압을 어찌할 수 없어 이렇게 탄식하였다.

내가 기름 부음을 받은 왕이 되었으나 오늘날 약하여서 스루야의 아들인 이 사람들을 제어하기가 너무 어려우니 여호와는 악행한 자에게 그 악한 대로 갚으실지로다(삼하 3:39).

요압이 아브넬을 살해한 이유는 우선적으로 기브온 전투에서 막내동생 아사헬이 아브넬에게 살해당한 것에 대한 앙갚음이었지만, 진정한 이유는 아브넬의 공로로 나라가 통일되면 군대장관 자리가 자기에게서 떠나 아브넬에게 돌아갈 것을 염려하였기 때문이었다.

이처럼 요압은 다윗의 편에 있었지만 항상 제멋대로 행동하는 사람이었다.

게다가 교활하여서 자신의 이익과 목표를 위해서라면 물불을 가리지 않았던 사람이었다.

압살롬이 친형 암논을 살해한 뒤에 외조부의 나라인 그술(Geshur)로 도망가 있을 때, 그를 다시 불러들인 이유도 사실상 압살롬을 통해 권력의 기반을 다져보려고 하였기 때문이었다. 하지만 압살롬이 아마사를 데리고 반란을 일으키자 다윗의 편에 서서 그 반란을 진압하였다. 그러나 그 과정에서 다윗의 당부를 무시하고 압살롬을 살해하였다. 뿐만 아니라 그 일로 크게 상심하고 있는 다윗을 향해서는 반 위협을 하며 이렇게 말하였다.

왕께서 오늘 왕의 생명과 왕의 자녀의 생명과 처첩과 비빈들의 생명을 구원한 모든 부하들의 얼굴을 부끄럽게 하시니 이는 왕께서 미워하는 자는 사랑하시며 사랑하는 자는 미워하시고 오늘 지휘관들과 부하들을 멸시하심을 나타내심이라! 오늘 내가 깨달으니 만일 압살롬이 살고 오늘 우리가 다 죽었더면 왕이 마땅히 여기실 뻔하였나이다! (삼하 19:5~6).

그 후 세바가 다시 반란을 일으키자 다윗은 요압 대신에 압살롬의 군대장관이었던 아마사를 군대장관으로 지명해서 파견한다. 그러자 요압은 아마사마저도 암살해 버리고 그 자리를 차지하였다. 다윗의 군대장관으로서 요압의 마지막 임무는 인구조사를 하는 것이었다. 비록 요압은 반대하였지만 다윗의 명령으로 인구조사를 실시하였고, 그 결과 7만에 달하는 백성들이 질병으로 죽어야 하기도 하였다.

다윗이 죽기 직전에 요압은 아도니야가 왕위를 차지하게 될 줄 알고 그의 편을 들었지만 솔로몬이 왕이 되었다.

다윗은 솔로몬에게 왕위를 물려주면서 요압에 대하여 이렇게 유언을 남겼다.

스루야의 아들 요압이 내게 행한 일 곧 이스라엘 군대의 두 사령관 넬의 아들 아브넬과 예델의 아들 아마사에게 행한 일을 네가 알거니와, 그가 그들을 죽여 태평 시대에 전쟁의 피를 흘리고 전쟁의 피를 자기의 허리에 띤 띠와 발에 신은 신에 묻혔으니, 네 지혜대로 행하여 그의 백발이 평안히 스올에 내려가지 못하게 하라! (왕상 2:5~6).

그 후 솔로몬은 아도니야가 밧세바를 통해 다윗의 첩 수넴 여인 아비삭을 요구하자 그것을 빌미로 아도니야를 처형한 후 성막 제단 뿔을 붙잡고 목숨을 애걸하는 요압을 브나야를 통해 죽였다. 요압은 '광야에 있는 자기 집'에 장사되었고 그의 자리는 브나야가 차지하였다.

요압은 분명 대단한 영웅이었다. 요압이 아니었으면 다윗의 나라는 더욱 많은 어려움을 겪어야 하였을 것이다. 하지만 요압은 신앙심이 없는 사람이었다. 신앙이 없기에 의리도 없었고, 자비심도 없었다. 그는 항상 잔인하였고 교활하였다. 비록 많은 공로가 있었지만 그 공로를 내세워 권력을 손에 쥐기 위해 발버둥치는 사람이었던 것이다. 그 결과 일평생 권력의 중심에 있었지만 마지막에는 비참한 죽음을 면하지 못했다. 그가 죽인 많은 사람들처럼 그 역시 비참하게 칼에 죽임을 당했다. 그토록 권력을 탐하던 요압이 말년에 제단 뿔을 잡고 목숨을 구걸하는 마지막 모습은 참으로 많은 것을 시사해 준다. 하나님을 의지하지 않았던 사람은 비록 하나님을 이용하려고 하여도 하나님께서 그의 방패가 되어주시지 않는다는 사실도 그중에 하나이다.

압살롬

사무엘하 13장~18장

- ⊙ 압살롬 : Absalom(아버지는 평화이시다) 다윗의 셋째 아들. 다윗에게 반란을 일으켰다.
- ⊙ 다 윗 : David(Dauivd, 사랑함) 압살롬의 부친.
- ⊙ 마아가 : Maacah, 압살롬의 모친, 갈릴리 북동부의 작은 나라 그술(Geshur)왕 달매(Talmai)의 딸.
- ⊙ 다 말 : Tamar(종려나무), 압살롬의 여동생, 암논에게 성폭행을 당한 후 슬픔의 세월을 보냄.
- ⊙ 암 논 : Amnon, 다윗의 맏아들, 아히노암(Ahinoam)의 소생, 압살롬에게 살해당함.
- ⊙ 아히도벨 : Ahithophel, 다윗의 모사(謀士), 밧세바(Bathsheba)의 조부, 압살롬을 도와 반란을 주도함.
- ⊙ 후 새 : Hushai, 아렉(Archites) 사람으로 다윗의 친구라 불리던 모사, 압살롬을 교란시켜 다윗을 도움.
- ⊙ 요 압 : Joab(여호와는 아버지이시다) 다윗의 군대장관이며 조카, 압살롬을 살해함.

압살롬은 다윗의 셋째 아들로, 헤브론(Hebron)에서 그술 왕 달매의 딸인 마아가에게서 낳은 아들이다. 맏아들은 아히노암에게서 난 암논이고, 둘째는 아비가일에게서 낳은 다니엘이다. 다니엘에 대한 성서의 언급이 거의 없는 것으로 보아 그는 어려서 세상을 떠난 것으로 보인다. 따라서 압살롬은 사실상 다윗의 차남이나 진배없었다.

압살롬은 그 용모가 아주 뛰어난 사람이었다. 특히 머리카락이 멋있었는데, 당대에는 머리칼이 풍성한 것을 큰 자랑으로 여겼기에 압살롬은 만인의 부러움을 사는 외모를 지닌 사람이었다. 그에게는 같은 어머니 마아가에게서 낳은 여동생 다말이 있었다. 다말 역시 아름다운 미모를 지니고 있었다. 그러나 그녀의 아름다운 용모는 큰 불행을 낳은 단초가 되고 말았다. 맏아들 암논이 다말의 미모에 취해 그녀를 성폭행하고 말았기 때문이다. 있을 수 없는 끔찍한 일이 다윗의 가문에서 벌어진 것이다. 더욱 나쁜 것은 암논은 그런 짓을 저지른 후에 다말을 오히려 미워하며 쫓아버렸다는 것이다.

이 소식을 들은 다윗은 크게 진노하였지만 아무런 조치도 취하지 않았다. 필경 자신이 밧세바에게 저지른 죄악을 생각하고 양심에 찔려 어쩌지 못했을 것이다. 하지만 다윗의 그러한 태도는 압살롬의 마음에 무서운 미움을 싹트게 하는 결과를 낳고 말았다. 그로부터 2년 동안 지켜보던 압살롬은 그래도 다윗이 암논에 대하여 아무런 조처를 취하지 않자 스스로 암논을 살해해 버리고 말았다. 그리고는 외가집인 그술(Geshur) 나라로 망명을 떠났다. 그술은 아람나라와 이스라엘 사이에 인접한 작은 소국으로 다윗왕국의 속국으로 있던 나라다.

3년이 흐르자 암논을 잃은 슬픔을 달랜 다윗이 압살롬을 그리워하게 된다. 이 마음을 알고 있었던 요압은 드고아(Tekoa) 출신의 한 여인을 통해 다윗이 압살롬을 데리고 올 수 있는 명분을 제공하였다. 그 결과 압살롬은 3년 만에 귀국을 할 수는 있었지만, 여전히 다윗은 압살롬을 만나주지 않았다. 다시 2년 뒤에 압살롬은 요압마저 자신을 만나주지 않자 요압의 보리밭에 불을 질러 요압을 만난다. 그리고 강력하게 항의하자 요압은 다윗과 압살롬의 만남을 주선한다. 실로 5년 만의 부자상봉이었다.

하지만 압살롬은 겉으로는 아버지와의 만남을 통해 관계를 회복하는 척했지만, 그로부터 4년 동안이나 차근차근 반란을 도모하기 시작했다. 이제 맏아들 암논이 사라진 뒤에서, 왕위가 자신의 것이 되어야 하지만 아무래도 다윗은 솔로몬을 후계자로 생각하고 있음이 역력했기 때문일 것이다. 압살롬은 성문 어귀에 앉아 재판을 받으러 오는 사람들을 달콤한 말로 현혹하기 시작했다. 자신이 재판관 곧 왕이 되기만 하면 무조건 백성들의 편에 서서 그들의 편의를 봐주기라도 할 것처럼 달콤하게 속삭인 것이다. 성경은 당시 압살롬이 이스라엘 사람의 마음을 도적질하였다고 적고 있다(삼하 15:6) 이렇게 한 편으로는 민심을 손에 넣고, 또 한 편으로는 병거와 말을 준비하면서 주도면밀하게 반란을 모색하고 있었다. 그리고 마침내 4년이 흐른 뒤에 압살롬은 짐짓 자기가 태어난 고향인 헤브론에 가서 하나님께 서원한 것을 지켜야 한다고 다윗에게 허락을 구한다.

헤브론 사람들은 다윗이 수도를 예루살렘으로 옮겨간 것에 대하여 적잖은 불만을 품고 있었을 터였는데, 마침 압살롬은 헤브론에서 태어난 사람이었기에 고향임을 앞세워 반란을 일으키기 좋았던 것이다. 아무것도 눈치채지 못한 다윗은 압살롬을 헤브론으로 보냈고, 압살롬은 그곳에서 반역의 깃발을 들었다.

이미 민심은 다윗에게서 돌아서서 압살롬을 향해 모아지고 있었다. 여기에는 유다 지파와 에브라임 지파의 뿌리 깊은 반목이 큰 원인이었을 것인데, 압살롬은 이러한 지역감정을 잘 이용하였던 것이다. 또한 압살롬은 다윗의 모사(謀士)였던 아히도벨도 매수하기에 이르렀다. 당시 아히도벨은 대단히 지혜로운 사람으로 그를 가리켜 "그 때에 아히도벨이 베푸는 계략은 사람이 하나님께 물어서 받은 말씀과 같은 것이라 아히도벨의 모든 계략은 다윗에게나 압살롬에게나 그와 같이 여겨졌더라"(삼하 16:23)라고 기록하고 있을 정도다.

아히도벨이 어째서 다윗에게 반기를 들었는가 대해서는 여러 가지 이견이 있지만, 가장 대표적인 것은 아히도벨이 밧세바의 조부임을 감안할 때 일면 이해가 된다. 아히도벨의 아들은 엘리암(Eliam)이요 엘리암의 딸이 밧세바이기 때문이다. 그렇다면 아히도벨은 다윗에 의해서 손녀가 성폭행 되었고, 손녀사위가 살해된 피해자가 되는 셈이기 때문이다.

아히도벨을 등에 업은 압살롬의 군대는 파죽지세로 예루살렘을 정복하였다. 다윗은 압살롬을 피해 요단강을 건너 맨발로 눈물을 흘리며 마하나님(Mahanaim)으로 도망쳐야만 했다. 아히도벨은 다윗과 압살롬의 사이를 확실하게 갈라놓기 위해 압살롬으로 하여금 백주(白晝)에 왕궁 지붕에서 다윗의 후궁 10명을 욕보이게 하는데, 그곳은 일찍이 다윗이 밧세바의 목욕 장면을 훔쳐보며 욕정을 불태웠던 곳이었다.

이후 자신에게 12,000명의 군사를 주면 다윗을 쫓아가 살해하겠다고 하지만, 다윗이 보낸 모사 후새의 계략으로 이 일은 중단되고 말았다. 만약 그때 아히도벨이 군사를 이끌고 다윗을 추격했다면 다윗으로서는 피할 길이 없었을 것이다. 지혜로운 아히도벨은 자신의 모략이 통하지 않자, 반란이 실패했음을 직감하고 고향으로 돌아가 신변을 정리한 뒤에 스스로 목을 매어 자살하였다. 성서학자들은 아히도벨의 죽음을 예수님을 배신한 가룟 유다의 죽음과 같은 맥락에서 해석하곤 한다.

후새의 계략에 따라 온 나라의 군대를 소집하여 대군을 조성한 압살롬은 스스로 앞장서서 다윗을 추격하지만 이미 다윗이 많은 군대를 확보한 뒤였다. 다윗은 군사를 3대로 편성해서 요압, 아비새, 잇대에게 각각 맡겼다. 비록 수적으로는 압살롬의 군대가 월등했으나 전쟁은 다윗 군대의 압승으로 끝났다. 당시 전장에서 죽은 병사의 숫자가 압살롬의 군사만 2만 명에 달하였다.

노새를 타고 기세등등하게 나아오던 압살롬은 도망을 치다가 자신이 가장 자랑스럽게 여기던 머리카락이 상수리나무 사이에 걸려버리고 말았다. 노새는 도망가고 압살롬은 머리카락에 매달려 상수리나무에 걸려 있다가 요압의 창에 살해당하고 말았다. 다윗은 압살롬의 죽음을 못내 슬퍼하였지만, 요압의 반 협박에 못 이겨 승전을 축하하는 자리에 나가 눈물을 머금고 서야만 했었다.

압살롬의 반란 사건은 여러모로 다윗에 대한 하나님의 징계의 성격을 갖고 있다. 해서는 안 되는 행동을 한 다윗을 본받아 맏아들 암논이 해서는 안 되는 짓을 하고 말았기 때문이다. 또한 우리아(Uriah)의 피 값을 대신해서 다윗은 율법대로 네 아들을 잃고 말았다. 맏아들 암논과 셋째 압살롬이 칼에 죽었으며, 밧세바가 낳은 첫째 아기는 병으로 죽었고, 나중에 솔로몬에 의하여 다윗의 넷째 아도니야까지 살해당했기 때문이다. 다윗이 욕정을 이기지 못하였던 왕궁의 지붕에서 자신의 아들이 자신의 후궁들을 백주에 욕보이는 참상까지 겪어야 했다. 이는 실로 하나님께서 다윗의 범죄를 꾸짖으시며 나단 선지자를 통해 예언하신 그대로 이루어진 것이다.

이제 네가 나를 업신여기고 헷 사람 우리아의 아내를 빼앗아 네 아내로 삼았은

즉, 칼이 네 집에서 영원토록 떠나지 아니하리라.... 보라! 내가 너와 네 집에 재앙을 일으키고 내가 네 눈앞에서 네 아내를 빼앗아 네 이웃들에게 주리니 그 사람들이 네 아내들과 더불어 백주에 동침하리라! 너는 은밀히 행하였으나, 나는 온 이스라엘 앞에서 백주에 이 일을 행하리라! *(삼하 12:10~12)*.

솔로몬

열왕기상 1~11장, 역대하 1~9장

⊙ 솔로몬 : Solomon(Solomwvn, 평화), 이스라엘의 제 3대 왕(B.C. 990경 ~ 932). 여디디아 (Jedidiah, 여호와의 사랑하시는 자), 나단 선지자가 붙여준 솔로몬의 다른 이름.

⊙ 다 윗 : David(Dauivd, 사랑함), 솔로몬의 부친.

⊙ 밧세바 : Bathsheba(맹약의 여자, 밧수아), 시므아, 소밥, 나단, 솔로몬의 어머니.

⊙ 나 단 : Nathan(양심), 다윗과 솔로몬 시대의 선지자, 솔로몬의 영적 스승이며 후견인.

⊙ 사 독 : Zadok(공평), 다윗과 솔로몬 시대의 대제사장, 아론의 아들 엘르아살의 후손으로 사두개인의 조상.

⊙ 브나야 : Benaiah, 다윗의 시위대장으로 세 용사 중 한 사람, 솔로몬의 군장, 요압과 아도니야를 처단.

⊙ 아도니야 : Adonijah, 다윗의 넷째 아들로 학깃의 소생, 스스로 왕이 되려다 실패, 아비삭을 탐내다 처형당함.

⊙ 요 압 : Joab(여호와는 아버지이시다), 다윗의 군대장관, 아도니야를 돕다가 솔로몬에게 처형당함.

⊙ 아비아달 : Abiathar, 엘리의 자손, 사울에게 죽은 아히멜렉의 아들, 다윗의 대제사장, 아도니야를 따르다 솔로몬이 왕이 된 후 추방당함.

⊙ 르호보암 : Rehoboam(JRoboavm, 백성을 반성케 함), 솔로몬이 암몬 여인 나아마(Naama)에게 낳은 아들로 솔로몬의 뒤를 이어 왕이 되었으나, 당대에 나라가 둘로 갈라지게 됨.

⊙ 여로보암 : Jeroboam(백성이 번성함), 북왕국 이스라엘의 조대 왕.

솔로몬은 다윗이 밧세바에게서 낳은 4번째 아들이다. 어려서부터 총명하여서 일찍이 다윗은 밧세바에게 장차 왕위를 솔로몬에게 물려주기로 약속하였다(왕상 1:30). 하지만 다윗이 연로하여 자리에 눕자 다윗의 네 번째 아들이며, 살아있는 아들 가운데 최연장자였던 아도니야가 스스로 왕이 되고자 하였다. 이때 아도니야의 편을 들었던 사람이 요압과 대제사장 아비아달이었다.

그러자 선지자 나단이 밧세바를 찾아가 다윗에게 이 사실을 알릴 것을 권고하고, 자신도 곧이어 다윗에게 나아갔다. 그러자 다윗이 그 자리에서 자신의 왕위를 솔로몬에게 물려주며 스스로 물러난다. 당시 솔로몬의 나이는 대략 20세 정도였고, 다윗은 70세였다. 왕명으로 솔로몬은 기혼(Gibon) 샘에서 사독과 나단에게 기름부음을 받아 이스라엘 왕이 되었다. 기혼 샘은 히스기야에 의하여 실로암의 근원이 된 샘이다.

솔로몬이 즉위한 뒤에 다윗은 유언을 남기는데, 하나님을 잘 섬기라는 것과 요압과 시므이에게 자기 죄 값을 치르게 하라는 것, 그리고 바르실래(Barzillai)의 아들들을 후대하라는 것이었다. 바르실래는 다윗이 압살롬의 반란을 피해 도망칠 때 많은 도움을 준 사람으로 그 아들 김함(Chimham)이 다윗의 신하가 된 사람이다. 이러한 유언을 남긴 후에, 다윗은 40년 즉위를 마감하고 세상을 떠났다.

다윗이 죽은 후에 아도니야가 밧세바를 찾아가 다윗의 말년에 시종 들던 수넴여자 아비삭(Abishag)을 자신에게 달라고 간청하게 되는데, 이 일이 죽음을 부르고 말았다. 솔로몬은 그 일을 계기로 반란에 가담했었던 아도니야를 척살하고, 대제사장 아비아달은 추방해 버렸으며, 제단 뿔을 잡고 목숨을 구걸하던 요압까지 제거해버렸다. 성경은 이러한 일을 마친 솔로몬을 향해 이렇게 평한다.

... 이에 나라가 솔로몬의 손에 견고하여 지니라! (왕상 2:46).

모든 정적을 제거한 솔로몬의 앞에는 아무런 문제도 남아있지 않았다. 아버지 다윗이 주변의 열강들을 제압하여 속국으로 삼았고, 눈에 가시 같던 정적들까지 다 제거하였기 때문이다. 당시 솔로몬의 영토는 위로는 유프라테스 강에서부터 아래로는 이집트 국경에 이를 만큼 광활한 지역이었다. 하나님께서 아브라함에게 약속하셨던 약속의 땅이 마침내 온전히 주어진 것이었다(창 15:18)

다윗의 유언과 나단의 훌륭한 가르침, 그리고 어머니 밧세바의 기도로 믿음이 돈독했던 솔로몬은 즉위한 뒤에, 가장 먼저 하나님께 예배를 드리기 시작했다. 당시 가장 큰 산당이 있었던 기브온(Gibeon)으로 간 솔로몬은 일천 번제를 하나님께 드린다. 천 번의 제사를 다 마칠 즈음에, 하나님은 기브온에서 솔로몬의 꿈에 나타나셔서, "내가 네게 무엇을 줄꼬? 너는 구하라!"라고 말씀하셨다. 그러자 솔로몬은 겸손하게 자신을 낮추며, 자신이 이 넓은 나라를 잘 다스릴 수 있도록 지혜를 달라고 간구한다. 이 장면에서 놓치지 말아야 하는 것은, 그 대답이 솔로몬의 꿈속에서 이루어졌다는 것이다. 결국 솔로몬은 꿈에서도 나라만 생각했었다는 거다. 그러한 솔로몬의 간구를 흡족하게 여기신 하나님은 그가 구하지 아니한 부와 영광까지 약속하신다. 하지만 반드시, 다윗과 같은 신앙의 길을 가야만 한다는 단서를 다셨다.

솔로몬이 받은 지혜는 곧바로 두 명의 창기들의 다툼에 적용되었다. 솔로몬은 그 어려운 상황을 하나님이 주신 지혜로 판결하여 온 백성의 존경을 받았다. 솔로몬이 남긴 지혜는 잠언이 3,000편에, 시는 1005편에 달하였다. 거기에 각종 초목에서부터 기어 나니는 벌레에 이르기까지 모르는 것이 없어, 스바의 여왕을 비롯한 많은 이들의 찬사를 받을 정도였다. 그가 남긴 많은 작품 가운데 성서는 잠언, 아가서, 전도서, 그리고 시편 127편을 전한다.

솔로몬은 즉위 4년째부터 성전을 건축하기 시작한다. 성전건축은 7년에 걸친 대역사였으며 마침내 즉위 11년 8월에 성전을 건축하여 봉헌하게 된다. 솔로몬의 성전은 약 80평 규모에 3층 건물이었다. 이는 기존 성막의 꼭 2배에 달하는 크기였다. 성전을 건축한 뒤 솔로몬은 2주에 걸친 감사예배(낙성식)를 드리게 되는데, 이 예배에서 이런 기도를 드린다.

내가 참으로 주를 위하여 계실 성전을 건축하였사오니 주께서 영원히 계실 처소로소이다... 주의 종과 주의 백성 이스라엘이 이 곳을 향하여 기도할 때에 주는 그 간구함을 들으시되 주께서 계신 곳 하늘에서 들으시고 들으시사 사하여 주옵소서... 한 사람이나 혹 주의 온 백성 이스라엘이 다 각각 자기의 마음에 재앙을 깨닫고 이 성전을 향하여 손을 펴고 무슨 기도나 무슨 간구를 하거든, 주는 계신 곳 하늘에서 들으시고 사하시며 각 사람의 마음을 아시오니 그들의 모든 행위대로 행하사 갚으시옵소서! 주만 홀로 사람의 마음을 다 아심이니이다! (왕상 8:13~53)

이 기도를 마칠 때에 하늘에서 불이 내려와 번제물과 제물을 살랐고, 하나님의 영광이 성전에 가득하여 제사장들조차 그 전에 능히 들어가기가 어려울 정도였다(대하 7:1).

성전건축을 마무리한 솔로몬은 그 후 각종 토목사업을 벌였다. 13년에 걸쳐 자신의 왕궁을 지었고, 왕비들을 위한 궁전을 따로 지었으며, 예루살렘의 성벽을 더욱 견고하게 축조하고, 국고성과 병고성, 마병의 성들까지 요소요소에 건축하였다. 이를 위하여 이방민족들을 노예로 동원하였으며, 이스라엘 백성들도 강제로 동원시켰다. 솔로몬은 각종 무역을 통하여 엄청난 재화를 거두어 들였다. 그리하여 이스라엘은 전대미문(前代未聞)의 영화를 누렸다. 하지만 지나친 토목사업은 백성들의 불만을 야기해 훗날 나라가 둘로 갈라지는 불행의 씨앗이 되기도 하였다.

솔로몬의 외교 정책은 주로 혼인 관계를 맺는 것이었다. 솔로몬이 처음으로 맞이한 왕비는 이집트 파라오의 딸이었으며 그 외에도 수많은 외국 공주들을 아내로 맞았다. 솔로몬이 맞이한 아내는 후궁이 700명에 첩이 300명이었다(왕상 11:3). 이것은 큰 문제로 이어지고 말았다. 외국에서 온 공주들은 들어오면서 각종 우상을 그대로 가지고 왔기 때문이다. 그리하여 예루살렘은 세계 각국의 우상들이 난립하는 우상천국이 되고 말았다. 여기에 대하여 성경은 이렇게 전한다.

솔로몬의 나이가 많을 때에 그의 여인들이 그의 마음을 돌려 다른 신들을 따르게 하였으므로 왕의 마음이 그의 아버지 다윗의 마음과 같지 아니하여 그의 하나님 여호와 앞에 온전하지 못하였으니... (왕상 11:4)

실로 솔로몬은 엄청난 재물을 축적하고, 또 막강한 군사는 물론 이집트로부터 병거를 사들이고 말을 양육하기에 이르렀다. 그러나 이것 역시, 하나님께서 일찍이 신명기를 통해 엄중히 경고하신 말씀을 어기는 일이었다.

왕 된 자는 병마를 많이 두지 말 것이요 병마를 많이 얻으려고 그 백성을 애굽으로 돌아가게 하지 말 것이니 이는 여호와께서 너희에게 이르시기를 너희가 이 후에는 그 길로 다시 돌아가지 말 것이라 하셨음이며, 그에게 아내를 많이 두어 그의 마음이 미혹되게 하지 말 것이며 자기를 위하여 은금을 많이 쌓지 말 것이니라 (신 17:16~17).

솔로몬은 40년간을 재위에 있다가 60대 초반에 죽고, 그 아들 르호보암에게 왕위가 돌아갔다.

르호보암

열왕기상 12~14장, 역대하 10~12장

- 르호보암 : Rehoboam(JRoboavm, 백성을 반성케 함, 백성의 수가 많다), 솔로몬의 아들이며 후계자. B.C. 931~915(?), 41세에 즉위하여 17년간 왕위에 있었다.
- 솔로몬 : Solomon(Solomwvn, 평화), 르호보암의 부친, 다윗의 아들.
- 나아마 : Naama(유쾌), 솔로몬의 아내이며 르호보암의 모친, 암몬 여인.
- 여로보암 : Jeroboam(백성이 번성함), 북왕국 이스라엘의 초대 왕.
- 아도니람 : Adoniram(Adoram, 높음의 주), 다윗, 솔로몬, 르호보암 시대의 감역관(監役官). 솔로몬이 성전을 건축할 당시 일꾼의 총감독. 르호보암에게 반기를 든 북왕국 10지파를 진압하기 위해 파송되었으나 오히려 돌에 맞아 죽고 말았다.
- 스마야 : Shemaiah(여호와는 들어주심), 르호보암 시대의 선지자.
- 마아가 : Maacah(압제하다), 르호보암의 아내이며 압살롬의 딸. 아비야의 모친. 아비야의 사후 태후가 되었으나, 그녀의 아들 아사(Asa)에 의해 폐위당하였다(우상숭배).
- 아비야 : Apphia(여호와는 아버지이시다), 르호보암의 아들이며 후계자. 3년간 왕위에 있었다.
- 시 삭 : Shishak, 이집트 제22왕조의 창립자인 셔숑크 1세(SheshonkⅠ, BC 945~ 924). 여로보암이 솔로몬을 피해 망명했던 이집트의 왕. 르호보암 5년에 유다를 침공하였다.

솔로몬이 암몬 여인 나아마(Naama)에게 낳은 아들로, 솔로몬이 죽자 그의 후계자가 되었다. 처음 즉위 시에는 온 이스라엘의 모든 지파가 모여 그를 세겜에서 추대하여 왕으로 삼았다. 하지만 솔로몬을 피해 한동안 이집트에서 망명 생활을 하던 여로보암(Jeroboam)이 돌아오자, 유다 지파를 제외한 10지파가 모여 조건을 내세우며 르호보암을 압박하기 시작했다. 여로보암과 10지파의 대표들은 솔로몬 당시 수많은 토목공사로 인하여 많은 고통을 받았음을 호소하면서, 세금을 줄여주고 부역에서 해방시켜 달라고 요구하였다.

이러한 요구를 받은 르호보암은 삼일간의 말미를 얻고 장고(長考)에 들어갔다. 그에게는 두 부류의 신하들이 있었다. 아버지 솔로몬 시대부터 충성하던 오래된 신하들과, 자신의 어린 시절부터 함께 지내던 절친한 신하들이었다. 이 두 부류의 신하들은 전혀 다른 대안을 내놓았다. 먼저 노신(老臣)들이 이렇게 말했다.

왕이 만일 오늘 이 백성을 섬기는 자가 되어 그들을 섬기고 좋은 말로 대답하여 이르시면 그들이 영원히 왕의 종이 되리이다 (왕상 12:7)

반면에 젊은 신하들은 이렇게 대답하라고 말했다.

내 새끼 손가락이 내 아버지의 허리보다 굵으니 내 아버지께서 너희에게 무거운 멍에를 메게 하였으나 이제 나는 너희의 멍에를 더욱 무겁게 할지라! 내 아버지는 채찍으로 너희를 징계하였으나, 나는 전갈 채찍으로 너희를 징계하리라! (왕상 12:11, 대하 10:11)

르호보암은 삼일 후에, 젊은 신하들의 말을 따라 여로보암과 10지파 대표들에게 대답했다.

그러자 그들은 이렇게 말하며 르호보암에게서 돌아섰다.

*우리가 다윗과 무슨 관계가 있느냐! 이새의 아들에게서 받을 유산이 없도다!
이스라엘아 너희의 장막으로 돌아가라! 다윗이여 이제 너는 네 집이나 돌아보
라! (왕상 12:16, 대하 10:16)*

이 일로 이스라엘은 영원히 둘로 갈라지고 말았다. 북왕국은 여로보암을 초대
임금으로 세우며 10지파가 모였고, 남왕국은 고작 유다 지파와 베냐민 지파만이
남고 말았다. 당황한 르호보암은 다윗 시대부터 악명을 떨치던 역꾼의 감독 아도
니람(Adoniram)을 앞세워 반란을 진압하려 하였다. 하지만 여로보암과 10지파는
오히려 아도니람을 공개적으로 살해하였다. 그제야 현실을 직시하게 된 르호보암
은 두려움에 떨며 예루살렘으로 돌아왔다.

예루살렘에 돌아온 르호보암은 군사 18만을 규합하여 북왕국을 정벌하려고
했지만, 선지자 스마야(Shemaiah)가, 이 일은 이미 하나님께서 예정하신 일이기
에 절대로 전쟁에 나서지 말라고 말씀했다. 왕뿐만 아니라 모든 백성들 앞에서 선
포된 이 말씀으로 남왕국의 군사들은 모두 사기를 잃고 뿔뿔이 흩어져 정벌은 무
위로 그치고 말았다.

그 후 3년 동안 르호보암은 비교적 선정을 베풀었다. 하나님을 잘 섬기고, 성
읍을 중건하는 등의 치세를 펼쳤다. 또한 북왕국 벧엘과 단에 세워진 금송아지 우
상 신전 때문에, 북왕국에 있던 레위지파가 남하하여 남왕국은 한동안 성직자들
로 넘쳐나는 은혜로운 시기를 보낼 수 있었다. 그러나 3년이 지나면서부터 르호
보암은 우상숭배에 빠져들기 시작했다. 이 일은 하나님의 큰 진노를 사게 되어 이
집트 왕 시삭(Shishak)의 침공을 받고 만다. 이로써 풍전등화의 위기에 놓이게

된 르호보암과 남왕국에게, 선지자 스마야는 하나님의 이름으로 이렇게 외쳤다.

너희가 나를 버렸으므로 나도 너희를 버려 시삭의 손에 넘겼노라! (대하 12:5)

다행히 르호보암과 모든 신하들이 하나님의 책망을 겸허하게 받아들여, 잘못을 뉘우치고 자신들이 받는 징벌이 당연한 것이며, 하나님은 여전히 의로우시다고 고백하였다. 그러자, 그 고백을 들으신 하나님께서 스마야 선지자를 통해 다시 이렇게 말씀하셨다.

그들이 스스로 겸비하였으니, 내가 멸하지 아니하고 저희를 조금 구원하여 나의 노를 시삭의 손을 통하여 예루살렘에 쏟지 아니하리라. 그러나 그들이 시삭의 종이 되어 나를 섬기는 것과 세상 나라들을 섬기는 것이 어떠한지 알게 되리라! (대하 12:7~8)

이 말씀 그대로 이집트 왕 시삭의 침공은 무서운 기세로 이어졌다. 그는 병거 1200승에 마병 6만, 또한 리비아를 비롯한 여러 나라 연합군까지 동원해서, 대규모로 남왕국을 침공했다. 그러자 남왕국은 맥없이 무너지고 말았다. 그때, 솔로몬이 모아놓은 모든 보물을 다 빼앗겼으며, 성전의 창고까지 약탈당했고, 솔로몬이 자랑하던 금방패 역시 다 빼앗기고 말았다. 그러자 르호보암은 금방패 대신에 놋방패를 만들어 사용하였다.

르호보암에게는 18명의 아내와 60명의 첩이 있었으며 25명의 아들과 60명의 딸이 있었다. 그는 41세에 즉위하여 17년간 지세하고 BC 915년 경 죽었다. 그의 아들 아비야(Apphia)가 뒤를 이어 왕이 되었다. 하지만 아비야는 고작 3년도 왕위에 머물지 못하였다. 그의 뒤를 이어 그 아들 아사(Asa)가 왕이 되었다.

르호보암은 교만과 허세 때문에 북왕국 백성들에게 버림을 받았다. 기회가 있었을 때, 겸손하게 노신(老臣)들의 충고를 받아들였다면 역사는 달라질 수 있었을 것이다. 하지만 이 역시 하나님의 계획과 섭리 하에 이루어진 일이었으니, 이 모두가 솔로몬이 우상숭배에 빠져 하나님을 멀리하였기에 빚어진 참극이었던 것이다. 솔로몬이 죄를 범하지 않고 온전하게 하나님을 섬겼다면, 그 아들 르호보암 역시 아버지를 본받아 신앙의 길을 겸손하게 걸어갈 수 있었을 것이기 때문이다.

하나님은 오직 겸손하게 하나님을 섬기는 사람과만 가까이 하신다. 하나님께 나아가는 유일한 길은 오직 겸손의 길 밖에 없으며, 교만은 언제나 '넘어짐의 앞잡이'이고 '패망의 선봉'일 뿐이다. 뿐만 아니라 솔로몬이 남긴 부귀영화가 아무리 많아도 하나님이 돌보아주시지 않자, 그의 사후 불과 5년 만에 하나도 남김없이 다 사라지고 말았음을 꼭 기억하여야 할 것이다.

여로보암

열왕기상 11~14장, 역대하 13장

- ⊙ 여로보암 : Jeroboam(백성이 번성함), 북왕국 이스라엘의 초대 왕, 에브라임 지파 사람. B.C. 933∼912(?), 22년간 왕위에 있었다.
- ⊙ 느　밧 : Nebat(본다), 여로보암의 부친으로 일찍 사망하였다. 에브라임 지파 사람.
- ⊙ 스루아 : Zeruah(문둥병에 걸림), 여로보암의 모친. 남편을 일찍 여의고 과부로 지내었다.
- ⊙ 나　답 : Nadab(고상하다), 여로보암의 아들로 2년간 보위에 있다가 바아사의 반란으로 살해당하였다.
- ⊙ 바아사 : Baasha, 잇사갈 족속 아히야의 아들로 나답 2년에 반란을 일으켜 여로보암의 가문을 멸족시킨 후 스스로 왕이 되어 24년을 다스렸다.
- ⊙ 아히야 : Ahijah(여호와는 형제임), 솔로몬 시대와 여로보암 시대의 에브라임의 실로에 살던 선지자. 솔로몬의 범죄로 나라가 나뉘어 북왕국이 여로보암에게 돌아갈 것임을 예언하였다.
- ⊙ 솔로몬 : Solomon(Solomwvn, 평화), 르호보암의 부친, 다윗의 아들.
- ⊙ 르호보암 : Rehoboam(JRoboavm, 백성을 반성케 함, 백성의 수가 많다), 솔로몬의 아들이며 후계자.
- ⊙ 아비야 : Apphia(여호와는 아버지이시다), 르호보암의 아들이며 후계자. 3년간 왕위에 있었다. 생전에 여로보암과 전쟁을 벌여 40만의 군사로 80만을 물리치고 50만 명을 죽였다.
- ⊙ 시　삭 : Shishak, 이집트 제22왕조의 창립자인 셔숑크 1세(Sheshonk I, BC 945∼924). 여로보암이 솔로몬을 피해 망명했던 이집트의 왕. 르호보암 5년에 이스라엘과 유다를 침공하였다.

여로보암은 에브라임 지파에 속한 스레다(Zeredah) 출신의 사람으로 솔로몬의 신하였던 느밧의 아들이다. 느밧은 여로보암이 어렸을 때 사망한 것으로 보인다. 여로보암은 훌륭한 일꾼으로 일찍부터 솔로몬의 눈에 들어 토목사업에 등용되어 요셉 지파의 감독관 자리까지 오르게 되었다.

그러던 어느 날 에브라임 실로(Shillo)의 선지자인 아히야가 그를 찾아오게 되었다. 당시 아히야는 새 의복을 입고 있었는데, 아무도 없는 들판에서 만난 아히야는 여로보암 앞에서 자신의 새 옷을 잡아 열두 조각으로 찢었다. 그리고는 여로보암에게 그중에 10조각을 가지라고 하였다. 그러면서 하나님의 이름으로 이렇게 말했다.

내가 이 나라를 솔로몬의 손에서 찢어 빼앗아 열 지파를 네게 주고… 예루살렘을 위하여 한 지파를 솔로몬에게 주리니 이는 그들이 나를 버리고 시돈 사람의 여신 아스다롯과 모압의 신 그모스와 암몬 자손의 신 밀곰을 경배하며 그의 아버지 다윗이 행함 같지 아니하여 내 길로 행하지 아니하며 나 보기에 정직한 일과 내 법도와 내 율례를 행하지 아니함이니라… 네가 만일 내가 명령한 모든 일에 순종하고 내 길로 행하며 내 눈에 합당한 일을 하며 내 종 다윗이 행함 같이 내 율례와 명령을 지키면 내가 너와 함께 있어 내가 다윗을 위하여 세운 것 같이 너를 위하여 견고한 집을 세우고 이스라엘을 네게 주리라! (왕상 11:31~38)

나중에 이 사실을 알게 된 솔로몬이 여로보암을 죽이려고 하자 여로보암은 이집트로 도망가서 파라오 시삭에게 망명하였다. 그러다가 솔로몬이 죽었다는 소식을 듣고 귀국을 한다. 당시 이스라엘 지파의 각 장로들은 세겜에 모여 솔로몬의 아들 르호보암에게 기름을 붓고 왕으로 추대하고 있었다.

여로보암과 이스라엘의 장로들은 르호보암에게 나아가 한 가지 약속을 요구하였다. 솔로몬처럼 무거운 세금과 강제노역을 시키지 않겠다고 약속해달라는 것이었다. 하지만 교만했던 르호보암은, 그들의 요구를 수용하라는 원로들의 충고를 무시하고 젊은 신하들의 말만 듣고 그들의 청을 거절하고 말았다.

그러자 여로보암과 이스라엘 10지파의 장로들은 르호보암을 배신하고 북왕국을 세우고 말았다. 이는 일찍이 선지자 아히야를 통해 하신 말씀이 이루어진 것이다. 당황한 르호보암은 솔로몬 당시에 악명을 떨치던 감역관 아도람을 보내 반란을 진압하려고 하였지만 도리어 더 큰 반발만 사고 말았다. 르호보암은 18만 명의 군사를 모아 북왕국을 공격하려고 했지만 선지자 스마야의 예언으로 무산되고 결국 이스라엘의 분단은 영원히 고착화되고 말았다.

여로보암은 북쪽 10지파를 수습하여 남왕국 유다에 반하는 북왕국 이스라엘을 세웠다.

그러나 그는 하나님을 온전히 섬기지 못하고 오히려 더 적극적으로 우상숭배에 빠져들고 말았다. 여로보암이 우상숭배에 빠져든 가장 직접적인 원인은 성전이 예루살렘에 있었기 때문이었다. 즉, 성전이 남왕국 예루살렘에 있는 이상 백성들의 마음은 해마다 절기 때가 되면 예루살렘을 향하게 될 것이고 그러다보면 자연스럽게 자신을 멀리하다 끝내 돌아설 것이라는 불안감에 사로잡혔었기 때문이다.

이 마음을 이기지 못한 여로보암은 벧엘과 단에 신전을 짓고는 금송아지를 만들어 그것을 숭배하게 하였다. 그러면서 '이는 너희를 애굽 땅에서 인도하여 올린 너희 신이라'라고 하였다. 그러자 북왕국에 살던 레위 지파 사람들이 한꺼번에 남왕국 유다로 이주하여 버렸다. 결국 여로보암은 레위 지파가 아닌 일반 사람 중에서 제사장을 뽑게 되었는데 돈을 받고 성직을 매매하기에 이르렀다. 여로보암의 이 잘못은 엄청난 죄악이 되어 장차 여로보암의 가문 자체가 멸문되는 계기가 되었으며, 나아가 북왕국 이스라엘이 태동부터 우상숭배에 빠져 끝내 200여 년 만에 멸망당하는 원인이 되고 말았다(B.C.722년).

하나님께서는 여로보암을 향해 수차례 경고를 하셨다.

유다에서부터 온, 이름이 밝혀지지 않은 한 선지자는 금송아지 단에 서서 스스로 분향하고 있던 여로보암에게 찾아가 하나님의 경고를 전하였다. 그 증거로 제단이 갈라지며 그 위에 있는 재가 쏟아질 것이라고 하였다. 그러자 여로보암이 손을 내밀어 그를 잡으라고 했는데, 그 순간 여로보암의 손이 굳어 굽혀지지 않게 되었다. 또한 선지자의 말 그대로 금송아지의 제단이 갈라지고 재가 쏟아져 내렸다.

그러자 겁을 집어먹은 여로보암이 도움을 청하였고, 선지자는 기도하여 그 손을 풀어주었다. 여로보암은 그 선지자를 대접하려고 하였지만, 선지자는 물 한 모금도 마시지 않고 서둘러 그곳을 빠져나왔다. 이는 하나님의 명령이었다. 하지만 북왕국에 있던 나이 많은 선지자가 찾아와 그를 회유하자 그만 넘어가고 말았다. 그때 그 나이 많은 늙은 선지자는 이렇게 말했다.

나도 그대와 같은 선지자라. 천사가 여호와의 말씀으로 내게 이르기를
그를 네 집으로 데리고 돌아가서 그에게 떡을 먹이고 물을 마시우라 하였느니
라(왕상 13:18).

하지만 이것은 거짓말이었다. 결국 그 말에 속은 선지자는 하나님의 진노를 사게 되었고, 돌아가는 길에 사자의 습격을 받아 죽고 말았다. 예나 지금이나 사이비(似而非)선지자들이 더 해악을 끼치는 법이다.

이런 일이 있은 뒤에도 여로보암은 여전히 우상숭배를 멈추지 않았다. 그러자 하나님께서는 여로보암의 아들 아비야가 죽을병에 걸리게 만드셨다. 백방으로 약을 써도 낫지를 않자 여로보암은 자기 부인에게 실로에 사는 선지자 아히야에게 변장을 하고 찾아가라고 일러 주었다. 하지만 아히야는 이미 하나님으로부터 여로보암의 아내가 찾아올 것임을 들어 알고 있었다. 아히야는 그 아내에게 이렇게 말했다.

> 내가 너를 백성 중에서 들어 내 백성 이스라엘의 주권자가 되게 하고 나라를 다윗의 집에서 찢어내어 네게 주었거늘 너는…. 네 이전 사람들보다도 더 악을 행하고 가서 너를 위하여 다른 신을 만들며 우상을 부어 만들어 나를 노엽게 하고 나를 네 등 뒤에 버렸도다… 네 발이 성읍에 들어갈 때에 그 아이가 죽을지라…. 여로보암에게 속한 자는 오직 이 아이만 묘실에 들어가리니 이는 여로보암의 집 가운데에서 그가 이스라엘의 하나님 여호와를 향하여 선한 뜻을 품었음이니라 (왕상 14:7~13)

과연 이 예언대로 아이가 죽었다. 그 후 남왕국 유다와 전쟁이 벌어져 80만의 대군을 끌고 40만의 군대뿐인 유다의 아비야(르호보암의 아들)과 전쟁을 벌이지만 대패하여 50만 명의 군사를 잃고 만다. 여로보암은 총 22년간 왕위에 있었다. 그 후 아들 나답이 왕이 되지만 2년 만에 바아사의 반란으로 여로보암의 가문은 철저하게 멸문되고 말았다.

아합과 이세벨

열왕기상 16장 ~ 열왕기하 9장

- ⊙ 아 합 : Ahab(백부, 숙부) 북왕국의 제 7대 임금으로 BC876~854(?)까지 22년간 통치하였다.
- ⊙ 이세벨 : Jezebel(고상한) 아합의 부인. 아합의 뒤를 이어 두 아들을 왕위에 올렸다. 시돈 왕 엣–바알의 딸로 극심한 우상숭배를 들여온 장본인이었다.
- ⊙ 오므리 : Omri(여호와를 숭배하는 자) 북왕국의 제 6대 임금이며 아합의 부친 (BC 887~877 통치)
- ⊙ 엣–바알 : Eth–baal 시돈(Sidon)의 왕으로 BC 891~859간 왕으로 있었다.
- ⊙ 아하시야 : Ahaziah(여호와의 소유자, 여호와께서 사로잡으심) 아합의 아들로 BC 854~853 왕위.
- ⊙ 여호람 : Jehoram(여호와께서 찬양받으시다) 아합의 아들이며 아하시야의 동생 BC 853~842 왕위.
- ⊙ 엘리야 : Elijah(여호와는 하나님이심), 북왕국 최고의 선지자.
- ⊙ 엘리사 : Elisha(하나님은 구원이심), 엘리야의 제자.
- ⊙ 미가야 : Micaiah(누가 여호와와 같으랴), 아합 시대의 선지자로 아합의 최후를 예언하였다.
- ⊙ 예 후 : Jehu(그는 여호와이심), 북왕국의 제 10대 임금으로 여호람을 죽이고 왕위를 찬탈. BC 842~815까지 북왕국을 다스렸다.

솔로몬의 아들 르호보암의 어리석음으로 이스라엘은 둘로 나뉘어 북왕국과 남왕국이 되고 말았다. 북왕국의 초대 임금은 여로보암으로 그는 BC 912년까지 22년간 북왕국을 통치하다 죽고, 그 아들 나답(Nadab)이 뒤를 이었다. 그러나 나답은 왕이 된 지 불과 2년 만에 바아사(Baasha)의 반란으로 죽임을 당하고 말았다. 바아사는 왕이 되자마자 여로보암의 가문을 철저하게 멸문시켜버렸다.

그 후에 바아사는 24년간을 보위에 있었지만, 여전히 여로보암의 뒤를 이어 우상을 숭배하는 악행을 저질렀다. 바아사가 죽은 후 그 아들 엘라(Elah)가 왕위에 오르지만 불과 2년 만에 부하였던 시므리(Zimri)에게 살해당하고 말았다. 시므리 역시 바아사의 집안 전체를 멸문시키는 참극을 연출하였지만, 그의 반란은 고작 칠일 만에 끝나고 말았다. 그때 시므리의 반란을 진압했던 사람이 오므리(Omri)이며 왕이 되어 12년간 북왕국을 다스렸다. 또한 오므리는 북왕국의 수도를 디르사(Tirzah)에서 사마리아(Samaria)로 옮긴 사람이었다. 그 후로 북왕국은 사마리아라는 이름으로도 불리게 되었다.

오므리는 왕위에 오른 지 12년 만에 죽고 그 아들 아합이 대신하여 왕이 되었다. 아합은 심지가 굳지 못해서 항상 우왕좌왕하는 연약한 임금이었다. 귀가 얇아서 남의 말을 잘 들었고, 우유부단하여 분명한 자기 판단을 가지지 못한 사람이었다.

하지만 다행스러운 것은, 그의 당대에 세 명의 선지자가 그와 함께 있었다는 것이다. 우선 위대한 선지자 엘리야가 그의 곁에 있었고, 또 이름이 밝혀지지 않는 또 다른 선지자도 있었으며, 마지막으로 그의 최후를 예언한 미가야 선지자도 있었다. 아합은 이들 모두와 사이가 좋지는 않았지만 그렇다고 이들을 해치려고 하지도 않았다. 아쉬울 때는 선지자들의 말에 따라 회개하기도 하였다.

그는 분명 우상숭배에 젖어있는 어리석은 임금이었으나, 때로는 하나님을 섬기기도 했는데, 자식들의 이름을 아하시야 곧 '여호와 하나님의 소유', 여호람 곧 '여호와께서 찬양받으시다'라고 지은 것을 보아도 알 수 있다. 이처럼 때로는 신앙생활을 바르게 하는 듯 보였지만, 그의 근본은 우상숭배에 있었다.

아합의 가장 큰 불행은 그가 정략적으로 결혼한 시돈의 공주 이세벨을 부인으로 맞았다는 것에 있다. 이세벨은 성경에 나오는 모든 여인 중 가장 악한 여인이었다. 그녀의 악독함은 곳곳에서 드러나는데, 심지어 요한 계시록에서는 두아디라 교회를 오염시킨 자칭 여선지자, 곧 이단자의 이름으로 거명될 정도였다. 그만큼 악명을 떨친 여인이었던 것이다. 그래서 성경은 아합을 가리켜 이렇게 말했다.

예로부터 아합과 같이 그 자신을 팔아 여호와 앞에서 악을 행한 자가 없음은 그를 그의 아내 이세벨이 충동하였음이라 (왕상 21:25)

이세벨의 가장 큰 잘못은 시집을 오면서 우상을 그대로 가지고 왔다는 것이다. 그녀는 바알신과 아세라 신을 들여왔는데, 그와 함께 850명이나 되는 무당들까지 데리고 왔다. 아합은 그녀와 그녀의 무당들을 위하여 사마리아에 우상을 위한 산당을 짓고, 스스로 나아가 제사를 지내기도 하였다. 뿐만 아니라 이세벨은 하나님의 제사장들을 핍박하여, 한 사람도 온전히 있지 못하고 다 피신을 해야만 했었다.

하나님께서는 그러한 아합에게 여러 번 돌이킬 수 있는 기회를 주셨다.

우선, 엘리야를 통하여 3년 6개월간 극심한 가뭄이 들게 만드셨다(눅 4:25, 약 5:17). 그 가뭄이 얼마나 극심했던지 임금 아합이 직접 물을 찾아 산골짜기를 헤매고 다녀야 할 정도였다. 마침내 기한이 다하자 엘리야가 아합을 찾아가 바알의 선지자들과 갈멜산의 대결을 신청하게 되고, 역사적인 갈멜산상의 대결이 이루어지게 되었다. 이 대결에서 승리한 엘리야는 바알과 아세라의 무당들을 한꺼번에 처단하고 간절히 기도하여 비가 내리게 하였다.

그러나 악독한 이세벨은 그럼에도 불구하고 전혀 회개하지 않았으며, 도리어 엘리야에게 복수의 칼날을 들이대고 말았다. 이에 엘리야는 다시 몸을 피해 하나님의 산 호렙으로 가 그곳에서 하나님께 말씀을 들으며 후일을 도모하게 되었다. 그만큼 이세벨은 악독하고 독한 여인이었다.

그 후 아람 왕 벤하닷(Benhadad)이 이스라엘을 침공하였다. 아합은 군사적인 열세로 인하여 도저히 싸울 엄두를 내지 못하고 있었는데, 이름이 밝혀지지 않은 한 선지자가 그 앞에 나타나 용기를 북돋았다. 이에 힘을 얻은 아합은 적은 병사를 이끌고 직접 나가 아람의 군대를 무찔렀다. 그로부터 1년 뒤에 또다시 벤하닷이 침공했지만 이번에도 그 하나님의 사람의 도움으로 하루에 10만의 군사를 죽이고 승전하였다. 하지만 승리감에 도취된 아합은 죽여야만 하는 벤하닷을 살려주고 말았다. 이에 하나님의 큰 책망을 듣게 되었다.

또한 의로운 사람 나봇(Naboth)의 포도원을 차지하기 위하여 아내 이세벨의 모략으로 나봇에게 억울한 누명을 씌워 사형시키고 그 밭을 차지하였다. 이에 엘리야가 극언을 퍼부으며 아합을 저주하였다. 그러자 아합은 하나님 앞에 회개하며 옷을 찢고 굵은 베에 누워 금식하였다. 참 놀라운 건 그러자 하나님이 그를 용서해 주시며 이렇게 말씀하셨다는 거다.

그가 내 앞에서 겸비하므로 내가 재앙을 저의 시대에는 내리지 아니하고

그 후 또다시 아람과의 전쟁이 있었는데 이번에는 유다의 여호사밧과 동맹을 맺고 전투에 임했다. 여호사밧은 미가야 선지자를 청해 왔는데, 미가야는 아합의 최후를 예언하고 그 예언대로 아합은 길르앗 라못(Ramoth gilead)의 전투에서 화살에 맞아 선 채로 피를 흘리며 죽고 말았다.

그러나 이세벨은 남편 아합이 죽은 뒤에도 건재를 과시하였다. 그 아들 아하시야를 아합의 뒤를 이어 왕위에 앉힐 수 있었기 때문이다. 하지만 아하시야는 2년 만에 다락 난간에서 떨어져 병이 들고, 그 병을 고치기 위해 에그론의 신 바알세붑을 찾았다가, 엘리야의 저주로 얼마 후에 죽고 말았다. 하지만 이세벨은 여전히 건재하였다. 아하시야의 동생 여호람을 다시 왕위에 앉혔기 때문이었다.

하지만 여호람은 왕위에 오른 지 8년 만에 엘리사에게 기름부음을 받은 예후에 의하여 살해되고 말았다. 예후는 여호람의 부하 장군이었으나 반란을 일으켜 아합의 가문을 멸문시킨 사람이다. 그때 예후와 여호람이 만난 장소가 바로 나봇의 포도원 자리였으며, 여호람은 그곳에서 죽임을 당해 버려지고 말았다. 또한 그토록 건재를 과시하던 이세벨 역시 예후가 입성할 때에 내시들에 의하여 성 밖으로 던져져 비참하게 최후를 맞이하고 말았다. 예후는 아합의 아들 70명을 한꺼번에 살해해 가문을 멸문시키고 왕이 되었다.

엘리야

열왕기상 17장 ~ 열왕기하 2장

⊙ 엘리야 : Elijah(여호와는 하나님이심), 북왕국 최고의 선지자.
⊙ 엘리사 : Elisha(하나님은 구원이심), 엘리야의 제자.
⊙ 아 합 : Ahab(백부, 숙부) 북왕국의 제 7대 임금으로 BC876~854(?)까지 22
   년간 통치하였다.
⊙ 이세벨 : Jezebel(고상한) 아합의 부인. 아합의 뒤를 이어 두 아들을 왕위에 올
   렸다. 시돈 왕 엣-바알의 딸로 극심한 우상숭배를 들여온 장본인이었다.
⊙ 아하시야 : Ahaziah(여호와의 소유자, 여호와께서 사로잡으심) 아합의 아들로
   BC 854~853 왕위.
⊙ 예 후 : Jehu(그는 여호와이심), 북왕국의 제 10대 임금으로 여호람을 죽이고
   왕위를 찬탈. BC 842~815 까지 북왕국을 다스렸다.
⊙ 하사엘 : Hazael(하나님은 보신다), 아람(수리아)의 왕. 벤하닷 2세를 죽이고 왕
   위를 찬탈하였다.

엘리야는 죽음을 겪지 않고 산 채로 하늘로 승천하신 분이다. 이는 창세기 5:24에 나오는 에녹(Enoch)과 더불어 단 두 사람만이 경험한 위대한 사건이었다. 그만큼 엘리야는 위대한 선지자였다. 말라기(Malachi) 선지자는 장차 여호와의 날 곧 심판의 날이 올 것인데, 그 전에 엘리야가 먼저 올 것이라고 예언을 했다(말 4:5). 과연 그의 예언대로 예수 그리스도 곧 메시아가 오시기 전에 먼저 온 엘리야가 있었으니, 그가 바로 세례 요한이었다. 세례 요한은 엘리야처럼 광야에서 낙타 가죽으로 된 옷을 입고 주의 길을 예비하였는데, 주님은 그가 엘리야임을 인정하셨다(마 17:12~13). 뿐만 아니라 엘리야는 예수님께서 변화산에서 영광스럽게 변화하셨을 때, 모세와 더불어 주님을 만나기 위해 하늘에서 찾아온 두 사람 가운데 하나였다(마 17:3).

들림 받기 이전의 엘리야는 참 어려운 시기에 살았던 사람이다. 성경은 그의 부모가 누구인지, 그가 어떤 지파 혹은 어떤 가문의 사람인지에 대하여 전혀 전하여 주지 않는다. 다만 길르앗(Gilead)에 살고 있었으며 디셉(Tishibite) 사람이라고 전하지만, 디셉이 정확히 어디를 말하는지는 알 수 없다.

엘리야는 아합왕 시대에 나타나서 그 아들 아하시야 시대까지 활동하다가 엘리사에게 사명을 물려주고 하늘로 올라갔다. 그가 활동하던 시기는 사실상 북왕국 이스라엘이 가장 극악한 우상숭배에 빠져들던 시기였다. 이는 아합이 정략적으로 결혼한 시돈의 공주 이세벨이 850명이나 되는 바알과 아세라의 무당들을 이스라엘로 데리고 들어오면서 시작된 일이었다. 이세벨은 아합을 조종해서 수도 사마리아 한복판에 바알의 신당을 짓게 하였고, 왕이 스스로 바알과 아세라를 경배하게 만들었다. 뿐만 아니라 하나님의 제사장들을 핍박해서 단 한 사람도 온전히 남아있지 못하고 다 피신하게 하였으며, 하나님께 예배드리는 모든 제단을 무너뜨리는 악행도 서슴지 않았다.

그때 엘리야가 처음으로 등장했다. 엘리야는 자신이 말하지 않으면 수년 동안 비가 내리지 않을 것이라고 예언한 뒤에 숨어버렸다. 이는 풍우(風雨)를 주관하는 신이라고 불리던 바알의 허구성을 만천하에 명백히 보여주는 사건이었다. 엘리야는 그 길로 그릿(Cherith) 시냇가에 숨어 지내며 까마귀가 물어다 주는 떡과 고기를 먹고 연명했다. 그러다 시내가 마르자 하나님은 그를 시돈(Sidon)의 사르밧(Zarephath)으로 보내셨다. 시돈은 이세벨의 고향이었다.

그곳에서 엘리야는 한 가난한 과부를 만나게 되는데 그 과부는 마지막 남은 양식으로 아들과 떡을 만들어 먹고 굶어 죽으려고 작정하고 있었다. 엘리야는 그녀에게 다가가 먼저 자신을 위해 작은 떡을 만들어 가지고 오면 통의 가루가 다하지 않고 병의 기름이 마르지 않을 것이라고 했다. 과연 그의 예언은 그대로 이루어졌고, 엘리야는 한동안 그 집에 우거할 수 있었다. 그러다 사르밧 과부의 아들이 병으로 죽게 되자, 엘리야는 하나님께 간절히 부르짖어 그 아들의 목숨마저 다시 살려내 주었다. 이것은 하나님께서 사르밧 과부를 위해 엘리야를 보내셨음을 보여주는 사건이다. 엘리야를 위해 사르밧 과부에게 보내신 것이 아니라, 사르밧 과부를 위해 엘리야를 보내셨다는 말이다.

3년 6개월이 지난 뒤에 엘리야는 이스라엘에 돌아가, 갈멜(Carmel)산에서 역사적인 바알과 아세라의 무당들과 대결을 벌이게 된다. 그때 무당들의 숫자는 850명에 달했지만, 하나님의 선지자는 오직 엘리야 한 사람 뿐이었다. 대결의 내용은 하늘에서 불이 내리게 하는 신이 진짜 신이라는 거였다.

먼저 바알과 아세라의 무당들이 제단을 쌓고 기도를 하기 시작했다. 아침부터 시작한 그들의 기도는 광란으로 이어져 스스로의 몸에 상처를 내 피를 흘리는 지경까지 이르렀지만 아무런 응답도 받을 수 없었다. 저녁나절이 되어 엘리야가 나섰다. 엘리야는 먼저 백성들에게 무너진 제단을 수습하라고 명령했다. 또한 제단 옆으로 두 세아(15L) 정도의 도랑을 파고 통 넷에 물을 채워 세 번이나 부으라고 명령했다. 그 후 하나님께 간절히 기도하자 하늘에서 불이 내려와 제물을 사르고 도랑의 물까지 말려버렸다. 이 사건을 통해 진정한 신은 오직 여호와 하나님 한 분뿐임이 증명되었다. 엘리야는 그 자리에서 450명의 바알 무당들을 붙잡아 기손(Kishon) 시내에서 처형했다.

그 후 갈멜산에 올라가서 얼굴을 무릎 사이에 넣고 7번이나 간절하게 기도하여 긴 가뭄을 끝내고 단비가 내리게 하였다. 이제 모든 일이 끝났다고 생각한 엘리야는 아합의 병거 앞에 서서 빗속을 달려 아합의 왕궁이 있었던 이스르엘(Jezreel)로 달려갔다. 그러나 거기에는 아직 기세가 죽지 않은 이세벨이 남아있었으며 그녀는 오히려 엘리야를 죽이겠다고 위협하였다. 그러자 두려움에 사로잡힌 엘리야는 도망을 치고 말았다. 광야까지 도망친 엘리야는 홀로 로뎀나무 그늘에 엎드려 하나님께 차라리 죽여 달라고 탄원하였다. 하나님은 그런 엘리야를 불쌍히 여기셔서 두 번이나 천사를 보내 어루만지며 숯불에 구운 떡과 물을 주셨다. 그 음식을 먹고 힘을 얻은 엘리야는 40주 40야를 걸어 호렙산에 다다랐다.

하나님께서는 호렙산에 선 엘리야의 탄원을 들으신 뒤에 먼저 큰 바람과 지진 그리고 불을 보내셨지만, 그 가운데는 계시지 않으시다가 마지막으로 세미한 소리 가운데 나타나셨다. 그러자 엘리야는 다시 자신의 처지를 탄원하며 하나님께 도움을 호소하고, 하나님은 세 가지를 명하셨다. 먼저 하사엘(Hazael)을 아람 나라의 왕으로 임명하는 것과 예후(Jehu)를 이스라엘의 왕으로 임명하는 것, 그리고 엘리사를 후계자로 삼는 것이었다. 뿐만 아니라, 오직 자신만 홀로 남았다는 엘리야에게 7,000명의 사람들이 예비되어 있다고 알려주셨다. 그중에 하사엘과 예후를 임명하는 일은 엘리사가 수행하게 되고, 엘리야는 오직 엘리사를 후계자로 삼는 일만 하였다.

그 후 한동안 모습을 보이지 않던 엘리야는 아합이 죽은 뒤 그 아들 아하시야가 왕이 되어 다락 난간에서 떨어져 다친 후에 다시 나타났다. 아하시야가 자신이 어떻게 될지를 바알세붑에게 물었기 때문이었다. 엘리야는 물으러 가는 사자들 앞에 나타나 무섭게 책망한 뒤에 아하시야가 죽게 될 것이라고 예언했다. 그러자 진노한 아하시야가 두 번이나 군사 50명을 보내지만 엘리야는 하늘의 불로 그들을 살라버렸다. 세 번째로 온 군사들이 겸손하게 엘리야에게 엎드려 간청하자 비로소 일어서서 아하시야를 만났다. 왕 앞에서도 엘리야는 담대하게 책망하였고, 그 일은 그대로 이루어졌다. 또한 역대하 21장에는 엘리야가 남왕국 여호람 임금에게 편지를 보내 우상숭배를 책망하며 재앙을 예고하였고 그 일 역시 그대로 이루어졌음을 기록하고 있다.

엘리야는 하나님께 들려 올라갈 때가 되었음을 알고 엘리사에게 작별을 고하지만 엘리사는 끝까지 엘리야를 따라나섰다. 처음 엘리야는 벧엘에 갔다가, 다시 여리고로, 마지막으로 요단으로 간다. 요단에서 겉옷을 벗어 요단강을 가른 엘리야와 엘리사는 요단강을 건너가고, 엘리야는 엘리사의 소원을 물었다. 엘리사는 그 자리에서 엘리야의 영력의 갑절을 요구하게 되는데, 엘리야는 끝까지 자신을 바라볼 수 있으면 그 일이 이루어질 것이라고 했다. 그 후 홀연히 불수레와 불말이 나타나 둘을 갈라놓은 뒤에, 엘리야는 회오리바람을 타고 하늘로 올라갔다. 엘리사는 그 모습을 끝까지 지켜본 뒤에 엘리야가 남기고 간 겉옷을 주어 요단강을 내리치자 엘리야 때처럼 강물이 갈라졌다. 이로써 엘리사는 명실공히 엘리야의 후계자가 되었다. 혹시나 하는 마음으로 선지자 생도들은 엘리야의 시신을 찾아 나서지만 어디에서도 엘리야의 시신은 발견되지 않았다.

엘리사

열왕기상 19장 ~ 열왕기하 13장

- ⊙ 엘리사 : Elisha(하나님은 구원이심), 북왕국의 위대한 선지자.
- ⊙ 엘리야 : Elijah(여호와는 하나님이심), 엘리사의 스승.
- ⊙ 사 밧 : Shaphat(살폈다 함), 엘리사의 부친, 아벨므홀라(Abel meholah) 출신이다.
- ⊙ 게하시 : Gehazi(게시의 골짜기), 엘리사의 시종으로 나아만의 재물을 탐내다 나병에 걸렸다.
- ⊙ 아 합 : Ahab(백부, 숙부), 북왕국의 제 7대 임금으로 BC876~854(?)까지 22년간 통치하였다.
- ⊙ 이세벨 : Jezebel(고상한), 아합의 부인. 아합의 뒤를 이어 두 아들을 왕위에 올렸다. 시돈 왕 엣-바알의 딸로 극심한 우상숭배를 들여온 장본인이었다. 예후에게 죽임을 당했다.
- ⊙ 여호람 : Jehoram(여호와께서 찬양을 받으시다) 북왕국의 제 8대 임금으로 12년간 다스렸다.
- ⊙ 예 후 : Jehu(그는 여호와이심), 북왕국의 제 10대 임금으로 여호람을 죽이고 왕위를 찬탈. BC 842~815까지 28년간 북왕국을 다스렸다.
- ⊙ 여호아하스 : Jehoahaz(여호와가 치심), 예후의 아들로 북왕국 제 11대 임금이 되어 17년간 통치함.
- ⊙ 요아스 : Joash(여호와는 강하심), 여호아하스의 아들로 16년간 통치하였으며, 엘리사의 임종을 지킴.
- ⊙ 나아만 : Naaman(즐거움), 아람왕 벤하닷 1세 시절의 군대장관, 나병환자였는데 엘리사가 고쳤다.
- ⊙ 하사엘 : Hazael(하나님은 보신다), 아람(수리아)의 왕. 벤하닷 2세를 죽이고 왕위를 찬탈하였다.

엘리사는 비교적 부유한 집안의 아들이었다. 성서학자들은 엘리사가 대략 25세를 전후로 해서 엘리야의 부름을 받았을 것이라고 예측한다. 그 후 그는 66년간이나 예언자의 사명을 감당했다. 그런데 초기의 20년 정도는 왕성한 활동을 보였으나, 다음 45년에 대하여 성경은 침묵한다. 그리고 마지막에 임종하면서 이스라엘 왕 요아스에게 장차 있을 아람과의 전쟁에 대한 예언을 하는 것으로 사명을 마친다.

엘리사는 12겨리(24마리)의 소를 가지고 밭을 갈다가 엘리야가 겉옷을 던져줌으로 부름을 받았다. 그 자리에서 엘리사는 즉각적으로 순종하였다. 부모에게 작별을 고하고 두 마리의 소를 잡았으며, 수레를 불살라 태우고 엘리야의 시종이 되어 그 뒤를 따르게 되었던 것이다. 그 후로 엘리사는 한 시도 엘리야를 떠나지 않았다. 여호수아가 모세를 시종 들듯이 엘리사는 엘리야의 시종이 되어 따라다녔다. 심지어 엘리야가 따라오지 말라고, 이제는 하나님께서 자신을 하늘로 불러올리신다고 할 때에도 끝까지 엘리야를 놓치지 않았다. 그 결과 엘리사는 엘리야의 겉옷을 물려받았고, 또 원하던 엘리야의 능력까지도 물려받았다.

그의 첫 번째 이적은 엘리야처럼 요단강을 가르며 나아온 것인데, 선지자 생도 50명이 이 장면을 목도하고 엘리야를 이어 엘리사를 스승으로 인정하게 되었다. 그 후 여리고에 있을 때 그곳의 물이 나빠서 백성들이 고통을 호소하자 새 그릇에 소금을 가져오게 한 뒤, 물의 근원에 던져 물을 깨끗하게 만들었다.

그 후로도 엘리사의 이적은 계속되었다. 여로보암의 금송아지 우상이 세워진 벧엘에서는 백성들이 노골적으로 하나님의 사람들을 조롱하곤 하였다. 뿌리 깊은 우상숭배 까닭이었다. 그러한 부모들의 악영향으로 자녀들까지 오염되어 엘리사를 보고는 '대머리여 올라가라'라고 놀려대기 시작했다. 이에 참다못한 엘리사가 그들을 저주하자 숲에서 암곰 두 마리가 나와서 아이들 중 42명을 죽이는 일도 있었다.

이스라엘 왕 여호람은, 유다 왕 여호사밧과 함께 에돔 왕과 동맹을 맺고, 조공을 거절한 모압을 치기로 작정하였다. 이에 군사를 모집해서 세 왕이 연합해서 모압을 쳐들어갔지만 7일 동안이나 물을 만나지 못했다. 이에 극심한 갈증으로 애태워 하던 중 엘리사에게 도움을 청하게 된다. 엘리사는 여호람을 향해서는 냉정하게 대했지만, 유다 왕 여호사밧의 얼굴을 보아 문제를 해결해 주었다. 그때 한 말이 이것이다.

너희가 바람도 보지 못하고 비도 보지 못하되 이 골짜기에 물이 가득하여 너희와 너희 가축과 짐승이 마시리라(왕하 3:17).

과연 이 말씀 그대로 다음 날 아침이 되자 그 땅에 물이 가득하게 되었다. 더욱이 이것은 모압의 착각을 일으키게 되었는데, 그곳에 물이 있을 리가 없다고 생각한 모압은 그것을 세 왕이 서로 싸워 흘린 피로 착각하고 습격하게 되었던 것이다. 그래서 연합군은 손쉽게 모압을 점령할 수 있었다.

그 밖에도 엘리사는 많은 이적을 행하였는데 대부분 백성들의 고통을 헤아리고 문제를 해결해 주는 것이었다. 선지자의 생도 중 일찍 요절을 한 사람이 있었는데, 그에게는 아내와 두 아들이 있었다. 그런데 안타깝게도 그는 죽기 전에 많은 빚을 진 것이 있어서 채권자가 두 아들을 노예로 삼겠다고 하였다. 이에 엘리사는 그 아내에게 무엇이 있는가를 묻고 기름 한 병이 있다고 하자, 온 동네에서 그릇을 빌려 오라고 했다. 그리고 문을 닫고 그 한 병의 기름을 그릇에 붓자 모든 그릇이 다 찼다. 여인은 이로써 부채를 해결하고 생계도 이어갈 수 있었다.

또한 수넴(Shunem)에서는 열심히 심방을 다니는 엘리사를 잘 대접한 여인이 있었는데, 엘리사는 무자하던 그녀를 위해 아들을 빌어 낳게 하였으며, 그 아들이 병들어 죽게 되자 간절한 노력으로 다시 살려주기도 하였다. 뿐만 아니라 이스라엘에 7년 기근이 찾아올 것을 미리 예측하고 블레셋으로 피신을 하라고 일러주기도 하여 여인의 가족은 기근을 면하였으며, 돌아와서도 예전의 모든 재산을 회복할 수 있었다. 또한 선지자 생도들이 공동식사를 하다가 잘못해서 국솥에 독초를 넣자 엘리사는 가루를 넣어 해독시켜 주기도 하였으며, 한 성도가 가져온 보리떡 20개와 채소만으로 100명을 먹이고도 남게 하였다.

엘리사의 이적은 이스라엘 백성들을 향해서만 이루어진 것은 아니었다. 아람 나라 벤하닷 1세 시절의 군대장관이었던 나아만이 나병에 걸려 고침을 받고자 찾아왔을 때에도, 그에게 요단강에 몸을 일곱 번 씻으라고 일러주었다. 처음에는 나아만이 반발했지만 곧 뉘우치고 엘리사의 말에 순종하자 나병이 깨끗하게 고침을 받게 되었다. 그래서 그는 신실한 하나님의 사람이 되었다. 하지만 그의 예물을 탐낸 게하시는 나아만을 좇아가 엘리야의 이름으로 예물을 요구였고, 이 사실이 발각되어 나아만의 나병이 그에게 들어갔다.

엘리사는 기도의 사람으로 아람 나라가 언제 어떤 경로로 쳐들어올지를 미리 알려서 이스라엘 군대를 도왔다. 그러자 화가 난 아람 나라 임금이 특공대를 엘리사가 머물던 도단(Dothan)에 파견해서 엘리사를 죽이려고 하였지만, 엘리사는 하나님의 능력으로 오히려 그들을 사로잡아 사마리아에 넘겨주었다. 그때 엘리사는 아람 나라의 군대를 바라보며 겁에 질려있던 사환을 향하여 이렇게 말했다.

두려워하지 말라! 우리와 함께 한 자가 그들과 함께 한 자보다 많으니라! (왕하 6:16)

이 말을 한 뒤에 사환을 위하여 기도하자 과연 온 산에 불말과 불병거가 가득함을 보게 되었다. 또한 아람의 공격으로 사마리아가 포위되어 극심한 배고픔에 시달릴 때에도 다음 날이면 모든 문제가 해결될 것임을 선언했는데, 과연 그 말대로 다음 날 아람의 군대는 거짓말처럼 철수하였다.

그 후 엘리사는 일찍이 엘리야가 호렙산에서 계시를 받았던 그대로 아람 나라에 건너가 하사엘에게 장차 임금이 될 것임을 예언했는데, 다음날 하사엘을 반란을 일으켜 아람의 왕이 되었다. 또한 님시의 아들 예후에게도 선지자 생도를 보내 극비리에 기름을 부어 이스라엘의 왕을 삼게 하였다. 그러자 예후는 그 자리에서 일어나 여호람을 무찔러 나봇의 밭에 던지고 간악한 이세벨을 마침내 처단하였다. 이로써 엘리야가 받았던 세 가지 모든 계시가 다 그대로 이루어졌다.

성경은 그로부터 40년이 넘는 세월 동안 엘리사에 대하여 침묵하다가 예후의 손자 요아스 시대에 엘리사가 임종했음을 기록한다. 그때 엘리사는 요아스에게 축복하며 활을 쏘게 하고, 화살로 땅을 치게 했는데, 심약한 요아스는 세 번만 치고 말았다. 그러자 엘리사는 만약 그가 5번이나 6번을 쳤다면 아람을 완전히 무찔렀을 것이라며 안타까워하며 눈을 감았다.

아모스와 호세아

아모스, 호세아

- ⊙ 아모스 : Amos(짐 지는 자), 남왕국 출신의 목동이었는데 하나님의 부름으로 북왕국에서 선지자로 활동하였다. 당시 북왕국의 통치자는 여로보암 2세였다. 아모스서의 저자.
- ⊙ 호세아 : Hoshea(구원), 사랑의 선지자. 북왕국에서 아모스와 동시대와 활동했으며 호세아의 활동 기간은 총 60년에서 65년 이상 된다. 호세아서의 저자.
- ⊙ 여로보암 2세 : Jeroboam(백성이 번성함), 북왕국의 13번째 왕, 예후의 4대 손. BC 782~743까지 41년간 통치하였다.
- ⊙ 아마샤 : Amaziah(여호와께서 강하게 하심), 북왕국 벧엘의 제사장으로 아모스의 예언을 싫어하여 여로보암 2세를 통하여 아모스의 예언을 방해한 사람, 아모스의 무서운 저주를 받았다.
- ⊙ 웃시야 : Uzziah(나의 힘은 여호와), 남왕국의 10번째 왕. 16세에 왕이 되어 52년간 통치(BC 790~739), 말년에 제사장의 직책을 범하다가 나병환자가 되었다.
- ⊙ 드고아 :Tekoa(박수─拍手), 아모스의 고향으로 유다에 속한 성읍.
- ⊙ 브에리 : Beeri(샘에 속해 있는), 호세아 선지자의 부친.
- ⊙ 고 멜 : Gomer(끝, 마지막), 호세아의 아내로 음탕한 여인의 대명사.
- ⊙ 이스르엘 : Jezreel(하나님이 뿌리심), 호세아의 장남.
- ⊙ 로루하마 : Loruhamah(자비를 받지 못한 자), 호세아의 장녀.
- ⊙ 로암미 : Loammi(내 백성이 아니다), 호세아의 차남.

▶ 아모스 선지자 ◀

아모스는 베들레헴의 남쪽 약 6.6km되는 곳에 있는 유다 지파의 영지 드고아에 살던 목자였다. 그는 목동의 일 뿐만 아니라 뽕나무를 배양하는 농사도 아울러 병행한 사람이었다. 아모스는 전문적인 신학을 공부한 사람이 아니었다. 그는 제사장도 아니었고, 선지자 학교를 다닌 사람도 아니었다. 하지만 하나님의 말씀이 그에게 임하시자 어쩔 수 없이 말씀에 순종하여 선지자가 되었다. 그래서 그는 이렇게 외쳤다.

주 여호와께서는 자기의 비밀을 그 종 선지자들에게 보이지 아니하시고는 결코 행하심이 없으시리라... 주 여호와께서 말씀하신즉 누가 예언하지 아니하겠느냐(암 3:7~8)

그는 남왕국에 속한 사람이었지만 하나님의 부름을 받고는 자신의 모든 것을 버려두고 북왕국 벧엘로 올라가 하나님의 말씀을 증거하였다. 아모스가 활동할 때, 남왕국은 웃시야가, 북왕국은 여로보암 2세가 다스리고 있었다. 당시 두 나라는 유례가 없을 정도의 호황을 누리고 있었다.

남왕국과 북왕국이 그토록 호황을 누릴 수 있었던 것은 그동안 이스라엘을 압제하던 수리아(아람, 시리아)가 신흥 강국인 앗시리아에게 BC 805년 함락되었기 때문이었다. 뿐만 아니라 앗시리아는 또 다른 전쟁에 휘말려 아직 이스라엘을 위협하지 못하는 공백기였다. 이 틈새를 이용해 두 왕국은 다윗과 솔로몬 시대에 버금가는 호황을 누릴 수 있었다. 특히나 북왕국 이스라엘은 무역업을 통해 막대한 부를 축적할 수 있었다. 그러나 물질적 풍요는 곧 우상숭배로 이어져 엄청난 타락을 불러일으켰으며, 사치와 향락 퇴폐가 만연하였다. 뿐만 아니라 빈익빈(貧益貧)

부익부(富益富) 현상이 심각하게 일어나 가난한 사람들의 삶은 날이 가면 갈수록 더더욱 어려워져 갔다.

바로 이러한 시기에 활동한 예언자가 아모스와 호세아였다.

특히 아모스는 남왕국에서 말씀을 받아 북왕국 벧엘로 가서 신랄한 어조로 무섭게 이스라엘을 책망하였다. 그는 장차 무서운 재앙의 날이 닥쳐올 것임을 예언하면서 속히 회개하라고 하였다. 그렇지 않으면 무시무시한 재앙이 몰아닥칠 것임을 분명하게 예언하였다. 오직 살 길은 회개뿐이라고 하였다.

너희는 여호와를 찾으라! 그리하면 살리라! (암 5:6)

그러나 형식적인 신앙으로는 회개할 수 없음도 분명히 했다.

너희가 내게 번제나 소제를 드릴지라도 내가 받지 아니할 것이요, 너희의 살진 희생의 화목제도 내가 돌아보지 아니하리라. 네 노랫소리를 내 앞에서 그칠지어다. 네 비파 소리도 내가 듣지 아니하리라. 오직 정의를 물 같이, 공의를 마르지 않는 강 같이 흐르게 할지어다.(암 5:22~24)

그러나 풍요의 시기에 울려 퍼진 아모스의 예언은 오히려 이스라엘의 반발을 불러일으켰다. 특히 벧엘에서 금송아지의 제사장으로 활동하던 아마샤는 여로보암 2세에게 아모스를 탄원하기도 하였다. 그는 아모스의 입을 막으려고 하였는데, 아모스는 그러한 아마샤를 무섭게 저주하였다. 그 후 아모스의 개인적 삶에 대해서는 알 수 없다. 다만 아모스의 예언을 무시한 북왕국은 끝내 그 예언 그대로 앗시리아의 침략으로 BC 722년 철저하게 망하고 말았다.

▶ 호세아 선지자 ◀

호세아는 아모스와 거의 동시대 내지는 약간 후대에 같은 북왕국에서 예언을 한 선지자다. 다만 아모스가 벧엘을 중심으로 예언하였다면, 호세아는 사마리아(Samaria)와 길갈(Gilgal)을 중심으로 예언하였다는 것이 다를 뿐이다. 호세아가 정통 선지자 혹은 제사장 출신인지는 분명치 않으나, 학자들은 대체로 그를 제사장 가문의 사람으로 인정한다.

하나님께서는 호세아에게 음란한 아내를 찾아 결혼할 것을 명하셨다. 그래서 호세아는 소문난 음녀(淫女)인 고멜과 결혼하였다. 고멜은 호세아에게 2남 1녀를 낳아 주었다. 하지만 얼마 후에 음욕을 이기지 못하고 집을 나가 스스로 창녀가 되어버렸다. 하나님께서는 호세아에게 그런 고멜을 다시 데려오라고 명하셨다. 그래서 호세아는 은 15개와 보리 한 호멜을 주고 고멜을 다시 데려왔다. 이것은 하나님께서 이스라엘을 어떻게 사랑하시는지를 몸소 체험하게 하시기 위함이셨다. 하나님은 고멜처럼 배은망덕하고 음탕하여 항상 우상숭배로 빠져드는 이스라엘을 호세아처럼 끝까지 사랑하신다는 것을 보여주시려고 하셨던 것이다.

호세아는 안타까운 마음으로 이스라엘에게 회개를 종용하였다. 아모스의 예언이 무서운 진노를 선포하였다면, 호세아는 따뜻한 하나님의 사랑을 증거하며 그 사랑으로 돌아올 것을 당부하는 것이었다. 그래서 후대 사람들을 호세아를 가리켜 사랑의 선지자라고 부른다. 과연 그 이름처럼 호세아서에는 따뜻한 위로의 말과 안타까운 권면의 말씀이 가득하다.

오라! 우리가 여호와께로 돌아가자! 여호와께서 우리를 찢으셨으나 도로 낫게 하실 것이요, 우리를 치셨으나 싸매어 주실 것임이라. 여호와께서 이틀 후에 우리를 살리시며 셋째 날에 우리를 일으키시리니 우리가 그의 앞에서 살리라. 그러므로 우리가 여호와를 알자! 힘써 여호와를 알자! (호 6:1~3)

내 백성이 지식이 없으므로 망하는도다! 네가 지식을 버렸으니 나도 너를 버려 내 제사장이 되지 못하게 할 것이요, 네가 네 하나님의 율법을 잊었으니 나도 네 자녀들을 잊어버리리라! (호 4:6)

나는 인애를 원하고 제사를 원하지 아니하며, 번제보다 하나님을 아는 것을 원하노라! (호 6:6)

너희가 자기를 위하여 공의를 심고 인애를 거두라! 너희 묵은 땅을 기경하라! 지금이 곧 여호와를 찾을 때니 마침내 여호와께서 오사 공의를 비처럼 너희에게 내리시리라! (호 10:12)

하지만 어리석게도 북왕국 이스라엘은 끝내 아모스의 경고와 호세아의 권면을 무시하고 말았다. 그 결과 무서운 재앙의 날이 임하여 사마리아가 함락되었고 그 후에 다시는 일어설 수 없었다.

이사야와 미가

이사야, 미가

- ⊙ 이사야 : Isaiah(여호와는 구원이시다), 대략 BC 740~680경에 활동한 남왕국의 선지자
- ⊙ 미　가 : Mica(여호와와 같은 자가 누구냐), 이사야와 동시대의 선지자로 미가서의 저자.
- ⊙ 아모스 : Amoz(강함), 이사야의 부친.
- ⊙ 모레셋 : Moreshethgath(가드의 소유), 미가 선지자의 출신지.
- ⊙ 스알야숩 : Shear jashup(남는 자가 돌아오리라), 이사야의 장남이며 아하스 시대의 선지자.
- ⊙ 마헬살랄하스바스 : Maheh Salalhahsbaz(노략이 속함), 이사야의 차남.
- ⊙ 웃시야 : Uzziah(나의 힘은 여호와), 남왕국의 10번째 왕. 16세에 왕이 되어 52년간 통치하였다.
- ⊙ 요　담 : Jotham(여호와는 온전하심), 웃시야의 아들이며 유다의 제 12대 왕, 16년간 나라를 다스렸다.
- ⊙ 아하스 : Ahaz(여호와는 사로잡으심), 요담의 아들이며 그 후계자이다. 예루살렘에서 16년 간(BC 735~721년)을 치리했다. 많은 우상숭배를 하였던 아주 악한 왕이다
- ⊙ 히스기야 : Hezekiah(여호와는 강하게 하심), BC 715~687까지 29년을 재위한 임금으로 유대 왕국의 가장 위대한 왕 중의 한 사람이다.
- ⊙ 므낫세 : Manasseh(잊어버림), 히스기야의 아들로 BC 687부터 장장 55년을 통치하였다. 랍비들의 전승에 의하면 므낫세는 이사야 선지자를 톱으로 켜서 순교하게 만든 장본인이다.

▶ 이사야 선지자 ◀

이사야는 아모스라는 사람의 아들로 유다 왕 웃시야 시대부터 므낫세 초기까지 장장 60여 년에 걸쳐 예언을 했던 유명한 선지자다. 그는 주로 남왕국에서 예언을 하였는데, 이사야가 예언을 할 당시에는 앗시리아가 패권을 장악하고 북왕국을 위협하던 위험천만한 시기였다.

이사야는 제사장 가문의 사람이거나 혹은 귀족 출신이었을 것으로 여겨진다. 왜냐면 자유롭게 왕궁을 드나들 수 있었고 또 임금과의 대화도 가능했기 때문이다. 이사야 선지자는 결혼을 해서 두 아들을 두었다. 하지만 그의 신변에 대하여 자세한 사항은 알 수가 없다. 다만 그의 아버지 이름이 아모스라는 것만을 알 수 있는데, 선지자 아모스와는 전혀 다른 사람이다.

이사야 6장에 따르면 이사야는 웃시야 왕이 죽던 해, 그러니까 BC 739년에 성전에서 환상을 보고 하나님의 부름을 받은 것으로 보인다. 성전에서 기도를 하던 이사야는 환상 가운데 하늘에 계신 하나님과 그의 보좌를 둘러싼 스랍들을 직접 보게 되었다. 이에 두려움에 사로잡혀 죽을 것을 염려하는 이사야에게 스랍(seraphim) 중에 하나가 하늘의 제단에서 취한 숯불을 가져다 입술을 정화시켜 살게 하여준다. 이어 '내가 누구를 보내며 누가 우리를 위하여 갈꼬'라는 음성을 듣고는, 그 자리에서 '내가 여기 있나이다. 나를 보내소서'라고 기도함으로 선지자의 사명을 받게 되었다.

이사야는 상당히 오랜 기간 예언을 하였지만, 주로 히스기야 시대에 활동하였던 것으로 보인다. 왜냐하면 히스기야의 선왕인 아하스는 역대 유다의 모든 왕 중 가장 우상숭배를 많이 한 악한 왕이었으며, 히스기야의 아들인 므낫세 역시 우상승배에 빠져 수많은 악을 저지른 왕이었기 때문이다. 따라서 히스기야만이 전심으로 하나님을 섬긴 훌륭한 왕이었는데, 이사야는 그 시기에 가장 왕성하게 활동하였다.

특히 히스기야 시절에 앗시리아가 쳐들어와서 예루살렘을 에워싸고 항복을 강요하고 있을 때, 이사야는 히스기야를 위로하며 하나님께서 대적을 물리쳐 주실 것임을 예언하였다. 과연 이사야의 예언 그대로 앗시리아 군대는 18만 5천 명이 하루아침에 다 죽어 넘어진 후에 스스로 물러가 버렸다. 또한 히스기야가 죽을병에 걸려 괴로워하고 있을 때에는 그의 생명이 15년간이나 연장될 것임을 예언하기도 하였다. 하지만 이에 고무된 히스기야가 당시에는 아직 약소국이던 바벨론의 사신에게 왕궁 창고를 다 열어 재산을 자랑하자, 이사야는 통탄하며 장차 나라가 바벨론에 의하여 망하게 될 것임을 예언하기도 하였다.

이사야는 참 정열적으로 예언을 하였다. 앗시리아가 블레셋을 침공함으로 장차 유다를 쳐들어올 것이 예견될 때에는 백성들의 회개를 종용하고자 3년 동안이나 겉옷을 벗고 속옷 차림에 신을 신지 않은 맨발로 다니면서 장차 앗시리아가 유다를 붙잡아 이렇게 끌고 갈 것임을 몸으로 보여주기도 하였다(사 20장).

이사야가 어떻게 죽었는지에 대하여 성경은 침묵하지만 랍비들의 전승인 미슈나(mishnah)에 의하면 악한 왕이었던 므낫세가 이사야를 톱으로 켜서 살해했다고 증언한다. 이 전승이 사실인지 아닌지를 확인할 수는 없지만, 대다수의 학자들은 상당히 근거 있는 것으로 본다.

이사야서는 성경의 축소판으로도 불리는데 우선 장수가 66장으로 성경의 권수와 같고, 또 그 내용에 있어서도 39장까지는 회개를 종용하는 내용인 반면에

40장부터는 새로운 희망을 노래하고 있기 때문이다. 성서학자들 중에는 40장 이후의 부분은 바벨론 포로기 이후에 쓰여진 것으로 보아, 이사야서를 제 1 이사야, 제 2 이사야로 나누기도 하는데, 그만큼 그의 예언이 광범위하고 포괄적임을 시사한다. 또한 40장 이후에 쓰여진 희망적인 복음을 근거로 이사야를 가리켜 '희망과 환희의 선지자'라고 부르기도 한다.

▶ 미가 선지자 ◀

미가는 블레셋 가드와 인접한 모레셋가드 출신의 선지자로 유다 왕 요담과 아하스, 그리고 히스기야 시대에 예언하였던 선지자이다. 이 시대는 이사야가 활동하던 시기로, 미가는 이사야와 거의 동시대를 살며 예언하였던 선지자라 할 수 있다. 다만 이사야가 왕궁을 중심으로 활동하였던 예언자임에 비하여 미가는 일반 백성들을 중심으로 예언하였던 분이라는 것이 다를 뿐이다.

선지자 미가는 그 출신지가 모레셋이라는 것 이외에는 사실상 알려진 것이 없다. 다만 그의 예언이 앗시리아의 침공으로 풍전등화에 있었던 북왕국 사마리아와 남왕국 유다를 향한 것임이 분명할 뿐이다. 그중에서도 북왕국에 대한 예언은 지극히 제한적이며 미가서의 대부분은 남왕국을 향한 예언이다. 위(僞)에피파누스 서(書)에 의하면, 미가는 요람 왕의 죄를 질책했기 때문에 절벽 위에서 떨어뜨려 죽임을 당하였다고 하는데 정확한 근거는 없다.

모든 예언서들이 공통적으로 취하고 있는 것처럼 미가서 역시 우상숭배와 경제적 정치적 타락을 질타하는 것을 주된 내용으로 삼고 있다. 또한 동시에 하나님께 진심으로 회개하고 돌아올 때에야만, 구원의 희망이 있음을 선포한다. 뿐만 아니라 미가 역시 사이비 선지자들에 의하여 많은 고통을 당하였는데 그들은 백성들이 듣고 싶어 하는 달콤한 소리만 들려줌으로 인기를 얻곤 하였다. 그들을 향해 미가 선지자는 이렇게 통탄하였다.

> 내 백성을 유혹하는 선지자들은, 이에 물 것이 있으면 평강을 외치나 그 입에
> 무엇을 채워 주지 아니하는 자에게는 전쟁을 준비하는도다!(미 3:5)

회개를 종용하고 하나님께 돌아올 것을 요구하면서도 미가는 돌아오는 자에게 약속된 하나님의 평강을 선언하는 것 역시 잊지 않았다.

> 무리가 그 칼을 쳐서 보습을 만들고 창을 쳐서 낫을 만들 것이며 이 나라와
> 저 나라가 다시는 칼을 들고 서로 치지 아니하며 다시는 전쟁을 연습하지 아
> 니하고, 각 사람이 자기 포도나무 아래와 자기 무화과나무 아래에 앉을 것이
> 라(미 4:3~4)

또한 미가서의 특징 중의 하나는 메시아에 대한 예언인데 그중에서도 베들레헴을 향한 예언이 가장 유명하다. 예수께서 태어나실 때 헤롯이 동방박사에게 베들레헴으로 가라고 한 것도 미가서를 근거로 한 것이다.

> 베들레헴 에브라다야! 너는 유다 족속 중에 작을지라도 이스라엘을 다스릴 자
> 가 네게서 내게로 나올 것이라! 그의 근본은 상고에, 영원에 있느니라!(미 5:2)

히스기야

왕하 18~20장, 대하 29~32장, 사 36~39장

- 히스기야 : Hezekiah(여호와는 강하게 하심), 유다의 제 13대 왕. BC 715~687 까지 29년을 재위한 임금으로 유대 왕국의 가장 위대한 왕 중의 한 사람이다.
- 헵시바 : Hephzibah(나의 기쁨은 그녀에게 있다), 히스기야의 아내이며 므낫세의 모친.
- 아하스 : Ahaz(여호와는 사로잡으심), 히스기야의 부친, 요담의 아들이며 그 후계자이다. 예루살렘에서 16년간(BC 735~721년)을 치리했다. 남왕국의 왕중 가장 악한 왕이다
- 아비야 : Apphia(여호와는 아버지이시다), 히스기야의 모친, 왕하 18:2에는 아비(Abi)라고 되어있다.
- 므낫세 : Manasseh(잊어버림), 히스기야의 아들로 BC 687부터 장장 55년을 통치하였다. 랍비들의 전승에 의하면 므낫세는 이사야 선지자를 톱으로 켜서 순교하게 만든 장본인이다.
- 이사야 : Isaiah(여호와는 구원이시다), 대략 BC 740~680경에 활동한 남왕국의 선지자.
- 산헤립 : Sennacherib(神은 형제를 증가함), BC 705~681년의 앗시리아 왕.
- 랍사게 : Rabshakeh(대장), 산헤립의 부하로 산헤립과 함께 유다를 침공했던 장군.
- 부로닥발라단 : Merodachbaladan(마르둑이 아들을 주셨다), 바벨론의 왕으로 히스기야가 병들었다가 낫게 되자 사절을 보내 축하하였다. 히스기야는 그 사신에게 모든 창고를 열어 보였다.

히스기야의 부친 아하스는 유다의 모든 왕들 중에서도 가장 악한 왕이었다. 그는 극에 달하는 우상숭배를 하였는데, 심지어 몰렉에게 자신의 아들을 불살라 바치기도 하였으며, 아람에 갔다 우상 신전을 보고 와서는 예루살렘 성전에 그 신전을 모방한 우상을 세워두고 경배할 정도였다. 당시 선지자로 활동하였던 분은 이사야였는데 이사야의 간곡한 만류에도 아하스의 우상숭배는 그치지 않았었다.

아하스가 죽은 후 그의 아들 히스기야가 왕위를 계승하였다. 그때 히스기야의 나이는 25세였다. 그로부터 29년간 유다를 다스렸다. 히스기야는 즉위하자마자 종교개혁부터 실시하였다. 더럽혀진 하나님의 성전을 청결하게 보수하였고, 모든 산당을 철거하였으며, 만연된 우상을 타파하는데 심혈을 기울였다. 히스기야는 모세의 놋뱀마저도 우상의 대상이 되었음을 알고 느후스단(Nehushtan) 곧 놋조각이라 부르며 가차 없이 없애 버렸다. 또한 온전히 지켜지지 못하고 있었던 유월절 제사를 부활시키는 일도 하였다. 성경은 그러한 히스기야의 노력을 높이 사서 이렇게 칭찬하고 있다.

> 히스기야가 이스라엘 하나님 여호와를 의지하였는데 그의 전후 유다 여러 왕 중에 그러한 자가 없었으니, 곧 그가 여호와께 연합하여 그에게서 떠나지 아니하고 여호와께서 모세에게 명령하신 계명을 지켰더라. 여호와께서 그와 함께 하시매 그가 어디로 가든지 형통하였더라.(왕하 18:5~7)

히스기야의 믿음과 순종으로 앗시리아 왕 살만에셀(Shalmaneser)이 북왕국을 침공하여 사마리아를 함락시키고 나라를 멸망시킬 때에는 유다 왕국이 보호받을 수 있었다. 히스기야 통치 7년 만에 일어난 일이었다. 하지만 그로부터 다시 7년 뒤인, 히스기야 통치 14년 곧 BC 701년에 앗시리아가 유다를 또 침공하였다. 강력한 무력으로 유다를 침공한 앗시리아는 파죽지세로 쳐들어와서 삽시간에 성읍

46개를 점령하고 2만 명에 달하는 유다 백성을 포로로 잡아서 끌고 갔다. 뿐만 아니라 예루살렘을 포위하고 히스기야를 압박하기에 이르렀다.

이러한 앗시리아의 압력 앞에 결국 히스기야는 굴욕적인 항복을 하고 말았다. 앗시리아는 히스기야에게 엄청난 조공을 요구하였는데, 은 300달란트와 금 30달란트였다. 뿐만 아니라 각종 보물을 비롯해서 심지어는 히스기야 딸들 중에 일부를 앗시리아의 임금의 첩으로 끌고 가려고 하였다. 히스기야는 그러한 앗시리아의 모든 요구를 수용하였으며 금액을 맞추기 위해서 모든 창고를 열었고, 성전의 곳간을 비롯해서 성전 문과 왕궁 기둥에 입혔던 금마저도 다 벗겨서 내어 주어야만 했다. 참으로 안타까운 일이 아닐 수 없었다.

하지만 앗시리아의 압제는 시작일 뿐이었다. 계속되는 과중한 압력에 시달리던 히스기야는 무서운 중병에 걸리게 되고 말았다. 히스기야가 병이 들었다는 소식을 들은 이사야 선지자는 하나님께 기도한 뒤에 응답을 받아 찾아왔는데, 그 소식은 이제 얼마 후에 히스기야는 죽게 될 터이니 삶을 잘 정리하라는 것이었다. 학자들에 따라, 히스기야의 질병을 앗시리아의 침공 이전과 이후로 보는 견해가 갈리는데, 일반적으로 침공 이전으로 본다.

이사야의 예언을 들은 히스기야는 벽을 바라보며 통곡하였다. 그때, 얼마나 간절히 기도했던지, 이사야가 아직 성을 벗어나기도 전에 하나님께서 다시 이사야에게 임하셨다. 눈물의 기도, 통곡의 기도가 얼마나 놀라운 능력이 있는지를 여실히 보여준 사건이었다. 다시 하나님의 말씀을 받고 히스기야에게 돌아간 이사야 선지자가 이렇게 말했다.

내가 네 기도를 들었고 네 눈물을 보았노라! 내가 너를 낫게 하리니 네가 삼 일

만에 여호와의 성전에 올라가겠고 내가 네 날에 십오 년을 더할 것이며 내가 너와 이 성을 앗수르 왕의 손에서 구원하고 내가 나를 위하고 또 내 종 다윗을 위하므로 이 성을 보호하리라(왕하 20:5~6)

그러면서 이사야는 히스기야의 상처에 무화과 반죽을 붙이면 낫게 될 것이라고 했다. 뿐만 아니라 신유의 기적을 확실하게 믿게 하기 위하여 해 그림자를 10도나 물러나게 하여 주기도 했다. 이에 감격한 히스기야는 시를 지어 하나님께 찬양을 불러드렸는데, 그중에 이런 구절이 있다.

주여! 사람이 사는 것이 이에 있고 내 심령의 생명도 온전히 거기에 있사오니, 원하건대 나를 치료하시며 나를 살려 주옵소서. 보옵소서! 내게 큰 고통을 더하신 것은 내게 평안을 주려 하심이라! 주께서 내 영혼을 사랑하사 멸망의 구덩이에서 건지셨고 내 모든 죄를 주의 등 뒤에 던지셨나이다!(사 38:16~17)

히스기야가 질병에 걸릴 즈음 앗시리아의 2차 침공이 있었다. 앗시리아는 유다 말에 능한 장군 랍사게를 앞세워 교란작전을 펼치기 시작했다. 성을 에워싸고 히브리 언어로 온갖 조롱과 회유와 협박을 하기 시작한 것이다. 그들의 조롱 앞에서 히스기야는 기도하기 시작했다. 지난번에는 물질로 해결했지만, 이번에는 해결할 물질도 없었다. 아무것도 의지할 것이 없을 때, 참다운 믿음이 솟아 나오는 법이다. 기도로 힘을 얻은 히스기야는 백성들을 향해 이렇게 외쳤다.

너희는 마음을 강하게 하며 담대히 하고 앗수르 왕과 그를 따르는 온 무리로 말미암아 두려워하지 말며 놀라지 말라! 우리와 함께 하시는 이가 그와 함께 하는 자보다 크니, 그와 함께 하는 자는 육신의 팔이요, 우리와 함께 하시는 이는 우리의 하나님 여호와시라! 반드시 우리를 도우시고 우리를 대신하여 싸우

시리라!(대하 32:7~8)

    간절한 히스기야의 기도가 응답되어 하나님은 기적적인 방법으로 유다를 구원하셨다. 20만 명에 달하던 앗시리아 군대가 하룻밤에 18만 5천 명이 죽게 된 것이다. 결국, 어쩔 수 없이 니느웨로 퇴각한 앗시리아의 왕 산헤립은 얼마 후에 자신의 친아들들에게 살해당해 비참하게 죽고 말았다.

    그 후 히스기야는 하나님의 큰 은총으로 막대한 재물을 소유하며 큰 권력을 행사할 수 있었다. 하지만 하나님의 크신 은총으로 죽을병도 고치고, 도저히 상대할 수 없었던 적군 앗시리아도 물리친 히스기야였지만, 안타깝게도 큰 잘못을 저지르고 말았다. 당시 신흥국가였던 바벨론의 왕 부로닥발라단이 보낸 사신들에게, 왕궁의 보물창고와 무기고를 다 열어 물질을 자랑하고 만 것이다. 자랑하고 높여야 하는 것은 하나님이시건만, 히스기야는 자신의 재물을 자랑하고 자신의 능력을 높이고 만 것이다.

    자랑하는 자는 이것으로 자랑할지니 곧 명철하여 나를 아는 것과 나 여호와는 사랑과 정의와 공의를 땅에 행하는 자인 줄 깨닫는 것이라! 나는 이 일을 기뻐하노라! 여호와의 말씀이니라.(렘 9:24)

    히스기야의 행동에 대해, 이사야 선지자가 큰 책망을 하였다. 장차 히스기야의 자손들이 바벨론에 사로잡혀가고, 모든 보물을 빼앗길 것이며, 심지어 바벨론 왕궁의 환관이 될 것이라고 말씀했다. 그러나, 히스기야는 이사야 선지자의 책망을 들으면서 이렇게 대답했다.

    히스기야가 이사야에게 이르되, 당신이 전한 바 여호와의 말씀이 선하니이다!

하고 또 이르되, 만일 내가 사는 날에 태평과 진실이 있을진대 어찌 선하지 아니하리요! 하니라(왕하 20~19)

자신의 당대에만 무탈하면 그만이라는 대답이었다. 결국 얼마 후에 바벨론의 침공이 있었고, 유다 왕국은 바벨론에 의해 성전이 불타고 예루살렘마저 짓밟히고 말았다. 뿐만 아니라, 수많은 백성들이 포로로 사로잡혀가서 노예로 70년 동안이나 사로잡혀있었다. 또한 히스기야는 그 당시에 아들 므낫세를 낳고 왕위를 물려주었는데, 므낫세는 유다 역사상 가장 악한 왕 중의 하나가 되었다.

요나

요나서

- ⊙ 요　나 : Jonah(비둘기), BC 760년경 북왕국 이스라엘에서 활동하였던 선지자.
- ⊙ 아밋대 : Amittai(진리), 요나의 부친으로 가드–헤벨 사람.
- ⊙ 여로보암 2세 : Jeroboam II (백성이 번성함), 북왕국의 13번째 왕, 예후의 4대
  손. BC 782~743까지 41년간 통치하였다.
- ⊙ 아모스 : Amos(짐 지는 자), 남왕국의 목동 출신의 선지자로 북왕국에서 활동
  하였다.
- ⊙ 호세아 : Hoshea(구원), 사랑의 선지자. 아모스와 요나 시대의 유명한 북왕국
  선지자.
- ⊙ 가드–헤벨 : Gath–hepher, 갈릴리 나사렛의 북동쪽에 위치한 성읍으로 요나
  의 고향.
- ⊙ 니느웨 : Nineveh(합의), 앗시리아의 수도로 현재 이라크 모술(Mosul)지역이
  다.BC 612년 바벨론의 침공으로 완전히 파괴되어 1820년에야 비로소 발굴되
  었다.
- ⊙ 다시스 : Tarshish(금속정련–金屬精鍊), 현재 스페인의 타르터소스(Tartessus)
  로 추정되는 도시.고대에는 땅끝으로 여겨졌던 도시로, 황금의 도시, 꿈의 도
  시의 상징이다.

요나는 12 소선지자 중의 한 사람으로 기원전 8세기경에 북왕국에서 활동하였던 예언자이다. 당시 북왕국에는 북이스라엘 제 13대 왕인 여로보암 2세가 통치하고 있었다. 요나의 시대에 활동했던 다른 예언자는 남왕국 유다에서부터 하나님의 부름을 받고 온 아모스와 사랑의 선지자 호세아가 있다.

하지만 요나의 예언 사역은 아모스나 호세아와는 전혀 다른 각도에서 이루어지고 있었던 것으로 보인다. 아모스와 호세아가 이스라엘의 회개를 촉구한 반면에 요나는 축복을 선언하였기 때문이다. 열왕기하 14:25에 보면 요나가 여로보암 2세를 향해 하나님의 도우심으로 왕국의 영토가 '하맛(Hamath) 어귀에서부터 아라바(Arabah)까지 이를 것'이라고 예언한 것으로 되어있다. 하맛은 수리아의 중요한 도시 중 하나로 그곳을 차지했다는 것은 거의 다메섹(Domascus)까지 영토를 확장했음을 의미하는 것이며, 아라바는 사해(死海) 인근의 비옥한 토지를 가리키는 말이다. 결국 하맛에서부터 아라바까지 그 영토를 확장했다는 것은 전성기의 이스라엘, 그러니까 다윗과 솔로몬 시대의 넓은 영토를 거의 차지했음을 가리키는 말이다.

하지만 여로보암 2세가 이토록 광활한 영토를 다스릴 수 있었던 이유는 하나님의 은총으로 말미암은 것은 아니었다. 당시의 정치적인 역학관계에서 강대국들의 틈새를 잠시나마 잘 활용했기 때문이었다. 신흥강국이었던 앗시리아가 솔로몬 이후 이스라엘을 끝없이 압제하여왔던 수리아 곧 아람을 점령하였기 때문이었던 것이다.

아무튼 이러한 이유로 인해서라도 북왕국은 막대한 부를 축적할 수 있었다. 그러나 물질의 풍요는 도리어 큰 타락으로 이어져 북왕국에는 점점 멸망의 암운이 드리우고 있었다. 그 암운의 주인공은 두말할 필요도 없이 역사상 가장 잔인하고 흉폭한 나라로 일컬어지는 앗시리아였다.

바로 그 시기에 하나님은 요나에게 앗시리아의 수도인 니느웨로 가서 복음을 전하라는 명령을 내리셨다.

하지만 요나는 그 말씀에 순종하는 것이 정말 싫었다. 요나의 생각에는 앗시리아는 잔인한 나라이며 흉폭하기 이를 데 없는 나라로 망해야만 할 나라였기 때문이었다. 그럼에도 불구하고 하나님은 요나에게 계속해서 니느웨로 가서 복음을 전할 것을 강요하셨다.

그러자 요나는 도리어 이스라엘을 떠나 멀리 다시스로 도망을 치려고 하였다. 다시스는 당시 땅끝으로 불리던 스페인의 한 도시인데, 황금의 도시, 환락의 도시, 꿈의 도시로 불리던 곳이었다. 따라서 요나가 다시스로 가겠다는 것은 하나님을 떠나 세상으로 가버리겠다는 의미였다.

그러기 위해서 요나는 우선 욥바(Joppa)로 내려갔다. 욥바는 이스라엘에 있는 항구도시인데 그리로 갔다는 것은 니느웨와는 정반대 방향으로 갔음을 의미하는 것이다. 그곳에 도착하자마자 요나는 '마침 다시스로 가는 배'를 만났다(욘 1:3). 그러자 주저하지 않고 그 배에 올라 다시스를 향해 출발했다.

일단 배가 출항하자 요나는 배 밑창에 들어가 깊은 잠에 빠져들고 말았다. 하나님의 사람이 하나님의 말씀을 거역하면 그다음에는 영적인 잠에 깊이 빠져들게 될 뿐이다. 그런데 더 큰 문제는, 하나님의 사람이 영적인 잠에 들면 그 주변 사람들까지 큰 환난을 만나게 된다는 것이다. 기도해야 하는 사람이 기도하지 못하면, 주위 사람들까지 같이 시험에 들고 만다는 뜻이다.

아니나 다를까 다시스로 가는 배에 큰 바람이 불어오기 시작했다. 선원들은 기를 쓰고 살려고 애를 쓰다가 가지고 있던 모든 물품까지 다 바다에 버리고 말았다. 그래도 안 되니까 마지막으로 배 안의 모든 사람들을 놓고 제비를 뽑아 폭풍의 원인이 된 사람을 찾고자 했다. 그 결과 요나가 지목되었고, 요나는 모든 책임을 통감한 채로 바다에 빠져들고 말았다. 요나가 바다에 떨어지자 바다는 다시 잔잔하게 되었다.

죽음을 각오하고 바다에 빠져든 요나였지만 바다 속에서 요나를 기다리고 있었던 것은 죽음이 아니라 큰 물고기였다. 큰 물고기는 요나를 산채로 삼켜버렸다. 그래서 요나는 그 뱃속에서 3일 3야를 보내게 되었다. 그 지경이 되어서야 요나는 고집을 꺾고 하나님의 말씀에 순종하기로 다짐을 하면서 회개의 기도를 드린다. 그래서 3일 만에 요나는 살아서 물고기 뱃속을 나올 수 있었다.

하나님은 여전히 요나에게 니느웨로 갈 것을 명하셨다. 이번에는 어쩔 수 없이 순종하기로 한 요나는 니느웨까지 가기는 갔다. 하지만 3일이나 걸려야 한 바퀴를 겨우 돌 수 있는 넓은 니느웨 성을, 고작 하루 동안만 다니면서 복음을 전했다. 그것도 회개하고 구원을 얻으라는 것이 아니라 그저 '40일이 지나면 니느웨가 무너지리라'라는 것이 전부였다. 그럼에도 불구하고 니느웨의 사람들은 금식을 선포하고 회개하며 임금부터 가축까지 다 통회하며 뉘우치기 시작하였다.

그러자 요나는 오히려 화를 내며 하나님께 대들기 시작했다. 그러면서 이럴 줄 알았다고, 그래서 자기가 도망쳤던 거라고 말하며 차라리 자신을 죽여 달라고 하였다. 그럼에도 40일이 지나면 혹시나 말씀대로 니느웨가 말할까 싶어 성 동편에 초막을 짓고 기다리고 지켜서 있었다. 하나님은 요나의 머리 위로 박 넝쿨이 자라게 하셔서 시원한 그늘을 만들어 주셨다가 다음날 벌레를 보내 다 시들게 만드셨

다. 이어서 무더위가 찾아오게 하시자 요나가 다시 버럭버럭 화를 내며 하나님께
대들기 시작했다. 그때 요나를 향하여 하나님께서 이렇게 말씀하셨다.

> 네가 수고도 아니하였고 재배도 아니하였고 하룻밤에 났다가 하룻밤에 말라
> 버린 이 박넝쿨을 아꼈거든, 하물며 이 큰 성읍 니느웨에는 좌우를 분변하지
> 못하는 자가 십이만여 명이요 가축도 많이 있나니 내가 어찌 아끼지 아니하겠
> 느냐!(욘 4:10~11)

그 후 요나가 어찌 되었는지는 성경에 더 이상 언급이 없다. 다만 요나가 그토
록 증오하였던 니느웨는 그로부터 약 150년 뒤에 신 바벨론으로부터 철저하게 궤
멸되고 말았다. 얼마나 철저하게 멸망 당하였던지 19세기 말에 이르기까지 그 흔
적도 발굴하기 어려울 정도였다.

예수님께서는 바리새인과 사두개인이 연합하여 메시아의 표적을 보여 달라고
요구할 때 요나를 인용하시면서 이렇게 대답하셨다.

> 악하고 음란한 세대가 표적을 구하나 요나의 표적밖에는 보여 줄 표적이 없느
> 니라 (마 16:4)

요나의 표적이란, 요나가 3일간 물고기 뱃속 곧 죽음의 장소에 머물다가 새롭
게 다시 살아났듯이 장차 주님께서도 3일간 무덤에 머물다 부활하실 것을 암시하
는 말씀이셨다.

욥

욥기

- ⊙ 욥 : Job(회개하는 자 – 아랍어 아오브), 족장 시대에 우스 땅에 살던 동방의 의인.
- ⊙ 우 스 : Uz, 욥의 고향으로 가나안 동쪽 어딘가에 있었던 미지의 땅.
- ⊙ 여미마 : Jemima(비둘기), 욥이 대환난 후에 얻은 맏딸로서 전국에서 제일 아름다웠다.
- ⊙ 굿시아 : Kezia(계피), 욥이 대환난 후에 얻은 둘째 딸.
- ⊙ 게렌합북 : Kern–Happuch(아름다운 뿔), 욥이 대환난 후에 얻은 셋째 딸.
- ⊙ 엘리바스 : Eliphaz(하나님은 정금), 욥의 세 친구 중 가장 연장자로 데만 (Teman:에돔) 사람.
- ⊙ 빌 닷 : Bildad(벨은 사랑함), 욥의 세 친구 중 한 사람으로 수아(Shuah) 사람.
- ⊙ 소 발 : Zophar(거만한), 욥의 세 친구 중 한 사람으로 나아마(Naamah) 사람.
- ⊙ 엘리후 : Elihu(그는 나의 하나님), 욥의 또 다른 친구로 가장 연소하여 처음에는 침묵하였던 사람. 람(Ram)족속 부스(Buzite:아라비아) 사람 바라겔 (Barachel)의 아들

욥은 족장시대, 곧 아브라함이나 이삭, 야곱과 같은 시대에 살았던 사람이다. 그는 우스(Uz) 사람이었다. 우스가 어디인지는 정확하게 알 수 없지만, 아마도 아라비아 사막 인근이거나 에돔(Edom:붉음) 족속, 곧 에서의 후예들의 땅 인근일 것으로 본다. 따라서 욥은 이스라엘 사람이 아니었다. 하지만 이스라엘이라는 이름 자체가 야곱의 후예만을 상징하는 것이기에 족장시대에 살았던 욥이 어느 나라 사람인가는 큰 의미가 없다.

욥은 '온전하고 정직하여 하나님을 경외하며 악에서 떠난(욥 1:1)' 사람이었다. 그만큼 위대한 신앙인이었으며 인격적으로도 훌륭한 사람이었다. 성경은 그가 '동방 사람 중에 가장 훌륭한 자(욥 1:3)'라고 표현한다. 그만큼 위대한 사람이었으며, 또한 많은 재산을 가진 사람이었음을 말하는 것이다. 실제로 욥은 엄청난 재산과 함께 많은 자손을 가지고 있었다. 그에게는 아들 일곱에 딸 셋이 있었고 양이 7천, 낙타 3천 마리에 소가 5백 겨리, 암나귀도 5백 마리가 있었다. 또한 수많은 종들도 거느린 거부였다.

그러나 하나님의 허락을 받은 사탄이 욥을 시험하기 시작했다. 사탄은 먼저 욥의 재산과 자녀를 다 없애 버렸다. 하루아침에 10명이나 되는 자녀를 다 잃고, 재산까지 모두 잃어버리고 만다. 사탄은 욥이 이렇게 되면 하나님을 원망할 것이라고 예상했지만 욥은 오히려 이렇게 말했다.

내가 모태에서 알몸으로 나왔사온즉 또한 알몸이 그리로 돌아가올지라 주신 이도 여호와시요 거두신 이도 여호와시오니, 여호와의 이름이 찬송을 받으실지니이다 (욥 1:21).

욥이 이처럼 큰 환난 가운데서도 신앙을 지키자, 사탄은 두 번째로 욥을 시험하기 시작했다. 욥의 발바닥에서 정수리까지 종기가 돋게 만들었던 것이다. 얼마나 괴로웠던지 욥은 재 가운데 앉아서 기와 조각을 가져다가 몸을 긁어야만 할 정도였다. 이 지경이 되자 욥의 아내마저 욥에게 이렇게 말하고 떠나 버렸다.

당신이 그래도 자기의 온전함을 굳게 지키느냐 하나님을 욕하고 죽으라! (욥 2:9).

이 일로 인하여 욥의 아내는 소크라테스의 아내 크산티페, 존 웨슬리의 아내 메리 버질과 함께 세계 3대 악처 중의 한 사람으로 손꼽히는 사람이 되었다.

하지만 욥은 아내의 그러한 힐난에도 불구하고 이렇게 대답하였다.

우리가 하나님께 복을 받았은즉 화도 받지 아니하겠느냐 (욥2:10).

이렇게 모진 고난 중에도 끝까지 하나님을 배신하지 않던 욥에게 세 명의 친구가 찾아왔다. 데만 사람 엘리바스, 수아 사람 빌닷, 나아마 사람 소발이었다. 처음에는 그들도 욥을 위로하려고 하였지만, 욥이 당한 고난이 너무나도 무섭고 엄중해서 장장 7일 동안이나 아무런 말도 하지 못하고 그저 함께 눈물을 흘릴 뿐이었다. 그렇게 7일이 지난 뒤에 먼저 욥이 자신의 신세를 한탄하며, 차라리 태어나지 않았더라면 더 좋았을 것이라고 탄식하자, 마침내 친구들이 말문을 열기 시작했다.

하지만 그들의 말은 욥에게 조금도 위로가 되지 못하였다. 그들은 욥에게 뭔가 잘못이 있기에 그런 환난을 겪는 것이니 속히 회개하라고 하였기 때문이다. 그러한 친구들의 비난에 대해서 욥은 단호하게 대답하였다. 비록 자신이 완벽한 의인은 아니지만, 이런 환난을 겪어야 할 만큼 큰 죄를 지은 적은 없다는 것이었다. 그럼에도 친구들은 이렇게 말하였다.

나라면 하나님을 찾겠고 내 일을 하나님께 의탁하리라 (욥5:8 – 엘리바스).

네 자녀들이 주께 죄를 지었으므로 주께서 그들을 그 죄에 버려두셨나니, 네가 만일 하나님을 찾으며 전능하신 이에게 간구하고 또 청결하고 정직하면 반드시 너를 돌보시고 네 의로운 처소를 평안하게 하실 것이라. 네 시작은 미약하였으나 네 나중은 심히 창대하리라 (욥8:4~7 – 빌닷).

심지어 소발은 이렇게까지도 말하였다.

너는 알라. 하나님의 벌하심이 네 죄보다 경하니라 (욥11:6, 개역).

이런 친구들의 힐난에 욥은 크게 괴로워하면서 끝까지 자신의 무죄함과 억울함을 주장하였다. 그럼에도 불구하고 친구들은 욥의 말을 믿어주지 않고, 욥에게 무언가 숨겨둔 죄악이 있을 것이라고 생각하면서 욥을 공박하기만 하였다. 그때 욥이 한 이 말은 욥기에서 가장 유명한 말 중 하나이다.

그러나 내가 가는 길을 그가 아시나니 그가 나를 단련하신 후에는 내가 순금 같이 되어 나오리라 (욥23:10).

이들의 논쟁이 끝없이 이어지자 마지막으로 가장 나이 어린 엘리후가 말을 시작했다. 엘리후는 욥이 스스로를 의롭다고 말하는 것을, 마치 하나님보다 자신이 더 의롭다고 말하는 것으로 오해했다. 그래서 엘리후 역시 욥을 비난했으며, 동시에 세 친구도 공박하였다.

그들의 논쟁이 끝나갈 즈음에 마침내 하나님께서 그들 사이에 나타나 말씀을 하셨다. 하나님은 먼저 욥을 향해 엄청난 질문들을 쏟아놓기 시작하셨다. 욥으로서는 도저히 알 수도 대답할 수도 없는 엄청난 질문들이었다. 결국 욥은 하나님의 물으심에 스스로 답을 포기하며 이렇게 말하고 만다.

나는 비천하오니 무엇이라 주께 대답하리이까! 손으로 내 입을 가릴 뿐이로소이다! (40:4)

그럼에도 하나님은 계속해서 욥에게 하나님의 무한한 능력과 깊으신 지혜를 설명하신다. 그러자 욥이 마지막으로 이렇게 대답하였다.

나는 깨닫지도 못한 일을 말하였고 스스로 알 수도 없고 헤아리기도 어려운 일을 말하였나이다 내가 말하겠사오니 주는 들으시고 내가 주께 묻겠사오니 주여 내게 알게 하옵소서 내가 주께 대하여 귀로 듣기만 하였사오나 이제는 눈으로 주를 뵈옵나이다 (42:3~5).

욥의 이 고백을 들으신 하나님께서는 이제 욥의 세 친구를 책망하기 시작하셨다. 하나님은 그들에게 욥에게 찾아가 용서를 구하고 기도해 달라고 빌라는 명령을 내리셨다. 이어 하나님은 욥이 그동안 받은 환난을 보상하시면서 세상에서 가장 아름다운 세 딸과 일곱 아들, 그리고 두 배의 재산을 내려 주셨다. 그 후에 욥은 140년이나 더 살면서 많은 복을 누렸다.

고난은 구원과 마찬가지로 신비의 영역에 속한 것이다. 따라서 인생은 언제 어디서 어떤 고난을 겪을지 아무도 모르는 것이다. 또한 의인도 때로는 심각한 고난을 겪을 수 있기 때문에, 고난을 죄의 결과로만 생각해서는 결코 안 된다. 그것은 십자가의 의미를 제대로 알지 못하는 어리석은 행위요, 고난당하는 사람을 더욱 어렵게 만드는 가장 나쁜 행동이 되기 때문이다.

성도의 삶에 일어나는 고난과 환난의 의미는 개인마다 다르고 사건마다 다르다. 고난이 10가지면 이유도 10가지인 거다. 그렇기 때문에 고난에 대한 해석은 각자 스스로 사건마다 하나님과 함께 풀어가야 하는 사안이다. 함부로 타인의 고난을 해석해서는 안 되며, 일률적으로 고난의 의미를 정의해서도 안 된다. 하나님은 살아계신 하나님이시다. 그러니 성도는 언제나 살아계신 하나님과 매일 만나고 매일 소통해야 한다.

요시야

왕하 22~23장, 대하 34~35장

⊙ 요시야 : Josiah(여호와는 붙들어 주신다), 유다의 제 17대 왕으로 기원전
639~609간 재위.

⊙ 아 몬 : Amon(노동자), 요시야의 부친으로 22세에 왕이 되어 2년 만에 신하들
에게 암살당하였다.

⊙ 여디다 : Jedidah(사랑받는 자), 요시야의 모친인데 보스갓 출신 아다야의 딸
이다.

⊙ 므낫세 : Manasseh(잊어버림), 요시야의 조부이며 히스기야의 아들. 유다 제
15대 왕이다. 엄청난 우상숭배로 유다를 더럽히다 바벨론에 포로로 끌려갔다
돌아왔다.

⊙ 힐기야 : Hilkiah(하나님은 분깃이다), 요시야 시대의 대제사장, 에스라의 조상.

⊙ 사 반 : Shaphan(너구리), 요시야 시대의 서기관으로 율법 책을 왕 앞에서 낭
독하여 왕을 회개케 함.

⊙ 훌 다 : Huldah(두더지), 여선지자, 성전 예복을 주관하던 살룸의 아내.

⊙ 예레미야 : Jeremiah(여호와께서 세우신다), 요시야 시대에 소명을 받은 예언
자. 요시야가 39세 젊은 나이에 요절하자 그를 위해 애가를 지었다.

⊙ 바로-느고 : Pharaoh nechoh, 요시야를 므깃도에서 살해한 이집트의 왕.

성군 히스기야가 세상을 떠난 뒤에 그 아들 므낫세가 왕위를 이었다. 하지만 므낫세는 부친의 뒤를 따르지 않고 우상숭배의 그릇된 길로 나아갔다. 므낫세는 12세에 왕이 되어 55년을 통치하였는데, 그 기간은 유다 나라에 있어 실로 악몽과 같은 시간이었다. 갖가지 우상들이 주류를 이루었고, 심지어 성전에도 온갖 우상들이 세워졌다. 또한 므낫세는 히스기야가 헐어버린 산당까지 다시 세웠다. 그러다 바벨론의 침공을 받고 패망하여 쇠사슬에 묶인 채로 바벨론으로 끌려갔다. 다행히 포로기간 중에 회개하고 다시 돌아왔는데, 그제야 하나님을 알고 지나간 세월을 후회하였지만, 이미 돌이키기에는 너무 많이 늦어있었다. 하나님은 유다의 멸망을 선언하시면서, 그것이 므낫세의 죄악 때문임을 분명하게 말씀하셨다.

여호와께서... 유다를 쳐 멸하려 하시니, 이 일이 유다에 임함은... 므낫세의 지은 모든 죄 때문이며, 또 그가 무죄한 자의 피를 흘려 그의 피가 예루살렘에 가득하게 하였음이라. 여호와께서 사하시기를 즐겨하지 아니하시니라.(왕하 24:2~4)

므낫세가 죽은 후 그 아들 아몬이 왕위를 이었다. 당시 아몬은 22세였는데 불과 2년 만에 신하들의 반역으로 목숨을 잃고 말았다. 하지만 그들의 쿠데타는 실패에 그쳤는데, 온 백성이 그 반역자들을 처단하였기 때문이다. 이는 하나님께서 다윗의 후손을 철저하게 보호하심을 증명하는 사건이었다.

아몬이 죽은 후에 그 아들 요시야가 왕위에 올랐다. 그때 요시야의 나이는 불과 8세였다. 처음 왕위에 오른 요시야는 너무 어려서 큰 영향력을 발휘하지 못하였다. 므낫세의 수십 년에 걸친 우상숭배에 길들여진 유다 백성들은 어린 요시야를 조종하여 여전히 악행을 그치지 않았던 것이다.

그러다 요시야가 재위 12년, 곧 그 나이 20세에 달하면서부터 신앙에 눈을 뜨기 시작하였다. 하지만 이미 우상숭배에 절어있는 백성들의 반발이 만만치 않아서 하나님을 향한 그의 간절한 신앙의 열정은 큰 빛을 보지 못한 채로 6년이나 지지부진하게 이어지고 있었다.

그 후 재위 18년, 곧 요시야 나이 28세에 성전복원 작업이 실행되었다. 므낫세의 우상숭배로 성전 곳곳에 우상들이 설치되어 있었으며, 성전의 기물들은 그 근본을 알아보기 힘들 정도로 훼손되어 있었기 때문이다. 요시야는 성전복원 작업을 위해 거국적인 모금 운동을 벌였다. 이 일에 앞장선 사람들은 레위인들이었다. 그들은 나라 전역으로 다니면서 성전 수리비용을 거두어들였고, 그렇게 모아진 헌금은 당시 대제사장이었던 힐기야에게 보내졌다.

힐기야는 그 헌금을 기반으로 성전을 복원하기 시작하였는데, 그 과정에서 모세가 전한 여호와의 율법책(대하 34:14)을 발견하였다. 학자들은 이 책이 모세 5경이었으며, 그중에서도 주로 신명기 말씀이었을 것으로 추측한다. 대제사장 힐기야는 그 책을 서기관 사반에게 주었고, 사반은 요시야에게 가지고 가서 낭독하였다. 그러자 그 말씀을 들은 요시야는 그 즉시로 옷을 찢으며 회개하였다. 그동안 말씀에 무지하여 너무나 잘못된 삶을 살아왔음을 깨달았기 때문이다. 이에 큰 두려움을 느낀 요시야는 여선지자 훌다에게 사반을 보내 과연 하나님께서 정말 말씀에 경고하신 그대로 유다를 심판하실 것인지에 대하여 물었다. 당시에 예레미야 선지자도 활동할 때이지만, 아직은 연소하여서 중요한 일은 훌다가 처리하고 있었다.

훌다는 므낫세의 과오로 인한 우상숭배는 반드시 그 대가를 치르게 될 것임을 분명히 하였다. 다만, 요시야가 참된 마음으로 회개하였기에 요시야 당대에 멸망이 임하지는 않을 것이라고 하였다. 이러한 예언에 힘입어 요시야는 전국에 명을 내려 온 백성을 하나님의 전으로 모이게 하였다. 그리고는 모든 백성 앞에서 왕이 직접 하나님의 말씀을 낭독하기 시작하였다. 이것은 참으로 놀라운 일이었다. 요시야는 정책을 발표한 것도 아니었고, 권력으로 자신의 주장을 밀어붙인 것도 아니었다. 그는 오직 하나님의 말씀에 의지하여, 유다가 나아가야 할 길을 분명히 제시하였을 뿐이었다.

요시야가 읽어 준 하나님의 말씀에 유다 백성들 역시 감동하여 우상숭배를 청산하고 이제 하나님께로 돌아오기로 작정을 하였다. 그 결과 종교개혁이 범국가적으로 시행되었다. 요시야는 유다의 종교개혁에 머물지 않고, 북왕국 이스라엘까지 그 영향력을 넓혀 북왕국의 영토에서도 우상을 철폐하는 위업을 달성하였다. 뿐만 아니라 사무엘 이후 거의 시행되지 않았던 유월절 행사도 요시야가 복원하여 율법이 가르치는 그대로 실행하였다.

그러나 예레미야가 지적하는 그대로(2장~6장) 당시 요시야의 종교개혁은 왕을 중심으로 이루어지기는 하였으나 백성들은 아직 온전히 하나님을 받아들이지 않고 여전히 우상숭배에 대한 미련에 젖어있었다. 그 결과 요시야가 죽은 직후 백성은 또다시 우상에게로 돌아가 버리고 말았다.

안타까운 사실은 그토록 신앙에 열과 성을 다하던 요시야가 불필요한 전쟁, 곧 바벨론과 이집트의 전쟁에 휘말리고 말았다는 것이다. 이집트의 파라오 느고가 바벨론을 향하여 병력을 모아 전쟁을 하러 갈 때, 요시야는 그를 막으려고 므깃도 (Megiddo)에 갔다가 이집트의 화살에 사망하였다.

이렇게 되어 유다의 종교개혁은 막을 내리게 되고, 유다는 그로부터 불과 22년 뒤에 바벨론에 멸망당하고 만다. 그 짧은 기간 동안 유다에는 네 명의 왕(여호아하스, 여호야김, 여호야긴, 시드기야)이 세워졌다 물러나기를 반복하였는데, 그중에 여호아하스와 여호야긴은 불과 석 달을 통치하였을 뿐이었다.

역대기는 당시 요시야가 이집트의 바로느고가 사신을 보내 전투에 참여하지 말라고, 자신은 이미 하나님의 계시를 받고 출전하는 중이라고 경고까지 하였음에도 불구하고 변장을 한 채로 전투에 참여한 것으로 기록하고 있다. 성경은 그때 요시야가 '하나님의 입에서 나온 느고의 말을 듣지 아니하고(대하 35:22)' 전투에 참가하였다 므깃도 언덕에서 죽임을 당했다고 증언한다.

이것은 아무리 훌륭한 신앙인이라 할지라도 자기 마음을 앞세우면 실패할 수밖에 없음을 보여주는 것이다. 만약 요시야가 먼저 하나님께 엎드려 기도하였다면, 분명 하나님의 음성을 들었을 것이고, 그 음성에 순종하였다면 유다의 역사가 전혀 달라질 수 있었을 것이다.

그러나 이 역시 하나님의 섭리 가운데 빚어진 일인 것은, 만약 요시야가 유다의 멸망 때까지 살아있었다면 정말 큰 괴로움을 보게 되었을 것이기 때문이다. 그렇기 때문에 요시야의 죽음 역시 훌다 선지자를 통해 선언하신 말씀을 이루시기 위함이라고 할 수 있겠다.

아무튼 뜻하지 않은 요시야의 죽음은 큰 슬픔을 낳았으며 훗날 요한계시록에서는 장차 있게 될 선과 악의 큰 대결의 장을 바로 이 므깃도, 곧 요시야가 죽임을 당한 그 골짜기로 명명한다. 그 이름이 바로 아마겟돈(Armageddon)인데, 이는 곧 '므깃도의 언덕'이라는 뜻이다.

성경은 요시야를 이렇게 평한다.

요시야와 같이 마음을 다하며 뜻을 다하며 힘을 다하여 모세의 모든 율법을 따라 여호와께로 돌이킨 왕은 요시야 전에도 없었고 후에도 그와 같은 자가 없었더라!(왕하 23:25)

예레미야

예레미야서

- ⊙ 예레미야 : Jeremiah(여호와께서 세우신다), BC 646~584 눈물의 선지자
- ⊙ 힐기야 : Hilkiah(하나님은 분깃이다), 예레미야의 부친으로, 당대의 대제사장과는 동명이인.
- ⊙ 아나돗 : Anathoth, 예레미야의 고향으로 예루살렘 북쪽 4Km 지점.
- ⊙ 바 룩 : Baruck(축복 받은 자), 예레미야의 동료로 예레미야의 모든 말씀을 기록한 사람.
- ⊙ 하나냐 : Hananiah(여호와는 자비하심), 시드기야 시대의 거짓 예언자.
- ⊙ 요시야 : Josiah(여호와는 붙들어 주신다), 유다의 제 17대 왕으로 기원전 639~609간 재위.
- ⊙ 여호야김 : Jehoiakim(여호와가 일으키심), 유다의 제 18대 왕으로, 요시야의 둘째 아들. 아버지와는 달리 친 애굽 정책을 편 사람으로 악한 왕이다. 바벨론에 끌려가고 말았다.
- ⊙ 시드기야 : Zedekiah(여호와는 정의이시다), 요시야의 막내아들로 유다의 마지막 왕. 반 바벨론파 신하들의 득세로 이집트의 편을 들다 바벨론으로 비참하게 끌려갔다.
- ⊙ 느부갓네살 : Nebuchadnezzar, 유다를 침공하여 멸망시킨 바벨론 왕.
- ⊙ 느부사라단 : Nebuzaradan, 느부갓네살의 시위대장으로 예루살렘 침공 시 예레미야에게 호의를 베품.
- ⊙ 그다랴 : Gedaliah(여호와는 위대함), 사반의 손자로, 유다가 멸망한 뒤에 바벨론이 유다에 세운 총독. 총독으로 임명된 뒤 불과 2개월 만에 반 바벨론파에게 암살당하였다.

예레미야는 선지자 가문의 사람으로 베냐민 땅 아나돗 출신이었다. 하나님께서는 요시야 왕 13년, 그의 나이 20세 때에 그를 부르시고 선지자로 삼으셨다. 당시 남왕국 유다는 요시야의 종교개혁으로 점차 신앙을 회복하고 있을 때였다. 그때 하나님은 예레미야를 향해 이렇게 말씀하셨다.

내가 너를 모태에 짓기 전에 너를 알았고 네가 배에서 나오기 전에 너를 성별하였고 너를 여러 나라의 선지자로 세웠노라(렘 1:5)

하지만 예레미야는 즉각적으로 응답하지 못하고, 자신의 부족함을 고백하였다. 그런 예레미야를 향하여 하나님은 그 입술에 친히 손을 대시며 이렇게 말씀하셨다.

너는 아이라 말하지 말고 내가 너를 누구에게 보내든지 너는 가며, 내가 네게 무엇을 명령하든지 너는 말할지니라. 너는 그들 때문에 두려워하지 말라. 내가 너와 함께 하여 너를 구원하리라... 보라 내가 오늘 너를 여러 나라와 여러 왕국 위에 세워 네가 그것들을 뽑고 파괴하며 파멸하고 넘어뜨리며 건설하고 심게 하였느니라.(렘 1:7~10)

하나님의 부르심을 받은 예레미야는 그 후 40년에 걸쳐 사역을 감당하였다. 당시 예레미야와 동시대에 활동한 선지자로는 스바냐, 나훔, 하박국, 에스겔 등이 있다. 그 기간은 참으로 참혹한 기간이었고, 멸망해가는 기간이었으며, 아무리 외쳐도 도무지 듣지 않는 귀가 닫힌 기간이었다. 그래서 예레미야는 날마다 눈물을 흘리며 안타까운 마음으로 호소하였지만, 돌아오는 것은 비방과 핍박과 조소뿐이었다. 그래서 예레미야는 눈물의 선지자라고 불린다.

그러한 예레미야의 안타까운 눈물은 애가(哀歌), 곧 슬픔의 노래가 되어 남았다.

두려움과 함정과 파멸과 멸망이 우리에게 임하였도다. 딸 내 백성의 파멸로 말미암아 내 눈에는 눈물이 시내처럼 흐르도다. 내 눈에 흐르는 눈물이 그치지 아니하고 쉬지 아니함이여 여호와께서 하늘에서 살피시고 돌아보실 때까지니라(애 3:47~50)

처음 그는 고향인 아나돗에서부터 예언을 시작했지만, 회개하라고 외치는 그의 메시지는 호응을 받지 못했고 오히려 반대와 박해만을 받았다. 이에 예루살렘에 와서 요시야의 개혁을 도와 말씀을 증거 하지만, 오래지 않아 요시야는 므깃도에서 이집트의 화살을 맞고 전사하고 말았다.

요시야의 뒤를 이어 넷째 아들이었던 여호아하스(Jehoahaz)가 임금이 되지만, 3개월 만에 이집트의 침공으로 물러나고 둘째 아들이던 여호야김이 왕위를 이었다. 하지만 여호야김은 전형적인 폭군으로 아버지 요시야와는 전혀 다른 인물이었다. 그는 나라에 우상숭배가 만연하게 하였고, 온갖 사치와 향락을 일삼았다. 그는 이집트를 의지하였지만, 임금이 된 지 3년 만에 이집트는 바벨론에게 패배하여 그 힘을 잃고 말았다.

예레미야는 여호야김의 악정을 신랄하게 비판했다. 일찍이 엘리 제사장의 실정으로 실로(Shillo)가 무너졌던 것처럼, 예루살렘의 궁전도 무너지고 말 것이라고 했다. 이러한 예언 때문에 예레미야는 모독죄에 걸려 수많은 고초를 당하고, 예루살렘에 들어오는 것 자체가 금지되고 말았다. 하지만 예레미야는 동료인 바룩에게 말씀을 두루마리에 적어 성전에서 낭독하게 하였다. 바룩은 귀족 출신으로 예레미야를 많이 도왔던 분이다.

그러나 여호야김은 말씀을 듣고도 돌이키지 않았고, 오히려 예레미야의 두루마리를 불살라버리는 만행도 서슴지 않았다. 그러다가 결국 통치 11년 만에 바벨론의 침공을 받고 사로잡혀 비참하게 끌려가고 말았다. 그의 뒤를 이어 아들인 여호야긴(Jehoiachin)이 왕위에 오르지만 불과 3개월 10일을 통치하다가 또다시 바벨론의 침공으로 끌려가고 말았다. 이때 1만 명 이상의 유력인사와 기술자가 끌려갔고 수많은 보물을 빼앗겼다.

그 뒤를 이어 왕위에 오른 사람은 유다의 마지막 임금인 시드기야였다. 그는 요시야의 막내아들이었지만 전혀 아버지를 닮지 않았다. 우유부단한 성격으로 바벨론에 의하여 임금이 되었음에도 반 바벨론파, 곧 친 애굽파의 신하들에게 이리저리 끌려다니고 말았다. 그러자 예레미야는 이집트를 의지하지 말고 바벨론에게 복종하라고 외쳤다. 하지만 시드기야는 예레미야의 예언 대신 거짓 선지자 하나냐의 말을 더 믿었다. 하나냐는 장차 2년 내에 바벨론이 멸망당할 것이라고 주장했다. 그런 하나냐를 향해 예레미야는 1년 안에 죽을 것이라고 예언하였고 불과 2개월 만에 사망하고 말았다. 그럼에도 불구하고 시드기야는 여전히 반 바벨론파 신하들에게 끌려다니며 갈피를 잡지 못하였다. 그들은 심지어 예레미야의 예언이 듣기 싫다고 예레미야를 감옥에 가두기도 하였고, 지하 구덩이에 던져 넣어 굶겨 죽이려고까지 하였다. 하지만 예레미야는 끝까지 자신의 의견을 굽히지 않았다.

그때 하나님께서는 옥에 갇힌 예레미야에게, 이렇게 말씀하셨다.

너는 내게 부르짖으라! 내가 네게 응답하겠고 네가 알지 못하는 크고 은밀한 일을 네게 보이리라!(렘 33:3)

결국 예레미야의 충고를 무시하고 이집트만을 의지하던 시드기야는 비참한 최후를 맞이하고 말았다. 바벨론의 느부갓네살이 침공하여 예루살렘을 에워싸고 고사 작전을 펼치자, 시드기야는 군사들과 함께 탈출을 감행하였다. 하지만 얼마 못가 붙잡히고, 그가 보는 앞에서 자식들이 살해되고, 시드기야는 두 눈이 뽑힌 채 쇠사슬에 매여 바벨론에 끌려가고 말았다. 뿐만 아니라 성전은 불타고 예루살렘은 철저하게 초토화되고 말았다.

　반면 끝까지 바벨론에게 투항할 것을 종용하였던 예레미야는 오히려 감옥에서 석방되어 자유를 얻게 되었지만, 환대하여 주는 바벨론의 느부사라단의 제안에도 불구하고 유다에 남아 고난당하는 백성들과 함께하려고 하였다. 당시 바벨론은 유다에 그다랴라는 사람을 총독으로 세웠는데, 불과 2개월 만에 친 애굽파 잔당들에게 살해당하고 말았다. 그들은 그다랴를 죽이고 이집트로 도망쳤는데, 그 과정에서 예레미야를 붙잡아 이집트로 끌고 갔다.

　그 뒤에 예레미야가 어떻게 되었는지는 기록에 없지만, 교부들이 전하는 바에 의하면 이집트에서까지도 끝까지 우상숭배를 거절하며 바른 말씀을 전하던 예레미야는 끝내 사람들에게 둘러싸여 돌에 맞아 순교하였다고 전하고 있다. 그리고 그의 동료이자 제자인 바룩은 끝까지 예레미야와 함께하였으며 그의 모든 기록을 성서로 남긴 사람으로 알려져 있다.

나훔 / 하박국 / 스바냐

나훔, 하박국, 스바냐

- ⊙ 나 훔 : Nahum(위로자), BC 7세기경에 남왕국에서 활동한 선지자. 예레미야, 나훔, 하박국, 스바냐는 거의 동시대에 남왕국 유다에서 활동하였다.
- ⊙ 엘고스 : Elkosh, 나훔 선지자의 출생지이며 장례지.
- ⊙ 니느웨 : Nineveh(합의), 앗시리아의 수도로 나훔 선지자가 멸망을 예언한 곳인데, 현재 이라크 모술(Mosul)지역. BC 612년에 바벨론 침공으로 완전히 파괴되었다.
- ⊙ 하박국 : Habakkuk(껴안은 자, 포옹), 주로 요시야 시대에 활동한 남왕국 선지자.
- ⊙ 요시야 : Josiah(여호와는 붙들어 주신다), 유다의 제 17대 왕으로 기원전 639~609간 재위.
- ⊙ 스바냐 : Zephaniah(여호와께서 숨겨주시는 자), 역시 요시야 시대에 주로 활동한 선지자. 히스기야의 현손(玄孫-고손자)으로 왕족이었다.
- ⊙ 히스기야 : Hezekiah(여호와는 강하게 하심), 유다의 14대 왕으로 스바냐의 고조할아버지. BC 715~687까지 29년을 재위한 임금으로 유대 왕국의 가장 위대한 왕 중의 한 사람이다.
- ⊙ 구 시 : Cush(하나님을 두려워함), 스바냐의 부친으로 요시야 시대의 사람.

▶ 나훔 선지자 ◀

선지자 나훔은 BC 7세기경에 남왕국 유다에서 활동한 선지자이다. 그의 고향은 엘고스라는 곳인데, 어디인지는 정확하게 알 수 없다. 나훔 선지자가 활동하던 시대에 함께 활동하였던 선지자로는 예레미야가 있으며, 하박국과 스바냐 역시 거의 동시대에 활동하였다. 나훔 선지자의 개인적인 신상에 대해서는 알려진 바가 거의 없다. 또한 나훔 선지자의 예언은 이스라엘이나 유다를 향한 것이 아니고 앗시리아를 향한 것이었다. 이제 앗시리아의 멸망이 임박했다는 것이었다. 나훔서는 이렇게 시작한다.

니느웨에 대한 경고 곧 엘고스 사람 나훔의 묵시의 글이라 (나 1:1)

나훔서에는 유다에 대한 지적사항이 별반 기록되어 있지 않다. 이는 나훔 선지자가 예언할 당시가 요시야의 종교개혁이 한참 그 기치를 높이던 때여서 큰 잘못이 없었기 때문일 것이다. 그 당시 사람들의 큰 의문 중의 하나는, 북왕국 이스라엘은 우상숭배로 인하여 철저히 멸망당했는데, 어찌하여 그보다 더 악한 니느웨는 멀쩡하게 살아있는가 하는 것이었다. 이러한 의문에 대하여 나훔은 니느웨 역시 이제 곧 멸망당하게 될 터인데, 아주 철저하게 멸망당할 것이라고 예언한 것이다.

여호와는 질투하시며 보복하시는 하나님이시니라! 여호와는 보복하시며 진노하시되 자기를 거스르는 자에게 여호와는 보복하시며 자기를 대적하는 자에게 진노를 품으시며 여호와는 노하기를 더디하시며 권능이 크시며 벌 받을 자를 결코 내버려두지 아니하시느니라! (나1:2~3)

여호와는 선하시며 환난 날에 산성이시라! 그는 자기에게 피하는 자들을 아시

느니라! (나 1:7).

나훔 선지자의 경고 그대로 앗시리아와 니느웨는 BC 612년에 철저하게 멸망당하였다. 얼마나 철저하게 망했는지, 그 후로 수천 년간 그 흔적조차 발견되지 않았을 정도였다. 니느웨의 유적은 1820년에서야 비로소 그 흔적이 발굴되었다. 사실, 니느웨는 나훔보다 족히 70년 이상 앞선 선지자 요나(Jonah)에 의하여 한차례 경고를 받은 적이 있는 도성이었다. 그때는 회개하였었지만, 그 회개가 열매로 이어지지 못하고 곧 다시 범죄 하게 되어 결국 완전히 멸망하고 만 것이다.

▶ **하박국 선지자** ◀

하박국 선지자 역시 개인 신상에 대해서는 거의 알려진 것이 없다. 다만 마지막 구절에서 '이 노래는 지휘하는 사람을 위하여 내 수금에 맞춘 것이니라'라는 구절로 미루어 그분이 성가대 대원 중의 한 사람이었을 것이며, 그렇다면 레위 지파 사람이었을 것이라는 걸 짐작할 뿐이다. 그러나 하박국서에 나타난 신학은 참으로 심오한 것이다. 신학자들은 그것을 신정론(神正論, theodicy)이라고 부른다. 신정론이란 하나님은 선하시고 또 전능하신 분이신데, 왜 세상의 악을 보고만 계시는가 하는 것이다.

하박국의 첫 번째 물음은 어째서 유다의 수많은 죄를 보고만 계시는가 하는 것이었다. 이 물음에 대하여 하나님은 이제 곧 갈대아(Chaldea) 사람, 즉 바벨론 사람들을 들어서 유다를 징벌하실 것이라고 하셨다. 그러자 하박국은 두 번째 질문을 던지는데, 바벨론은 유다보다 더 악한 백성들인데 왜 그들을 들어 유다를 징벌하시려는가 하는 것이었다. 그에 대하여 하나님은 바벨론 역시 때가 되면 멸망하게 될 것임을 분명히 하셨다. 그때 하나님이 하신 말씀이 이것이다.

이 묵시는 정한 때가 있나니 그 종말이 속히 이르겠고 결코 거짓되지 아니하리라! 비록 더딜지라도 기다리라! 지체되지 않고 반드시 응하리라... 의인은 그의 믿음으로 말미암아 살리라! (합2:3~4)

바로 이 구절이 모든 문제의 대답이었다. 의인, 곧 하나님의 백성은 눈에 보이는 현실만으로 사는 것이 아니라, 보이지 않는 미래를 보는 눈, 곧 믿음으로 사는 것이라는 말씀이었다. 이 말씀이 사도 바울에게 이어졌고, 어거스틴에게 이어졌으며, 마틴 루터에게 이어졌다. 신약성경은 곳곳에서 이 말씀을 인용하고 있다.

복음에는 하나님의 의가 나타나서 믿음으로 믿음에 이르게 하나니
기록된 바 오직 의인은 믿음으로 말미암아 살리라 함과 같으니라 (롬 1:17)

... 이는 의인은 믿음으로 살리라 하였음이니라 (갈 3:11)

나의 의인은 믿음으로 말미암아 살리라 또한 뒤로 물러가면 내 마음이 그를 기뻐하지 아니하리라 하셨느니라. 우리는 뒤로 물러가 멸망할 자가 아니요 오직 영혼을 구원함에 이르는 믿음을 가진 자니라. 믿음은 바라는 것들의 실상이요 보이지 않는 것들의 증거니 선진들이 이로써 증거를 얻었느니라! (히 10:38~11:2)

하박국서는 총 세 장밖에 안 됨에도 불구하고, 수많은 요절 말씀이 기록되어 있다.

이는 물이 바다를 덮음 같이 여호와의 영광을 인정하는 것이 세상에 가득함이니라! (2:14)

오직 여호와는 그 성전에 계시니 온 땅은 그 앞에서 잠잠할지니라! (2:20)

여호와여 주는 주의 일을 이 수년 내에 부흥하게 하옵소서! 이 수년 내에 나타
내시옵소서! 진노 중에라도 긍휼을 잊지 마옵소서! (3:2)

비록 무화과나무가 무성하지 못하며 포도나무에 열매가 없으며 감람나무에 소
출이 없으며 밭에 먹을 것이 없으며 우리에 양이 없으며 외양간에 소가 없을
지라도 나는 여호와로 말미암아 즐거워하며 나의 구원의 하나님으로 말미암아
기뻐하리로다! (3:17~18)

▶ 스바냐 선지자 ◀

스바냐는 성군 히스기야의 고손자(高孫子, 현손)로 왕족 출신의 예언자다. 스
바냐가 주로 활동하던 시기는 므낫세(Manasseh)와 아몬(Amon)의 사악한 통치
로 온 유다가 우상숭배에 물들었다 요시야가 임금이 되어 점차 회복되어 가던 시
기였다. 스바냐는 유다에게 서둘러 회개하라고, 그렇지 않으면 무섭고 두려운 '여
호와의 날'이 임하게 될 것이라고 예언하였다. 또한 스바냐의 예언은 유다뿐만 아
니라 이방 나라들로도 이어졌는데, 역시 여호와의 날을 선언하면서 회개할 것을
종용하였다. 이러한 스바냐의 절실한 예언은 요시야로 하여금 종교개혁을 더욱 힘
있게 진행할 수 있도록 하였다.

너의 하나님 여호와가 너의 가운데에 계시니 그는 구원을 베푸실 전능자이시라!
그가 너로 말미암아 기쁨을 이기지 못하시며 너를 잠잠히 사랑하시며
너로 말미암아 즐거이 부르며 기뻐하시리라! 하리라 (습 3:17)

다니엘

다니엘

- ⊙ 다니엘 : Daniel(하나님은 나의 재판관), 유다의 왕족으로 B.C.605년에 바벨론으로 사로
  잡혀 간 예언자. B.C. 539년 고레스가 페르시아 제국을 세울 때까지 건재하였다. 느부갓
  네살이 벨드사살(Belteshazzar, 그의 생명을 보호 하소서)이라는 이름을 지어 주었다.
- ⊙ 사드락 : Shadrac(당신의 명령), 유대 귀족 하나냐(Hananiah)가 바벨론에서 새로 얻은
  이름. 다니엘의 친구로 극렬한 풀무 불 속에서도 구원함을 얻었다.
- ⊙ 메 삭 : Meshach(아쿠 같은 자 누구인가?), 다니엘의 세 친구 중 미사엘(Mishael)의 새
  이름.
- ⊙ 아벳느고 : Abednego(느고의 종), 다니엘의 세 친구 중 아사랴(Azariah)의 새 이름.
- ⊙ 여호야김 : Jehoiakim(여호와가 일으키심), 다니엘과 세 친구가 바벨론으로 잡혀갈 때의
  유대 임금.
- ⊙ 느부갓네살 : Nebuchadnezzar, BC 605~562까지 바벨론을 다스린 임금. 이집트를 정
  벌하고 바벨론 제국을 세웠으며 유다를 멸망시키고 성전을 파괴한 왕.
- ⊙ 벨사살 : Belshazzar(벨이 왕을 보호함), 바벨론 제국의 왕으로 임기 3년 차에 살해되었
  다. 느부갓네살(605~562) – 에윌므로닥(562~560) – 네르갈사레셀(560~556) 라바시
  말둑(556) – 나보니두스(556~539) : 아들 벨사살과 함께 통치하였다.
- ⊙ 다리오 : Darius(압제자), 메대(Media) 출신으로 벨사살 이후에 62세의 나이로 바벨론 왕
  이 된 사람. 다니엘을 120명의 총독을 다스리는 3명의 총리 중의 한 명으로 임명하였다.
  그러나 그의 통치 기간은 채 1년을 넘기지 못하였을 것이다.
- ⊙ 고레스 : Cyrus(태양), 바사(Persia)의 초대 왕(546~529)으로 539년에 바벨론을 무너뜨
  렸다. 유대민족에게 특별한 혜택을 베풀어 70년 만에 고국으로 귀환할 수 있도록 하였
  다.

다니엘은 유대나라의 왕족 출신으로 BC 605년(여호야김 3년)에 친구들(사드락, 메삭, 아벳느고)과 함께 바벨론에 사로잡힌 포로였다. 당시 그의 나이는 15세 정도였을 것으로 추정된다. 다니엘과 세 친구는 상당히 총명하고 또한 신앙심도 깊었다. 느부갓네살은 외국에서 잡아온 인력 가운데 우수한 인재들을 선발하여 3년간의 특별한 교육 과정을 이수한 후 등용하였는데 다니엘과 세 친구는 이 과정에 선발되었다.

이 과정에 선발되면 기름진 음식과 질 높은 교육을 받을 수 있었다. 하지만 다니엘과 세 친구는 우상에게 바쳐진 음식이었기에 왕의 음식을 거절하고, 질박한 채소만을 먹겠다고 고집했다. 교육관은 금지하였지만, 10일 동안 자신들을 시험하여 혈색이 나빠지는지를 시험해 달라고 하였다. 그 과정을 마친 뒤에 다니엘과 세 친구는 최고의 성적으로 등용되었는데, 그들의 능력은 다른 사람들보다 10배는 월등하였다.

그로부터 2년 뒤에 느부갓네살이 한 꿈을 꾸었다. 분명 심상치 않은 꿈이었지만 아침이 되자 그 꿈이 기억이 나지 않았다. 그러자 나라의 모든 박수(magician)와 술객(sorcerer)과 점쟁이(astrologer)와 술사(chaldean)를 다 불러서 자신의 꿈을 해몽하라고 하였다. 그러나 왕이 꿈의 내용을 말해 주지 않는 한 해몽할 수 없다는 그들의 말에 격분한 왕은 그들 모두를 죽이라고 명령하였다. 거기에는 다니엘과 세 친구의 목숨까지 포함되는 것이었다.

이 소식을 들은 다니엘이 왕에게서 며칠간의 말미를 얻은 후 세 친구와 함께 간절한 기도에 들어갔다. 그들의 기도가 응답 되어서 다니엘은 느부갓네살의 꿈이 어떤 것이었는지를 맞추었을 뿐만 아니라, 그 해몽까지도 해주었다. 그 꿈은 거대한 신상을 본 것이었는데, 머리는 순금, 가슴과 팔은 은, 배와 넓적다리는 놋, 종아리는 쇠, 발은 철과 진흙으로 만들어진 것이었다. 그런데 어디선가 손대지 아니한 돌(a stone was cut out, 개역:뜨인 돌)이 날아와 신상을 부순 뒤에 온 세상에 가득하게 퍼지는 꿈이었다.

이것은 장차 세계가 바벨론(머리), 페르시아(가슴과 팔), 마케도니아(배와 넓적다리), 로마(종아리)로 이어질 것임 상징하는 것이었다. 그 해몽에 감동한 느부갓네살은 친히 다니엘에게 절을 하면서 하나님을 찬양하고 그를 모든 박사(博士)들의 어른으로 삼았다. 또한 다니엘이 자신의 친구들을 등용하여 달라고 요구하여 사드락과 메삭과 아벳느고 역시 중직에 기용될 수 있었다.

하지만 얼마 후에 느부갓네살은 자신의 꿈을 따라 거대한 금 신상을 나라 중앙에 세우고, 온 백성이 거기에 경배하도록 명하였다. 그러나 사드락과 메삭과 아벳느고는 끝까지 그 명령을 거절하였다. 결국 분노한 느부갓네살은 세 친구를 한꺼번에 극렬한 풀무 불에 던져 넣으라고 명령하였다. 그때 다니엘의 세 친구는 이렇게 말하였다.

느부갓네살이여! 우리가 이 일에 대하여 왕에게 대답할 필요가 없나이다. 왕이여 우리가 섬기는 하나님이 계시다면 우리를 맹렬히 타는 풀무불 가운데에서 능히 건져내시겠고 왕의 손에서도 건져내시리이다. 그렇게 하지 아니하실지라도, 왕이여! 우리가 왕의 신들을 섬기지도 아니하고 왕이 세우신 금 신상에게 절하지도 아니할 줄을 아옵소서! (단3:16~18)

이 믿음대로 그들은 풀무 불 가운데서 구원받았을 뿐만 아니라 바벨론 전역에 하나님의 이름을 높이는 결과도 가져왔다. 또한 그들은 더욱 높은 관직을 얻으며 승승장구할 수 있었다.

그로부터 삼십여 년의 세월이 흐른 뒤, 나이가 지긋한 느부갓네살이 또다시 한 꿈을 꾸었다. 거대한 나무가 있었는데 하늘에서 한 순찰자 혹은 한 거룩한 자의 음성이 있어 그 나무를 베어내고 그 그루터기는 쇠와 놋줄로 동이며 7년 동안 들판에 버려두라는 것이었다. 그의 말대로 나무는 베어졌고 그 안에 있던 짐승들이 다 쫓겨나는 꿈이었다. 이번에도 그 꿈의 의미를 알아내지 못한 느부갓네살은 마지막으로 다니엘에게 그 해몽을 의뢰하였고 다니엘은 그것이 느부갓네살을 향한 예언이라고 하였다. 그러면서 다니엘은 그 징벌을 모면할 수 있는 방법을 일러주었다.

공의를 행함으로 죄를 사하고 가난한 자를 긍휼히 여김으로 죄악을 사하소서 그리하시면 왕의 평안함이 혹시 장구하리이다 (단4:27)

회개하라는 말이었다. 교만을 버리고 겸손하게 회개하라는 내용이었으나 느부갓네살은 끝내 회개하지 않았고 결국 1년 뒤에 정신병(牛狂病: boanthropy)에 걸려 7년 동안이나 들판에서 풀을 뜯어 먹으면서 짐승처럼 살게 되었다. 기간이 다한 뒤에 하늘을 올려다보며 겸손을 고백하자 비로소 징계가 풀려 다시 왕위에 복귀할 수 있었다.

느부갓네살이 죽은 후 왕위는 몇 대를 걸쳐 승계되었지만 다니엘의 지위는 크게 변하지 않았다. 그러다 벨사살이 왕위에 오른 지 3년 만에 이스라엘 성전의 기물에 술을 담아 마시며 잔치를 벌이는 망발을 범하다 무서운 일을 겪게 되어 다시 다니엘을 불러들이게 되었다. 잔치 중간에 갑자기 손가락이 나타나 벽에 글씨를 썼던 것이다. 또다시 나라 안의 모든 박사들이 다 동원되었지만 해석하지 못하였고 오직 다니엘만 그 의미를 알 수 있었다. 그 말은 메네 메네 데겔 우바르신이라는 아람어였는데 벨사살은 왕이 되기에 부족한 사람이라 나라가 나뉘고 말 것이라는 내용이었다. 과연 그날 밤으로 벨사살은 살해되었고 62세나 된 다리오가 그 뒤를 이었다.

다리오는 다니엘을 크게 중시하여 세 명의 총리 중 한 사람으로 기용하였지만 그의 통치 기간은 그리 길지 못하여 얼마 후에 결국 페르시아 제국에게 함락당하고 말았다. 또한 그 과정에서 다니엘의 출세를 시샘한 관료들에 의하여 사자굴에 떨어지는 비운도 맛보았으나 하나님은 사자굴에서도 다니엘을 지켜 주셨고 도리어 그를 모함한 사람들이 사자밥이 되게 만드셨다.

그 외에도 다니엘은 수시로 환상을 보며 그 내용을 기록하였는데 그것이 다니엘서 8장~12장까지의 내용으로 주로 세상 종말에 대한 예언과 메시아에 대한 예언을 담고 있다. 거기에는 4가지 짐승(사자, 곰, 표범, 무서운 짐승)의 환상도 있었고, 숫양과 숫염소의 환상도 있었다. 다니엘은 천사장인 가브리엘(Gabriel)과 미가엘(Michael)을 직접 대면하기도 하는 등 엄청난 체험을 한 사람으로 기록되어 있다.

지혜 있는 자는 궁창의 빛과 같이 빛날 것이요 많은 사람을 옳은 데로 돌아오게 한 자는 별과 같이 영원토록 빛나리라 (단12:3)

에스겔

에스겔

- ⊙ 에스겔 : Ezekiel(하나님이여 강하게 하소서), 사독 계열의 제사장. 기원전 598
  년에 바벨론으로 끌려가 약 23년 동안 바벨론에서 활동한 예언자.
- ⊙ 부 시 : Buzi(빠름), 에스겔의 부친으로 사독 계열의 제사장이었다.
- ⊙ 여호야긴 : Jehoiachin(여호와께서 세우시다), 유다의 제 19대 왕으로 여호야김
  의 아들이다. 기원전 598년 왕이 되었지만 바벨론의 침공으로 사로잡혀 많은
  귀족과 함께 끌려갔다.
- ⊙ 그발강 : Chebar 江, 바벨론의 유프라테스 강에 이어지는 운하의 이름. 포로로
  사로잡혀간 유다 백성들이 이 강 근처에서 살았다.
- ⊙ 델아빕 : Tel-Abib(이삭의 구릉), 그발 강가 유다 백성들의 거주지이다.
- ⊙ 느부갓네살 : Nebuchadnezzar, BC 605~562까지 바벨론을 다스린 임금. 이
  집트를 정벌하고 바벨론 제국을 세웠으며 유대를 멸망시키고 성전을 파괴한
  왕.

바벨론은 총 세 차례에 걸쳐 유다를 침공하였다. 제 1차 침공은 기원전 604년의 일이었다. 당시 유다의 임금은 여호야김(Jehoiakim)이었는데, 그는 이집트의 바로느고(Pharaoh nechoh)가 세운 사람이었다. 이를 빌미로 유다를 침공한 바벨론은 많은 상처를 남기고 또 많은 사람들을 포로로 끌고 갔다. 그때 끌려갔던 사람 중에 하나가 바로 다니엘이고 또 그의 세 친구들 곧 사드락과 메삭과 아벳느고이다.

그로부터 7년 후인 598년 바벨론은 제 2차 침공을 하였다. 당시에는 여호야김의 아들 여호야긴이 왕위에 있었는데, 그는 불과 18세의 나이로 왕이 되어 꼭 3개월 10일, 그러니까 겨우 100일을 왕좌에 있었을 뿐이었다. 그러나 바벨론은 그를 폐위시키고 포로로 사로잡아 갔으며 유다의 마지막 임금인 시드기야(Zedekiah)를 새롭게 왕위에 앉혔다. 또한 1만 명에 달하는 귀족과 기술자들을 끌고 갔다. 에스겔이 사로잡혀 간 것도 바로 이때다.

바벨론의 마지막 침공은 다시 11년 후인 기원전 587년에 일어났다. 시드기야가 바벨론을 배신하고 이집트와 내통을 하고 있었기 때문이었다. 결국 유다의 예루살렘은 2년여를 저항하다 끝내 586년에 처참하게 함락되고 말았다. 예루살렘은 완전히 불타버렸고 솔로몬이 지은 그 아름다운 성전 역시 무너져 내리고 말았다. 또한 남아있던 귀족 중에 수천 명이 다시 포로로 끌려갔고, 유다의 역사는 그 시점에서 멈추어 버리고 말았다. 유다가 다시 회복된 것은 그로부터 약 50년 후인 538년의 일이었다.

에스겔은 제 2차 바벨론의 침공인 BC 598년에 여호야긴과 함께 사로잡혀갔다. 1만 명에 달하는 많은 포로들을 끌어간 느부갓네살은 그들을 바벨론 유프라테스강가의 운하인 그발 강가 델아빕에 정착시켰다. 그로부터 5년 후인 BC 594년에 에스겔은 하나님의 부르심을 받고 놀라운 환상을 본 뒤에 예언자로 부름을 받았다. 본래 에스겔은 제사장 가문의 후손으로 그의 아버지 부시는 예루살렘에서 제사장으로 활동하였던 사람이다. 그로부터 20여 년간 에스겔은 포로로 끌려간 바벨론에서 활동하였다.

처음 에스겔이 하나님의 부르심을 받았을 때 그는 하늘에서 네 생물과 함께, 하나님의 보좌가 어마어마한 기세로 임하는 환상을 보았다. 그것은 실로 필설로 형용하기 어려운 위용을 담고 있었다. 그 엄청난 환상 가운데서 하나님의 음성이 에스겔을 불러 일으켜 세우며 이렇게 말씀하셨다.

내가 너를 그들에게 보내노니 너는 그들에게 이르기를 주 여호와의 말씀이 이러하시다 하라…. 그들이 듣든지 아니 듣든지 그들 가운데에 선지자가 있음을 알지니라. 인자야! 너는 비록 가시와 찔레와 함께 있으며 전갈 가운데에 거주할지라도 그들을 두려워하지 말고 그들의 말을 두려워하지 말지어다! (겔2:4~6)

이렇게 강렬한 환상 가운데서 에스겔을 부르신 하나님은 그에게 한 두루마리를 주시고 먹게 하셨다. 그 두루마리는 하나님의 말씀을 적은 것이었는데 신기하게도 그 맛이 꿀처럼 달았다.

그러나 말씀을 전하는 에스겔은 수많은 고통을 참아내지 않으면 안 되었다. 수년 동안 벙어리가 되기도 하였고, 예루살렘을 상징하는 박석(薄石, pavement, 포장도로)을 가운데 두고 포위망을 친 뒤에 그 곁에서 오랫동안을 누워 지내기도 하였다. 이는 장차 예루살렘이 바벨론의 침공을 받아 이처럼 고통을 당하게 될 것임을 상징하는 것이었는데, 하나님은 심지어 에스겔에게 그 자리에서 떠나지 말고 인분으로 불을 피워 빵을 구워 먹으라고 하시기도 하셨다. 그만큼 장차 당할 이스라엘의 고통이 큰 것임을 상징하는 것이었다.

이어 하나님께서는 에스겔을 환상 가운데 들어서 바벨론으로부터 예루살렘을 옮겨가게 하셨고 성전에서 벌어지는 온 갖가지 잘못된 우상숭배를 친히 보여주셨다. 그러면서 하나님은 이렇게 말씀하셨다.

인자야! 이스라엘 족속이 행하는 일을 보느냐? 그들이 여기에서 크게 가증한 일을 행하여 나로 내 성소를 멀리 떠나게 하느니라 (겔8:6)

과연 그 말씀 그대로 에스겔은 하나님의 권능의 보좌가 성전을 떠나가는 것을 보았다. 이는 장차 환란이 성전에까지 이르게 될 것임을 보여주시는 것이었다. 이에 에스겔은 안타까운 마음으로 예루살렘의 회개를 종용하며 갖은 방법으로 예언하였지만 그들은 끝까지 회개하지 않았고 결국 에스겔의 예언 이후 7년 만에 함락되고 말았다. 엄청난 우상숭배와 갖가지 죄악이 만연해 있었기 때문이었다. 이 과정에서 에스겔은 사랑하는 아내를 잃는 아픔도 겪었는데 하나님께서는 에스겔에게 슬퍼하거나 울거나 눈물을 흘리지도 못하게 하셨다. 왜냐면 이스라엘이 장차 그런 고통을 겪게 될 것이기 때문이었다.

하지만 예루살렘이 멸망당하고 난 뒤부터 에스겔의 예언은 새롭게 바뀌기 시작했다. 지금까지 회개를 외치던 말씀에서 이제는 희망을 선포하기 시작했다. 그때 본 환상 가운데 하나가 마른 뼈들이 살아나는 환상이었다. 주님의 권능으로 환상 가운데 한 골짜기에 인도된 에스겔은 마른 뼈들로 가득한 죽음의 현장을 보게 되는데, 하나님의 명령으로 그들에게 대언하자 뼈들에 살이 붙어 살아나기 시작했다. 또한 생기를 향하여 대언하자 그 죽은 뼈들이 일어서 거대한 군대가 되었던 것이다. 하나님의 말씀으로 죽은 것 같은 이스라엘이 이렇게 다시 살아나게 될 것임을 보여주는 환상이었다.

뿐만 아니라 에스겔은 새 예루살렘과 새 성전의 환상도 보았는데 놀랍게도 떠나갔던 하나님의 영광이 그 모습 그대로 다시 그 새 성전으로 임하는 것도 보았다. 그리고 그 성전의 문지방에서는 끝없이 샘물이 솟아났는데 약 500미터(일천 척)를 진행할 때마다 그 깊이가 달라졌다. 처음에는 발목에 찰랑거리던 물이 무릎을 덮고, 허리를 덮고, 마지막에는 헤엄치지 않으면 서 있을 수도 없이 깊어졌다. 또한 성전에서 시작된 그 강물은 장엄하게 흘러 사해 바다에까지 이르렀는데, 그 물이 닿자 죽은 바다였던 사해가 소성되기 시작했다. 강 좌우에는 무수한 열매 나무들이 있었는데 열매는 양식이 되었고, 잎사귀는 약초가 되었다. 이는 하나님의 놀라운 은총이 성전을 통해 누리에 펼쳐지게 될 것임을 보여주는 것이었다.

이처럼 에스겔은 무너진 예루살렘이 완벽하게 회복될 것임을 보았는데, 그것은 단지 예루살렘의 회복만이 아니라 새 예루살렘, 곧 하나님의 나라가 임하게 될 것임을 보여주는 것이었다. 에스겔은 자신의 예언을 마무리 지으면서 이렇게 말씀하였다.

> 그 날 후로는 그 성읍의 이름을 여호와-삼마(Jehovah-shammah)라고 하리라 (겔48:35)

여호와-삼마란, 하나님이 거기에 계신다는 뜻으로 새 예루살렘이 곧 하나님의 나라임을 의미하는 것이다. 또한 에스겔서에서 가장 많이 사용된 표현은 그들이 나를 여호와인 줄 알리라! 라는 말씀인데 에스겔서에서만 60회 이상 사용되었다. 이 표현은 성경 전체에서 약 80회 정도 사용되었는데, 에스겔서에서만 60회 이상 사용되었다.

요엘과 오바댜

요엘, 오바댜

⊙ 요 엘 : Joel(여호와는 하나님이시다), 대략 B.C. 586년경에 활동한 선지자.

⊙ 브두엘 : Bethuel(하나님의 사람), 요엘 선지자의 부친

⊙ 오바댜 : Obadiah(여호와의 종), 요엘과 거의 동시대에 활동한 선지자.

⊙ 에 돔 : Edom(붉음), 에서의 후손으로 오바댜서에서의 책망의 대상이다.

▶ 요엘 선지자 ◀

요엘 선지자에 대해서는 그의 부친이 브두엘이라는 것 이외에는 거의 밝혀진 것이 없다. 심지어 그의 활동 연대에 관해서도 통일된 견해가 없는데, 어떤 학자는 B.C. 830년경, 그러니까 유다 왕 요아스의 재위 시절로 보기도 하고, 또 어떤 학자는 B.C. 400년경으로 늦추어 잡기도 한다. 하지만 대다수의 학자들은 유다의 멸망이 임박했거나, 혹은 이미 멸망당하고 난 직후인 B.C. 586년경으로 본다.

요엘서는 불과 3장으로 이루어진 짧은 예언서이다. 그 기록 동기에 대해서도, 바벨론의 침략이 임박했음을 경고하는 것이라고 보기도 하고, 혹은 메뚜기 떼와 극심한 가뭄의 재난으로 인하여 고통당하는 현실을 반영하는 예언이라고 보기도 한다. 그 예언의 동기가 어떤 것이든, 즉 자연적인 재앙에 대한 경고이든 혹은 북방의 이민족의 침입에 대한 경고이든 해결의 방법은 동일하다. 이 점에 대하여 요엘은 이렇게 말씀한다.

너희는 금식일을 정하고 성회를 소집하여 장로들과 이 땅의 모든 주민들을 너희 하나님 여호와의 성전으로 모으고 여호와께 부르짖을지어다! (욜 1:14)

곧 하나님께 회개하고 하나님의 긍휼히 여기심을 바라며 금식하고 간구하라는 말씀이다.

여호와의 말씀에 너희는 이제라도 금식하고 울며 애통하고 마음을 다하여 내게로 돌아오라 하셨나니 너희는 옷을 찢지 말고 마음을 찢고 너희 하나님 여호와께로 돌아올지어다! 그는 은혜로우시며 자비로우시며 노하기를 더디하시며 인애가 크시사 뜻을 돌이켜 재앙을 내리지 아니하시나니 주께서 혹시 마음과 뜻

을 돌이키시고 그 뒤에 복을 내리사 너희 하나님 여호와께 소제와 전제를 드리
게 하지 아니하실는지 누가 알겠느냐! (욜 2:12~14)

요엘서의 가장 중심적인 사상은 장차 도래하게 될 『여호와의 날(The Day of
the Lord)』에 대한 것이다. 이것은 우주적 종말에 대한 최초의 예언으로, 아주 중
요한 신학적 사상을 담고 있다.

이 예언은 훗날 마가의 다락방에 모인 120문도 위에 성령이 불의 혀와 같이 임
함으로 일차적으로 이루어졌는데, 이는 베드로가 한 번 설교에 3,000명을 회개시
킬 때에 바로 요엘서의 이 말씀을 인용함으로 증명되었다. 하지만 이는 어디까지나
일차적 성취일 뿐이고, 이 말씀 곧 여호와의 날에 대한 완전한 성취는 장차 재림
하시어 심판하시게 될 주님의 사역 가운데서 완성되는 것이다.

그 후에 내가 내 영을 만민에게 부어 주리니 너희 자녀들이 장래 일을 말할 것
이며 너희 늙은이는 꿈을 꾸며 너희 젊은이는 이상을 볼 것이며, 그 때에 내가
또 내 영을 남종과 여종에게 부어 줄 것이며, 내가 이적을 하늘과 땅에 베풀리
니 곧 피와 불과 연기 기둥이라. 여호와의 크고 두려운 날이 이르기 전에 해가
어두워지고 달이 핏빛 같이 변하려니와, 누구든지 여호와의 이름을 부르는 자
는 구원을 얻으리니 이는 나 여호와의 말대로 시온 산과 예루살렘에서 피할 자
가 있을 것이요, 남은 자 중에 나 여호와의 부름을 받을 자가 있을 것임이니
라! (욜 2:28~32, 참조-사도행전 2:16~21)

▶ 오바댜 선지자 ◀

오바댜 선지자에 대해서 역시 거의 알려진 바가 없다. 오바댜서는 구약 성경 중

에서 가장 짧은 말씀으로 한 장, 총 21절의 말씀으로 이루어져 있다. 그 내용은 이스라엘이 바벨론의 침략으로 B.C. 586년에 멸망당할 당시에 이웃 나라였던 에돔 족속이 오히려 바벨론을 돕고, 이스라엘을 약탈하고, 그 멸망을 기뻐한 것에 대한 중한 책망으로 이루어져 있다.

에돔은 에서의 후손으로 붉다는 뜻이다. 이는 에서의 별명이기도 했는데, 그들은 출애굽 당시부터 그 땅을 지나만 가겠다는 모세와 이스라엘 백성의 요청을 거절하였고(민수기 20:14~20), 사울, 다윗, 솔로몬, 여호사밧을 대적하였으며 여호람을 배반하기도 하였다.

B.C. 13세기부터 6세기까지 사해의 남쪽 산이 많은 지역인 세일(Seir)산에 거주하였고 그들의 수도는 셀라(Sela, 페트라-Petra)였는데 해발 6,000미터가 넘는 가파른 벼랑으로 둘려있는 좁은 협곡을 통해서만 드나들 수 있는 곳이었다.

유다의 멸망 이후 이들은 남왕국에 정착하여 동화되었다. 훗날 예수님 당시에 활동하였던 헤롯(Herod)왕이 바로 이 에돔족 출신이다.

여호와께서 만국을 벌할 날이 가까웠나니 네가 행한 대로 너도 받을 것인즉 네가 행한 것이 네 머리로 돌아갈 것이라.

너희가 내 성산에서 마신 것 같이 만국인이 항상 마시리니 곧 마시고 삼켜서 본래 없던 것 같이 되리라.

오직 시온 산에서 피할 자가 있으리니 그 산이 거룩할 것이요 야곱 족속은 자기 기업을 누릴 것이며, 야곱 족속은 불이 될 것이며 요셉 족속은 불꽃이 될

것이요 에서 족속은 지푸라기가 될 것이라! 그들이 그들 위에 붙어서 그들을 불사를 것인즉 에서 족속에 남은 자가 없으리니 여호와께서 말씀하셨음이라.

그들이 네겝과 에서의 산과 평지와 블레셋을 얻을 것이요 또 그들이 에브라임의 들과 사마리아의 들을 얻을 것이며 베냐민은 길르앗을 얻을 것이며, 사로잡혔던 이스라엘의 많은 자손은 가나안 사람에게 속한 이 땅을 사르밧까지 얻을 것이며 예루살렘에서 사로잡혔던 자들 곧 스바랏에 있는 자들은 네겝의 성읍들을 얻을 것이니라

구원 받은 자들이 시온 산에 올라와서 에서의 산을 심판하리니 나라가 여호와께 속하리라! (옵 1:15~21)

학개와 스가랴

학개, 스가랴

- ⊙ 학 개 : Haggai(축제). B.C.520년경 예루살렘에서 활동하며 성전을 재건한 선지자.
- ⊙ 스가랴 : Zechariah(여호와를 기억함), 학개와 동시대에 활동한 선지자이며 제사장.
- ⊙ 스룹바벨 : Zerubbabel(바벨론의 후예), 유다 왕 여호야긴의 손자로, 포로 귀환 후 유다의 총독.
- ⊙ 여호수아 : Jeshua(여호와가 구원하심), 스룹바벨 총독 당시의 대제사장인 여호사닥의 아들로, 성전재건 당시에 중대한 역할을 하였으며, 대제사장이 되었다. 에스라서와 느헤미야서에는 '예수아'로 되어 있다.
- ⊙ 고레스 : Cyrus(태양), 바사(Persia)의 초대 왕(546~529)으로 539년에 바벨론을 무너뜨렸다. 유대민족에게 특별한 혜택을 베풀어 70년 만에 고국으로 귀환할 수 있도록 하였다.
- ⊙ 다리오 : Darius(강박하는 사람), 페르시아 왕으로 16년간 중단되었던 성전건축을 허가한 사람이다. 다니엘서에 나오는 다리오 왕과는 동명이인이다.
- ⊙ 잇 도 : Iddo(사랑스러운 자), 스가랴의 조부이며 제사장.
- ⊙ 베레갸 : Berechiah(여호와께서 복을 주심), 스가랴의 부친.

유다를 침공하여 나라를 무너뜨리고 성전마저 파괴한 신바벨론 제국은, 그러나 그로부터 불과 50여 년 만에 페르시아의 침공으로 철저하게 멸망당하고 만다. 그때 바벨론을 멸망시키고 새롭게 페르시아 제국의 통치자로 등장한 사람이 바로 고레스이다. 고레스는 즉위한 뒤에 유대민족에게 특별한 배려를 하여 원하는 사람은 고향인 이스라엘로 돌아가도 좋다는 칙령을 내렸다.

이 칙령의 반포 이후에 스룹바벨을 총독으로 하여 약 5만 명의 유대인들이 이스라엘로 돌아가게 되었다. 그들은 부푼 꿈을 안고 고향을 찾았지만, 그러나 그들이 대면하게 된 것은 도저히 일으켜 세울 수 없을 것 같이 보이는 황폐한 예루살렘이었다. 과거의 영화는 전혀 찾아볼 수 없었고, 오직 무너진 성벽과 완전하게 소실되어 버린 성전의 터가 전부였다.

그럼에도 불구하고 유대인들은 우선 성전부터 재건하기 위하여 안간힘을 쓰기 시작했다. 그래서 그들은 우선적으로 번제단을 만들어 70년간 중단되었던 예배를 다시 드리기 시작하였다. 또한 2년 만에 가까스로 성전의 기초를 놓기에 이르렀다. 그러나 사마리아 사람들을 중심으로 한 주변 이방 민족들의 집요한 방해로 성전 건축은 끝내 중단되고 말았다.

그러자 귀환한 사람들은 크게 낙담하지 않을 수 없었다. 그들은 심지어 성전을 재건하는 것이 하나님의 뜻이 아닐지도 모른다고 하며 모든 것을 포기하고, 그저 먹고 사는 일에만 전념하기 시작했다. 성전은 황폐화되어있었는데도 그저 자기들이 살 집을 짓는 일에만 신경을 쓰고 있었으며, 온갖 부정과 비리가 다시 난무하기 시작하였다. 그렇게 성전은 장장 16년간이나 무너진 그대로 방치되고 말았다.

그 상황에서 아무리 어려워도 성전은 반드시 재건되어야 함을 역설한 사람이 학개 선지자와 스가랴 선지자였다. 그중에서도 학개 선지자는 더 큰 확신과 분명한 어조로 성전의 재건을 독려하였다. 학개는 유대민족이 큰 고통과 시련을 겪는 이유가 바로 성전이 무너져있기 때문이라고 지적하면서 성전을 재건하기 전에는 하나님의 은총이 임하지 않을 것임을 분명하게 선포하였다. 그러나 성전이 재건되면 막혔던 하늘 문이 다시 열려질 것이고, 하나님의 은총이 풍성하게 내리게 될 것임을 선언하였다. 그 결과 백성들은 크게 고무되어 16년간 중단되었던 성전을 다시 짓기 시작하였고, 그로부터 4년 만에 새성전을 완공할 수 있었다(515년).

이 성전이 황폐하였거늘 너희가 이 때에 판벽한 집에 거주하는 것이 옳으냐? … 너희가 많이 뿌릴지라도 수확이 적으며 먹을지라도 배부르지 못하며 마실지라도 흡족하지 못하며 입어도 따뜻하지 못하며 일꾼이 삯을 받아도 그것을 구멍 뚫어진 전대에 넣음이 되느니라. 만군의 여호와가 말하노니 너희는 자기의 행위를 살필지니라. 너희는 산에 올라가서 나무를 가져다가 성전을 건축하라 그리하면 내가 그것으로 말미암아 기뻐하고 또 영광을 얻으리라… 너희가 많은 것을 바랐으나 도리어 적었고 너희가 그것을 집으로 가져갔으나 내가 불어 버렸느니라. 나 만군의 여호와가 말하노라! 이것이 무슨 까닭이냐? 내 집은 황폐하였으되 너희는 각각 자기의 집을 짓기 위하여 빨랐음이라. 그러므로 너희로 말미암아 하늘은 이슬을 그쳤고 땅은 산물을 그쳤으며 내가 이 땅과 산과 곡물과 새 포도주와 기름과 땅의 모든 소산과 사람과 가축과 손으로 수고하는 모든 일에 한재를 들게 하였느니라. (학1:4~11)

너희는 오늘 이전을 기억하라! 아홉째 달 이십사일 곧 여호와의 성전 지대를 쌓던 날부터 기억하여 보라. 곡식 종자가 아직도 창고에 있느냐 포도나무, 무화과나무, 석류나무, 감람나무에 열매가 맺지 못하였느니라! 그러나 오늘부터는 내

가 너희에게 복을 주리라! (학2:18~19)

▶ 스가랴 선지자 ◀

스가랴 선지자는 제사장인 동시에 선지자 직분을 감당했던 분이다. 학개 선지자와 동시대에 활동하였던 분인데, 학개 선지자가 오직 성전의 건축에 매진한 반면, 스가랴는 성전의 재건뿐만 아니라 백성들의 영적인 삶에도 지대한 관심을 가졌던 분이다. 즉 성전을 재건하는 과정에서 이스라엘 민족의 영적 생활은 다시 부흥되게 될 것이고, 온전한 회개가 이루어질 때 메시아가 오셔서 하나님의 나라를 세울 것이라고 예언하였던 것이다.

스가랴의 말씀은 모든 구약 성경 가운데서도 단연 메시아에 대한 대망이 두드러지게 나타나는 말씀이고, 다분히 계시적이며 또한 종말론적인 말씀이기도 하다. 많은 환상을 담고 있는 스가랴서는 신약성서의 요한계시록에 지대한 영향을 미쳤으며, 복음서에서도 많이 인용되는 예언서이기도 하다.

또한 스가랴는 당대의 총독이었던 스룹바벨과 대제사장 여호수아에게도 많은 힘을 실어주었는데, 심지어 스룹바벨이 장차 오실 메시아의 예표가 된다고까지 하였다. 이러한 스가랴 선지자의 많은 노력으로 성전건축이 다시 재개될 수 있었고, 그와 동시에 잃어버렸던 신앙에 대한 열정까지 함께 타오를 수 있었다. 또한 장차 오실 메시아에 대한 확신에 찬 소망의 기다림이 확립될 수도 있었다.

너희는 내게로 돌아오라... 그리하면 내가 너희에게로 돌아가리라! (슥1:3)

내가 불쌍히 여기므로 예루살렘에 돌아왔은즉 내 집이 그 가운데에 건축되리

니 예루살렘 위에 먹줄이 쳐지리라... 나의 성읍들이 넘치도록 다시 풍부할 것이라! 여호와가 다시 시온을 위로하며 다시 예루살렘을 택하리라 하라! 하니라 (슥 1:16~17)

이는 힘으로 되지 아니하며 능력(能力)으로 되지 아니하고 오직 나의 영(靈)으로 되느니라! (슥 4:6)

싹이라 이름 하는 사람이 자기 곳에서 돋아나서 여호와의 전을 건축하리라! (슥 6:12)

보라! 네 왕이 네게 임하시나니 그는 공의로우시며 구원을 베푸시며 겸손하여서 나귀를 타시나니 나귀의 작은 것 곧 나귀 새끼니라! (슥 9:9 – 마 21, 막 11, 눅 19, 요 12)

봄비가 올 때에 여호와 곧 구름을 일게 하시는 여호와께 비를 구하라! 무리에게 소낙비를 내려서 밭의 채소를 각 사람에게 주시리라! (슥 10:1)

에스더

에스더

- ⊙ 에스더 : Esther(별), BC 480년경 페르시아에서 왕비에 오른 유대 여인. 본명은 하닷사(도금양 나무)이며 모르드개의 사촌 동생이며 아비하일의 딸이다.
- ⊙ 모르드개 : Mordecai(마르둑 신), 에스더의 사촌 오빠이며, 하만에게서 유대민족을 구원한 사람.
- ⊙ 아하수에로 : Ahasuerus(위대한 사람), 페르시아의 왕 크세르크세스(Xerxes, 재위 BC 485~465)의 다른 이름이다. 다리오 휴스타스피스(Darius Hystaspis, BC 521~485)와 고레스의 딸 아트사의 아들로 에스더의 남편.
- ⊙ 하 만 : Haman 아말렉 왕 아각의 후손으로 모르드개에게 앙심을 품고 모든 유대인을 멸절시키려 한 사람.
- ⊙ 아비하일 : Abihail(아버지는 능력이심), 에스더의 부친이며 모르드개의 삼촌.
- ⊙ 와스디 : Vashti(아름다운 여자), 아하수에로의 왕비였다가 폐위된 여인.
- ⊙ 부림절 : purim(제비), 하만이 유대인을 몰살시키려고 제비를 뽑아 정한 날로 아달월(태양력 2~3월) 14일~15일이다. 이때가 되면 유대인들은 큰 잔치를 벌이고 에스더서를 낭독한다.

권불십년(權不十年)이라고 유대를 비롯한 수많은 나라들을 정복하였던 바벨론 제국은 B.C.539년에 허망하게 멸망하고 말았다. 이는 유다가 멸망당한 지 불과 47년 만의 일이었다. 당시 바벨론을 멸망시키고 새로운 나라를 세운 사람이 바로 페르시아의 고레스(Cyrus, 태양)였다. 고레스는 유대인들에게 큰 은총을 베풀어 고향으로 귀환해도 좋다는 칙령을 내렸고 약 5만 명의 유대인들이 이스라엘로 돌아갔다. 그들은 많은 어려움 속에서도 성전을 재건하고(516년) 나라를 다시 세워나가고 있었다. 유대가 멸망당하였던 것이 586년이니까 실로 꼭 70년 만에 재건된 성전이었다.

　한편 당시 고향으로 돌아가지 아니한 유대인들은 전 세계 각처로 흩어져 살고 있었는데 그 수는 족히 수백만 명에 이르고 있었다. 모르드개와 에스더 역시 포로로 끌려왔다가 고향으로 돌아가지 아니하고 페르시아에 정착한 유대인들 중의 한 명이었다.

　B.C.485년 페르시아는 다리오 왕의 뒤를 이어 그 아들 아하수에로(크세르크세스)가 보위에 오른다. 그는 왕위에 오른 지 2년 만에 이집트를 정복하는 업적을 세웠다. 그 후 다시 그리스를 필두로 해서 유럽을 정복할 원대한 계획을 세운 아하수에로는 보위 3년 차에 큰 잔치를 베풀었다. 장차 큰 전쟁을 벌이기 위한 사전작업이었다.

　이 잔치는 장장 180일간이나 지속되었으며 마지막 7일 동안 더욱 성대한 잔치를 벌였다. 이때 왕은 취기가 올라 자신의 왕비를 자랑하고자 하는 마음이 일었다. 그래서 왕비 와스디를 신하들 앞에 불러내려고 하였으나, 왕비 와스디는 왕의 부름을 거절하였다. 크게 진노한 왕은 신하들의 조언을 얻어 와스디를 폐위시켜버렸다. 그리고 그 뒤를 이을 새로운 왕비를 간택하라는 명을 내렸다.

새로운 왕비가 선출되기까지는 그로부터 약 4년이 소요되었다. 그동안 아하수에로 왕이 대군을 이끌고 그리스를 쳐들어갔기 때문이다. 하지만 전투는 어이없는 패전으로 끝나고 말았다. 살라미 해전이라고 명명된 이 전투에서 아하수에로는 막대한 손실을 입고 퇴각하지 않을 수 없었다. 풍랑으로 인하여 이미 많은 전함을 잃어버렸고, 악천후와 험한 지형, 그리고 목숨을 건 스파르타와 아테네의 저항을 이겨내지 못했기 때문이다. 비록 아하수에로는 아테네 시를 점령하는 것까지는 성공했으나 살라미로 피신하여 저항하는 아테네 군사들을 당해내지 못했다.

그 뒤에 전의를 상실한 채로 페르시아 수산궁에 돌아온 아하수에로는 슬픔을 위로받기 위하여 새로운 왕비 선출에 공을 들였고 그 과정에서 선출된 사람이 에스더였다. 당시 에스더는 자신이 유대인임을 비밀에 부치고 있었다. 그렇게 왕비가 된 에스더는 사촌오빠 모르드개를 등용하여 왕궁의 수문장이 되게 하였다. 모르드개는 일찍 부모를 잃은 사촌 동생 에스더를 자기 딸처럼 길러준 고마운 은인이었다.

수문장이 된 모르드개는 아하수에로를 해치려는 반란을 미리 탐지하여 에스더에게 알려줌으로 반란을 미연에 막을 수 있게 하였다. 모르드개의 이 공로는 궁중일기에 기록되었다. 아하수에로 왕은 막대한 자금을 가지고 있는 아말렉 출신의 부자 하만을 중신으로 등용하였다. 하만은 자금력을 앞세워 승승장구하였으며 모든 신하들 위에 군림하는 높은 위치에 오르게 되었다. 그러자 하만은 교만해져서 자신을 임금 이상으로 칭송하여 주기를 바랐으며 모든 사람에게 절을 받고 싶어 하였다.

하지만 모르드개는 그러한 하만에게 절을 하지 않았다. 이는 하만이 아말렉 출신이기 때문이기도 하였지만, 그에게 절을 하는 것을 우상숭배로 간주하였기 때문이었다. 그러자 하만은 모르드개에게 큰 앙심을 품게 되었고, 급기야 유대인들을 한꺼번에 몰살시키려는 무서운 음모를 진행시키기에 이르렀다.

이 일을 위하여 하만은 임금에게 은 1만 달란트(340톤)를 바치겠다고 했다. 역사의 아버지라고 불리는 헤로도투스(Herodotus B.C 484~425)에 의하면 당시 페르시아의 연간 세수가 15,000달란트였다고 하니까, 1만 달란트라면 그 2/3에 해당하는 엄청난 금액이었던 것이다. 가뜩이나 그리스와의 전쟁으로 국고의 큰 손실을 보았던 아하수에로는 이러한 하만의 제안을 승인하여 주었고, 하만은 쾌재를 부르면서 점쟁이를 통해 제비(부림)를 뽑아 아달월(2~3월) 14일을 정해 페르시아 제국 내의 모든 유대인들을 살해하고 재산을 몰수할 계획을 세웠다.

이 사실을 알게 된 모르드개는 큰 슬픔에 잠겨 상복을 입고 에스더를 찾아가 왕궁 문 앞에 엎드렸다. 에스더만이 마지막 남은 희망이었기 때문이다. 하지만 에스더는 왕의 부름을 받지 못한지 30일이나 지난 상태였다. 만약 왕이 부르지도 않았는데 왕에게 나아갔다가는 자칫 목숨을 잃을 수도 있었다. 그런 걱정에 사로잡힌 에스더를 향해 모르드개는 이렇게 말했다.

너는 왕궁에 있으니 모든 유다인 중에 홀로 목숨을 건지리라 생각하지 말라. 이 때에 네가 만일 잠잠하여 말이 없으면 유다인은 다른 데로 말미암아 놓임과 구원을 얻으려니와 너와 네 아버지 집은 멸망하리라 네가 왕후의 자리를 얻은 것이 이 때를 위함이 아닌지 누가 알겠느냐! (에 4:13~14)

이 말에 용기를 얻은 에스더는 모르드개에게 이렇게 대답하였다.

당신은 가서 수산에 있는 유다인을 다 모으고 나를 위하여 금식하되 밤낮 삼

일을 먹지도 말고 마시지도 마소서! 나도 나의 시녀와 더불어 이렇게 금식한 후에 규례를 어기고 왕에게 나아가리니 죽으면 죽으리이다! (에 4:16)

3일 후 에스더는 담대하게 왕에게 나아갔고, 그녀의 아름다운 모습에 반한 아하수에로는 그녀를 죽이는 대신에 그녀의 용건에 귀를 기울이게 되었다. 에스더는 먼저 하만과 함께 자신의 처소에 와서 잔치에 참여해 달라는 청을 하였다. 하지만 에스더는 청을 말하는 대신에 하루 더 하만과 함께 잔치에 참여해 달라는 요청을 한다. 이에 크게 고무된 하만은 더욱 의기양양하여 모르드개를 죽이려고 50규빗(23m)나 되는 장대를 자기 집 마당에 해놓고 왕에게 나아가 모르드개를 죽이게 해달라고 요청을 하려고 하였다.

그때 왕은 잠이 오지 않아 궁중일기를 뒤적이다, 일전에 모르드개가 세운 공을 읽게 되었다. 더구나 그 일로 아무런 상도 내리지 않았음을 알게 된 왕은 마침 궁전에 들어오던 하만을 불러 모르드개를 영화롭게 해 주라는 엄명을 내리게 되었다. 뿐만 아니라 에스더의 두 번째 잔치에서 에스더는 하만을 직접 거명하며 그가 왕비인 자신과 자신의 모든 동족을 살해하려는 음모를 꾸몄노라고 고발함으로 모든 유대민족을 구원하였다.

하만은 모르드개를 죽이려고 만들었던 장대에 자신이 달려 죽고 말았다.

또한 부림절을 기해 죽음을 당할 위기에 처하였던 유대인들은 오히려 자신들의 대적을 무찌를 수 있는 기회를 얻게 되었다. 그 후 해마다 아달월 14일과 15일은 부림절이라 하여 유대인들의 큰 명절이 되었다.

에스라

창세기 2장~3장

- 에스라 : Ezra(도움), BC 458년 제 2차 포로귀환을 이끌었던 제사장으로 학사 (學士 : Scribe)이다. 학사는 서기관을 이르는 말이다. 아론의 16대 후손이며 사독의 5대손이다.

- 느헤미야 : Nehemiah(여호와께서 위로하셨다), BC 444년 제 3차 포로귀환을 이끈 예루살렘의 총독. 원래 페르시아 왕 아닥사스다의 술 맡은 관원장(酒官) 이었으나 예루살렘에 돌아와 성벽을 재건하고, 에스라와 함께 신앙 부흥운동 을 일으킨 지도자이다.

- 아닥사스다 : Artaxerxes(대왕), 페르시아 왕 아르타크세르크세스 1세로 에 스더의 남편인 아하수에로의 아들이다. 하지만 에스더의 아들은 아니다. BC 465~424년까지 통치하였으며, 롱기마누스(Longimanus)와 동일인이다. 에스 라와 느헤미야에게 도움을 주었다.

- 스라야 : Seraiah(여호와께서 고집하심), 페르시아 왕 고레스 원년(BC 538년) 에 제 1차로 해방되어 스룹바벨과 같이 귀국한 11명의 인솔자 중의 한 사람이 며, 대제사장으로 에스라의 부친.

- 스가냐 : Shechaniah(여호와께서 거하심), 이스라엘 백성들의 이방 여인들과 의 통혼으로 금식하며 큰 슬픔에 잠겨있던 에스라에게 나아와 위로를 주었던 사람으로 여히엘의 아들이며 엘람 자손.

바벨론이 페르시아에게 멸망당한 후 페르시아의 초대 왕 고레스(Cyrus, 태양)는 유대인들에게 고향으로 돌아가도 좋다는 칙령을 내렸다. 그때 고레스가 내린 칙령의 내용에 대하여 역대하 36:22~23, 그리고 에스라 1:1~3은 동일하게 이렇게 기록하고 있다.

바사 왕 고레스 원년에 여호와께서 예레미야의 입을 통하여 하신 말씀을 이루게 하시려고 바사 왕 고레스의 마음을 감동시키시매 그가 온 나라에 공포도 하고 조서도 내려 이르되, 바사 왕 고레스는 말하노니 하늘의 하나님 여호와께서 세상 모든 나라를 내게 주셨고 나에게 명령하사 유다 예루살렘에 성전을 건축하라 하셨나니, 이스라엘의 하나님은 참 신이시라 너희 중에 그의 백성 된 자는 다 유다 예루살렘으로 올라가서 이스라엘의 하나님 여호와의 성전을 건축하라! 그는 예루살렘에 계신 하나님이시라! (스 1:1~3)

이 칙령으로 유다왕 여호야김(여고냐)의 손자인 스룹바벨(Zerubbabel, 바벨론의 후예)을 위시로 한 약 5만 명의 백성들이 예루살렘으로 귀환하였다. 그들은 먼저 무너진 제단에서 눈물의 기도를 드린 후 성전을 건축하기 위하여 노력하였지만, 사마리아를 비롯한 주변 여러 이방인들의 방해로 난항을 거듭하며 16년이라는 긴 세월을 허송하고 말았다. 이를 안타깝게 여긴 학개 선지자와 스가랴 선지자의 노력으로 BC 515년에 극적으로 제 2차 성전을 건축하였다. 이로써 이스라엘은 성전이 무너진 지 꼭 70년 만에 새로운 성전을 건축하게 되었다(586~515).

그러나 스룹바벨과 학개, 스가랴를 비롯한 지도자들이 연이어 사망하자 이스라엘은 다시 혼돈 속으로 빠져들기 시작했다. 선민의식은 희박해졌고, 하나님께 예배드리는 일조차 무성의하고 나태하게 되기 시작했다. 그 결과 수많은 백성들이 이방 여인들을 아내로, 혹은 며느리로 맞아들이는 일까지 일어나게 되었다. 이는 하나님께서 철저하게 금하셨던 일이었는데 율법을 온전히 알지 못하던 이스라엘 백성들이 공공연히 일삼는 일이 되고 말았다. 더욱이 이 일에는 제사장과 레위인을 비롯한 사회 지도급 인사들까지 가세하였기에 더욱 참담한 일이었다. 이 기간은 아하수에로 왕의 통치 기간이었고, 아말렉 사람 하만이 유대인을 참살하려고 음모를 꾸미다가 왕비 에스더와 모르드개에게 죽임을 당하였던 기간이기도 하다.

이 시기에 아론의 16대손이며 사독의 5대손인 학사 겸 제사장 에스라가 페르시아 왕 아하수에로의 아들인 아닥사스다 왕의 허락을 받아 458년에 제 2차 포로 귀환으로 이스라엘에 돌아왔다. 이는 첫 번째 귀환이 있은 지 80년 가까운 세월이 지난 후였다. 따라서 포로로 끌려온 1세대는 이미 대부분 사망하였고, 2세대, 3세대가 주축이 되어 벌어진 일이었다.

당시 에스라를 따라 나선 백성들은 여자와 아이들을 포함하여 대략 1만 명 정도(남자만 1,754명)에 이르렀을 것으로 추정된다. 이 무리를 이끌고 귀환에 나선 에스라는 바벨론의 아하와(Ahava)에 도착하여 인원을 점검하다 그 들 중에 레위 자손이 하나도 없음을 알게 되었다. 레위 자손은 성전을 돌보며 성가대를 조직하는 등 하나님의 사역에 없어서는 안 되는 절대적인 사람들임을 감안하여 에스라는 급히 수소문하여 레위인 38명과 그들을 도울 느디님(nethinim) 사람 220명을 모아들였다. 느디님 사람이란 기브온 족속을 비롯한 이방인들 중에 포로로 끌려와 제사장의 노예로 주어진 성전의 막일꾼을 의미하는 말이다.

이렇게 귀환할 사람들을 결성한 에스라는 위험천만한 여행이 될 귀환의 일정을 위하여 금식을 선포하고 아하와 강가에 모여 간절히 기도하였다. 당시 에스라는 왕에게 요청하여 호위병을 데리고 갈 수도 있었지만, 오직 하나님만을 의지하고 4개월간의 장도에 올랐다. 그 장면을 성경은 이렇게 묘사한다.

그 때에 내가 아하와 강 가에서 금식을 선포하고 우리 하나님 앞에서 스스로 겸
비하여 우리와 우리 어린 아이와 모든 소유를 위하여 평탄한 길을 그에게 간구
하였으니, 이는 우리가 전에 왕에게 아뢰기를 우리 하나님의 손은 자기를 찾는
모든 자에게 선을 베푸시고 자기를 배반하는 모든 자에게는 권능과 진노를 내
리신다 하였으므로 길에서 적군을 막고 우리를 도울 보병과 마병을 왕에게 구
하기를 부끄러워 하였음이라. 그러므로 우리가 이를 위하여 금식하며 우리 하
나님께 간구하였더니 그의 응낙하심을 입었느니라. (스 8:21~23)

이렇게 오직 하나님만을 의지한 에스라와 1만의 백성들은 무사히 예루살렘에
도착하였다. 이는 성전이 건축되고 난지 약 60년 만의 일이었다. 그러나 에스라가
만난 예루살렘의 거민들은 생각만큼 경건한 사람들이 아니었다. 그중에서도 에스
라를 가장 가슴 아프게 만든 것은 그들이 이미 이방의 여러 여인들을 아내로 며느
리로 맞아들이고 있었다는 사실이다. 그것도 레위인 제사장 방백 족장들이 더하
였다는 사실에 더욱 기가 막혀 안타까이 통곡하며 슬퍼하였다. 그때 스가냐라는
사람이 찾아와 이렇게 위로하였다.

우리가 우리 하나님께 범죄하여 이 땅 이방 여자를 맞이하여 아내로 삼았으나
이스라엘에게 아직도 소망이 있나니 곧 내 주의 교훈을 따르며 우리 하나님의
명령을 떨며 준행하는 자의 가르침을 따라 이 모든 아내와 그들의 소생을 다 내
보내기로 우리 하나님과 언약을 세우고 율법대로 행할 것이라. 이는 당신이 주
장할 일이니 일어나소서 우리가 도우리니 힘써 행하소서! (스 10:2~4)

이 말에 힘을 얻은 에스라는 성전에서 금식하며 기도한 후 3일 안에 온 백성들
이 다 모이라고 명령을 내렸다. 이는 에스라가 도착한지 4개월 만에 빚어진 일이었
다. 이윽고 BC 458년 9월 20일(양력 12월)에 억수 같은 비가 쏟아짐에도 불구하

고 모든 백성들이 다 모여 하나님께 회개하며 이방의 모든 여인들을 내어 보내기로 맹세하고 실천하였다. 이에 에스라는 아예 법령을 제정하고 반포하였다.

그로부터 13년 후 느헤미야가 이끄는 제 3차 귀환 백성들이 도착하였고 에스라는 그들과 함께 백성에게 나아가 수문 앞 광장의 나무 강단에 서서 하나님의 율법을 강독하여 큰 회개의 물결을 일으켜 내었다. 이러한 에스라와 느헤미야의 노력으로 귀환한 백성들은 다시 예루살렘 성벽도 재건하고 차츰 나라의 중흥을 꾀할 수 있게 되었다.

유대 역사가 요세푸스(Joseph ben Mathitijahu, AD 37~100경)에 의하면 에스라는 느헤미야 시절의 대제사장이었던 엘리야십(Eliashib) 시대에 편안하게 하나님 나라에 갔다고 한다. 유대인 교사들은 에스라를 제 2의 모세라고 하여 거의 동격으로 존경하고 있다.

말라기와 느헤미야

느헤미야, 말라기

- ⊙ 말라기 : Malachi(나의 천사), 에스라, 느헤미야와 동시대에 활동한 선지자.
- ⊙ 느헤미야 : Nehemiah(여호와께서 위로하셨다), BC 444년 제 3차 포로귀환을 이끈 예루살렘의 총독. 원래 페르시아 왕 아닥사스다의 술 맡은 관원장(酒官)이었으나 예루살렘에 돌아와 성벽을 재건하고, 에스라와 함께 신앙 부흥운동을 일으킨 지도자이다.
- ⊙ 에스라 : Ezra(도움), BC 458년 제 2차 포로귀환을 이끌었던 제사장으로 학사(學士 : Scribe)이다. 학사는 서기관을 이르는 말이다. 아론의 16대 후손이며 사독의 5대손이다.
- ⊙ 아닥사스다 : Artaxerxes(대왕), 페르시아 왕 아르타크세르크세스 1세로 에스더의 남편인 아하수에로의 아들이다. 하지만 에스더의 아들은 아니다. BC 465~424년까지 통치하였으며, 롱기마누스(Longimanus)와 동일인이다. 에스라와 느헤미야에게 도움을 주었다.
- ⊙ 하가랴, 하나니 : Hacaliah, Hanani 느헤미야의 부친과 동생.
- ⊙ 엘리아십 : Eliashib(하나님이 돌아오심), 에스라와 느헤미야 시대의 대제사장.
- ⊙ 산발랏 : Sanballat(앗수르어), 에브라임의 호론 사람으로 사마리아의 지도자였다.
- ⊙ 도비야 : Tobiah(여호와는 선하시다), 암몬 출신의 귀족으로 유다 귀족들과 내통하며 느헤미야를 괴롭혔다.

▶ 말라기 선지자 ◀

말라기 선지자는 에스라와 동시대에 활동했던 선지자로, 구약성서의 마지막 말씀인 말라기서의 저자이다. 당시 이스라엘은 극심한 흉년으로 많은 어려움을 겪고 있었다. 그러자 백성들은 하나님의 말씀이 이루어지지 않았다고 푸념하며 원망하고 있었다. 이는 학개, 스가랴가 약속한바, 성전을 지으면 하늘의 복이 임하게 될 것이라는 말씀이 응하지 않았다는 것이었다. 그러나 말라기는 학개 스가랴의 예언이 응하지 않은 것이 아니라, 이스라엘 백성들이 하나님 앞에 온전히 서지 않았기 때문이라고 선포하였다. 즉, 하나님께 바쳐야 하는 것을 온전히 바치지 않기에 하늘 문이 닫혀 있다는 것이었다.

> 너희가 눈 먼 것들을 희생제로 드린다면, 그것이 악하지 아니하냐? 너희가 저는 것들과 병든 것들을 드린다면, 그것이 악하지 아니하냐? 지금 네 총독에게 그것을 바쳐 보라. 그가 너를 기뻐하겠으며 네 존재를 받아들이겠느냐? (말 1:8)

> 사람이 하나님의 것을 도둑질하겠느냐? 그러나 너희는 내 것을 도둑질하였도다. 그래도 너희는 말하기를 "우리가 어떻게 주의 것을 도둑질하였나이까?" 하니, 십일조와 제물들이라. 너희가 저주로 저주를 받았으니, 이는 너희와 이 온 민족이 나의 것을 도둑질하였음이라. 만군의 주가 말하노니, 너희는 모든 십일조를 창고에 들여와 내 집에 식량이 있게 하고, 이제 그것으로 나를 시험하여 내가 하늘의 창문들을 열어 너희에게 복을 부어 주지 않나 보라. 그것을 받을 만한 충분한 장소가 없으리라. (말 3:8~10)

심는 것이 있어야만 거둘 수 있는 것은 만고불변의 진리다. 하나님께 은혜를 받고 싶은 사람은 먼저 하나님께 받은 은혜의 씨앗을 심을 줄 알아야 한다. 사실 우리가 누리고 있는 모든 것은 다 하나님으로부터 온 것이다. 그중에 일부를 드리는 것이 십일조와 제물들 곧 감사예물이다. 농부가 거둔 것의 일부를 씨앗으로 다시 심듯이 우리도 받은 은혜의 일부를 다시 하늘에 심어야 한다. 그래야 하늘이 막히지 않는다.

성경 전체에서 하나님을 시험해보라는 말씀은 말라기 3:8 말씀이 유일하다. 그만큼 확실한 약속이 이 말씀이다.

▶ 느헤미야 ◀

느헤미야는 페르시아의 아닥사스다 1세 때에 술 맡은 관원(酒官)으로, 페르시아 제국의 높은 고관(高官)이었다. 술 맡은 관원은 왕의 곁에 서서 왕의 잔에 술을 따르는 사람으로, 사실상 왕의 참모이며 왕과 항시 이야기를 나눌 수 있는 높은 지위에 있는 사람을 의미하는 것이기 때문이다.

BC 444년 느헤미야는 친동생 하나니로부터 유대 나라의 소식을 듣게 되었다. 대략 100년 전에 스룹바벨을 포함한 5만의 인구가 귀환하여 성전을 세웠고, 15년 전에 에스라를 중심으로 다시 수천 명이 고국으로 돌아갔지만, 고국의 사정은 전혀 나아지지 않았다는 소식이었다. 예루살렘의 성벽은 이미 140여 년 동안 무너진 그대로 방치되어 있었으며, 이를 보수하기 위한 노력들은 다 좌절하고 말았다. 그 결과 돌아간 백성들의 삶은 궁핍하기가 이를 데 없었고, 더욱이 주변의 이방인들에게 한없이 멸시를 당하고 있다는 소식이었다.

이 소식을 들은 느헤미야는 며칠 동안이나 눈물을 흘리며 하나님께 금식기도를 드렸다. 그러면서 느헤미야는 자신을 포함한 민족의 잘못에 대해 회개하기 시작했다. 그러던 어느 날 임금 앞에 나아가 술을 따라주던 중, 느헤미야의 안색을 살핀 왕이 무슨 근심이 있는지를 묻게 되었다. 이에 느헤미야는 하나님께 묵도를 드린 후 담대하게 고국의 사정을 아뢰고, 자신을 보내 무너진 성벽을 다시 쌓을 수 있도록 해달라는 간청을 하였다. 사실 이는 임금의 곁을 떠나겠다는 청으로 자칫하면 미움을 사서 위험해질 수도 있는 일이었으나 느헤미야는 담대하게 말하였고, 왕은 흔쾌히 그 청을 들어 주었다.

그 결과 느헤미야는 일단의 군사들을 이끌고 유다의 총독이 되어 당당하게 고국으로 돌아가게 되었다. 이것이 바로 제 3차 포로귀환이다. 당시 예루살렘의 유다 백성들은 사마리아의 지도자인 산발랏과 암몬 사람 도비야 등에게 지배당하고 있었고, 대제사장 엘리아십은 그들의 하수인으로 전락해 있었다. 뿐만 아니라 학사 에스라마저 그들을 제어하지 못하고 있는 지경이었다.

느헤미야는 총독으로 부임하여 비밀리에 성벽의 근황을 살펴본 뒤에 특단의 대책을 세웠다. 그리고는 유다 백성들을 모아 자신이 부임한 목적은 무너진 예루살렘의 성벽을 다시 건설하는 것이며, 이미 페르시아의 임금에게 허락을 받았다고 말하였다. 이에 백성들은 크게 고무되었고 한마음이 되어 성벽을 다시 건설하기 시작했다. 느헤미야는 그들 각자에게 보수해야 할 위치를 지정해 주며 역할을 나누어 감당하도록 하였다.

성벽은 하루가 다르게 건설되어 갔지만 느헤미야의 건축 사업에 공공연히 반대하는 사람들 역시 적지 않았다. 우선 산발랏과 도비야를 비롯한 이방 지도자들이 거세게 반발하였다. 그들은 유다의 귀족들을 사주하여 느헤미야에게 대항하도록 선동하기도 하고, 느헤미야를 반란 혐의로 고발하겠다고 위협하기도 하였으며, 심지어 제사장 스마야를 매수하여 느헤미야에 대한 암살 계획까지도 세울 정도였다.

뿐만 아니라 군사들을 모아 위협을 가하는 등 온갖 방해 공작을 서슴지 않았다.

그러나 느헤미야는 하나님께 간절히 기도하며 모든 문제를 차근차근 풀어나가기 시작했다. 그들의 어떤 위협에도 굴복하지 않았고, 그들이 파놓은 함정은 지혜롭게 피해냈으며, 군사적 위협에 대항하기 위하여 성벽을 재건하는 것뿐만 아니라, 보초를 세워 위협에 대항하는 일까지 하게 하였다. 결국 모든 난관에도 불구하고 불과 52일 만에 140년간 무너져있었던 예루살렘의 성벽을 재건하였다.

성벽이 엘룰 월 이십오일에, 오십이 일 만에 끝났더라. 우리의 모든 원수들이 그 소식을 듣고 우리 주위에 있는 모든 이방이 이 일들을 보자, 그들이 그들 자신의 눈에 심히 낮추어졌으니, 이는 그들이 이 공사가 우리 하나님에 의해 이루어진 것을 알았음이더라! (느 6:15~16)

뿐만 아니라 느헤미야는 모든 고리대금업을 일소하였고, 에스라와 함께 출애굽 이후 그 어느 시대에도 온전히 지켜지지 않았던 초막절 집회를 온전하게 드리도록 하였다. 예루살렘의 수문 앞 광장에서 거행된 이 집회에서 에스라는 나무 강단에 올라 8일간 말씀을 증거하여 온 백성이 회개하고 하나님께 돌아오도록 하였다. 그때 에스라는 눈물을 쏟으며 회개하는 백성들에게 이렇게 말했다.

너희는 슬퍼하지 말라. 이는 주를 기뻐함이 너희의 힘이기 때문이라! (느 8:10)

그 후 12년 동안 느헤미야는 사례도 받지 않고 자비량으로 총독의 업무를 진행하며, 영적으로 육적으로 이스라엘의 중흥을 위해 노력하였다. 하지만 느헤미야가 12년 만에 페르시아에 돌아가자 이스라엘은 또다시 타락하기 시작했다. 성전에 이방인 도비야를 위한 방이 건설되었고, 성직자들에게 마땅히 지급되어야 할 사례

비가 중지되어 대다수의 성직자들이 생업을 위해 성직을 포기할 지경에 이르고 말았던 것이다. 결국 느헤미야는 다시 돌아오지 않을 수 없었으며, 이 모든 것을 바로 잡기 위하여 남은 생애 모든 노력을 다하였다.

헤롯 왕가

4복음서, 사도행전

⊙ 헤롯 안티파스 : Herod Antipas(영웅의 아들), 헤롯 왕가의 시조, 헤롯 대왕의 부친.

⊙ 헤롯 대왕 : Herod the Great, BC.37 ~ BC.4년까지 이스라엘을 다스린 왕. 에돔 족속(에 서의 후예).

⊙ 마리암네 : Mariamne, 헤롯 대왕이 결혼한 10명의 부인 중, 두 번째 부인. 헤롯이 가장 사랑했던 여인이었으나, 남편 헤롯에게 불륜을 의심받아 살해당했다.

⊙ 헤롯 아켈라오 : Herod Archelaus, BC.4 ~ AD.6년까지 유다와 사마리아를 통치한 헤 롯의 아들.

⊙ 헤롯 안티파스 : Herod Antipas, BC.4 ~ AD.37년까지 갈릴리와 베레아를 통치한 헤롯 의 아들. 세례 요한을 살해한 사람이며, 빌라도와 함께 예수님을 심문했던 사람이다. 또 한 로마 황제 티베리우스를 기리기 위해, 갈릴리에 디베랴라는 이름의 도시를 건설했다.

⊙ 헤롯 빌립 : Herod Pillip, BC.4 ~ AD 34년까지 갈릴리 북동쪽을 통치한 헤롯의 아들.

⊙ 헤롯 아그립바 1세 : Herod Agrippa Ⅰ, AD.41 ~ AD 44년까지 이스라엘을 통치하며 잔 인하게 기독교를 박해한 헤롯의 손자로 사도 야고보를 처형하고 베드로도 죽이려 하였 다.

⊙ 헤롯 아그립바 2세 : Herod Agrippa Ⅱ, AD.53 ~ AD 70년까지 이스라엘을 통치한 1세 의 아들.

⊙ 헤로디아 : Herodias(영웅의 딸), 헤롯의 손녀딸로 빌립과 결혼했다가, 헤롯 안티파스의 왕비가 된 여인. 이들의 결혼을 비난한 세례 요한을 잔인한 방법으로 살해하였다.

⊙ 살로메 : Salome(평화), 헤로디아와 빌립 사이에 태어난 딸. 양아버지 헤롯 안티파스를 꾀어 세례 요한을 죽이게 만든 장본인.

말라기 선지자 이후 400년 가까운 세월에 대해 성경은 침묵한다. 이 시기를 신구약 중간기라고 부른다. 이 기간 이스라엘의 역사는 계속되는 식민지의 역사였다. 말라기 시대부터 약 150년 동안은 페르시아의 지배하에 있어야 했고, 그 뒤에는 알렉산더 대왕의 침입으로 헬라 제국의 통치를 받아야 했다. 알렉산더가 요절한 뒤에는 이집트를 지배하던 프톨레미(Ptolemies), 또 시리아를 지배하던 셀류커스(Selucus)의 통치를 받다가, 마카비 형제의 혁명으로 얼마간 독립된 나라를 이루기도 하였다.

하지만 오래지 않아 다시 로마의 침공을 받고 끝내 로마의 식민지가 되었다. 그것은 BC 63년의 일로, 당시 유다를 침공한 장군은 폼페이(Pompeius)였다. 이런 혼란의 와중에 등장한 사람이 헤롯 안티파스였다. 그는 이두메(Idumea), 즉 에돔 출신의 이방인이었다. 이두메라는 말은 에돔을 헬라식으로 발음한 지명이다. 그는 탁월한 정치력을 발휘하여 로마의 지원을 받아 유다를 지배하는 실질적인 지배자가 되었다. 하지만 BC 43년, 부하였던 마리크스의 음모로 독살되었다.

그 후 BC 37년에 공식적인 로마의 승인을 받아 유다의 왕으로 부임한 사람이 있었는데, 바로 헤롯 안티파스의 차남인 헤롯이다. 그는 실질적 헤롯 왕가의 창시자로 헤롯 대왕(Herod the Great)이라고 불린다. 헤롯 대왕은 원형극장과 같은 거대한 건축물을 많이 지은 사람이며, 또한 많은 신도시들을 건설한 사람이다. 하지만 그 과정에서 백성들은 엄청난 세금에 시달려야 했다. 이러한 백성들의 마음을 위로하기 위하여 헤롯은 BC 20년부터 예루살렘 성전을 재건축하기 시작했다. 이 과정은 참으로 길고 오랜 것이어서 헤롯이 죽은 뒤까지도 완공되지 못하다, AD 67년에 비로소 완공되었다. 하지만 불과 3년 뒤에 로마의 침공으로 완전히 무너지고, 오직 통곡의 벽 하나만 남아 오늘에 이르고 있다. 통곡의 벽은 로마가 이스라엘에 경고하는 의미로 남겨둔 성전의 서쪽벽이다.

바로 이 사람이 통치할 당시에, 예수님께서 세상에 태어나셨다.

예수님께서 태어나실 당시는 헤롯 대왕의 말년이었다. 당시 헤롯은 권력의 누수 현상으로 수많은 위협에 직면하여, 광기에 가까운 살육을 벌이고 있을 때였다. 아내 마리암네를 죽였고, 많은 자식들도 살해하였으며, 권력의 유지를 위해 온갖 수단을 다 동원하고 있을 때였다. 그에게는 총 10명의 아내와 수많은 자식들이 있었지만, 그중 많은 수가 헤롯에 의하여 살해당했다.

이런 시기에 예수님께서 태어나신 것이다. 안타깝게도 이러한 사실을 잘 알지 못했던 동방박사들은 별을 따라 오다 헤롯의 왕궁에 들어가 예수님에 대해 물었고, 그 결과 잔인한 헤롯은 예수님을 죽이기 위해 베들레헴 인근의 2살 미만의 유아들을 다 학살하는 만행을 서슴지 않았던 것이다.

결국 예수님께서는 이러한 헤롯의 만행을 피해 이집트로 피신하셔야 하셨고, 헤롯 대왕이 죽기까지 그곳에 머물러 계셔야 했다. 하지만 헤롯의 수명은 그 후 오래가지 못했고, 그가 죽은 후 예수님은 부모들의 고향인 나사렛에서 어린 시절을 보내시게 된다.

헤롯 대왕이 죽은 후 나라는 여러 갈래로 갈라져 자식들에 의하여 통치되었다. 가장 중심부라 할 수 있는 예루살렘을 포함한 유다와 사마리아 그리고 이두메 지역은, 아들인 헤롯 아켈라오가 차지하였지만, 그 역시 아버지를 닮아 포악하기 이를 데 없었던 아켈라오는, 얼마 지나지 않아 추방을 당하고 만다. 그 후 유다의 중심부인 예루살렘 지역은 로마에서 총독을 파견하여 직접 다스리게 되었다. 그래서 예수님께서 십자가를 지실 당시에도 이 지역은 총독인 빌라도가 다스리고 있었던 것이다.

유다의 북쪽인 갈릴리 인근 지역은 헤롯 안티파스(안디바, 분봉왕 헤롯)에 의하여 통치되었다. 이 사람 역시 상당히 포악한 사람으로 세례 요한의 목을 자른 사람이다. 그는 자신의 조카인 빌립의 아내 헤로디아를 탐내, 끝내 그녀를 유혹하여 자신의 아내로 삼아 버렸다. 세례 요한이 이 사실을 직접 언급하며 비난하였고 그러자 안디바는 요한을 감옥에 가두어 버렸다. 얼마 후 자신의 생일잔치에서 의붓딸인 살로메의 춤에 반한 안디바는 딸의 소원을 들어주겠다고 호언하였고, 딸은 어머니 헤로디아의 사주로 요한의 목을 요구하였다. 예수님께서도 이 사람을 가리켜 저 여우라고 부르셨다(눅 13:32). 말년에 아내인 헤로디아와 함께 추방되어 비참한 최후를 맞고 말았다. 복음서에 등장하는 헤롯은 대부분 이 사람을 지칭한다. 빌라도와 함께 예수님을 심문했던 사람도 이 사람이다.

헤롯 안티파스가 물러난 후 헤롯 대왕의 손자인 아그립바 1세가 로마의 후원을 등에 업고 귀국하여 헤롯 대왕이 통치하였던 거의 전 영역을 통치하게 된다. 이때가 AD 41년으로 예수님께서 승천하신 뒤, 교회가 막 세워지고 있을 때였다. 아그립바는 자신의 권세를 이용해 사도 야고보를 살해하였고, 베드로마저 붙잡아 옥에 가두었다. 하지만 천사들의 도움으로 베드로는 처형 전날 밤에 극적으로 탈출에 성공하였다. 그 후로도 아그립바의 박해는 계속 이어졌지만, 몇 년이 지나지 않아 아그립바는 하나님께 영광을 돌리지 않은 결과 저주를 받아 죽고 말았다. 성경은 이 장면을 이렇게 묘사한다.

헤롯이 날을 택하여 왕복을 입고 단상에 앉아 백성에게 연설하니, 백성들이 크게 부르되 이것은 신의 소리요 사람의 소리가 아니라 하거늘, 헤롯이 영광을 하나님께로 돌리지 아니하므로 주의 사자가 곧 치니 벌레에게 먹혀 죽으니라 (행 12:21~23).

헤롯 아그립바 1세가 요절한 뒤 그의 아들 아그립바 2세가 뒤를 이었다. 그러나 곧바로 왕위가 이어진 것은 아니고 공백 기간이 10년이나 되었다. 그동안 아그립바 2세는 로마에 머물며 로마 귀족들의 환심을 사기 위해 갖은 노력을 기울이고 있었다. 사도 바울이 억울한 누명을 쓰고 예루살렘에서 체포되어 심문을 받을 때, 로마의 총독 베스도와 함께 바울을 심문한 사람이 바로 이 사람이다.

이 사람의 통치 기간 중에 유대인의 대반란이 일어나게 된다. 그때가 바로 AD 66년이었다. 이는 아그립바 2세의 잔혹한 통치가 초래한 결과였다. 아그립바 2세는 자기 친누이인 베니게(Bernice)와 근친상간까지 범한 패륜아였기 때문이다. 그러나 유다의 반란은 로마의 침입을 초래하였고, AD 70년에 유다는 로마의 말발굽 아래 완전히 멸망하고 말았다. 예수님의 예언 그대로 될 위에 돌 하나도 남아 있지 않은 끔찍한 최후였다. 그 후 유대인들은 1948년 영국의 도움으로 나라가 다시 서기까지 근 2000년 가까운 세월을 유리 방황하며 세계 각 지역을 떠돌게 되었다.

세례 요한

4복음서, 사도행전

- ⊙ 세례 요한 : John the Baptist(여호와의 사랑하는 자), 이스라엘의 마지막 선지자.
- ⊙ 사가랴 : Cechariah(여호와께서 기억하신다), 세례 요한의 부친이며 아비야 반열의 제사장.
- ⊙ 엘리사벳 : Elisabeth(하나님은 나의 맹세, 하나님을 예배하는 자), 세례 요한의 모친. 예수님의 모친 성모 마리아의 친척이다.
- ⊙ 헤롯 안티파스 : Herod Antipas, BC.4 ~ AD 37년까지 갈릴리와 베레아를 통치한 헤롯의 아들. 세례 요한을 살해한 사람이며, 빌라도와 함께 예수님을 심문했던 사람이다. 또한 로마황제 티베리우스를 기리기 위해, 갈릴리에 디베랴라는 이름의 도시를 건설했다.
- ⊙ 헤로디아 : Herodias(영웅의 딸), 헤롯의 손녀딸로 빌립과 결혼했다가, 헤롯 안티파스의 왕비가 된 여인. 이들의 결혼을 비난한 세례 요한을 잔인한 방법으로 살해하였다.
- ⊙ 살로메 : Salome(평화) 헤로디아와 빌립 사이에 태어난 딸. 양아버지 헤롯 안티파스를 꾀어 세례 요한을 죽이게 만든 장본인.

예수께서 태어나시기 얼마 전에 이스라엘에 사가랴라는 아비야 반열의 의로운 제사장이 있었다. 성소에서 분향하던 사가랴에게 천사 가브리엘이 찾아왔다. 가브리엘은 사가랴가 장차 아들을 낳을 것이며, 그 아들은 하나님의 큰 은총으로 태어나는 아들이니 나실인(nazir) 삶을 살게 하라는 지시를 받았다.

사가랴여! 무서워하지 말라! 너의 간구함이 들린지라! 네 아내 엘리사벳이 네게 아들을 낳아 주리니 그 이름을 요한이라 하라. 너도 기뻐하고 즐거워할 것이요 많은 사람도 그의 태어남을 기뻐하리니, 이는 그가 주 앞에 큰 자가 되며 포도주나 독한 술을 마시지 아니하며 모태로부터 성령의 충만함을 받아 이스라엘 자손을 주 곧 그들의 하나님께로 많이 돌아오게 하겠음이라. 그가 또 엘리야의 심령과 능력으로 주 앞에 먼저 와서 아버지의 마음을 자식에게, 거스르는 자를 의인의 슬기에 돌아오게 하고 주를 위하여 세운 백성을 준비하리라. (눅 1:13~17)

당시 사가랴는 제사장 가문의 여인인 엘리사벳을 아내로 맞았지만 자녀가 없어 근심하며 기도하고 있었다. 하나님께서 그들 부부의 기도를 들으시고 귀한 아들을 보내주시기로 하신 것이다. 그러나 안타깝게도 사가랴는 그 사실을 의심하였다. 자신과 아내의 나이가 너무 많았기 때문이었다. 그러자 천사는 사가랴가 아이가 태어날 때까지 말을 할 수 없을 것이라고 하였다. 과연 그 즉시 사가랴가 벙어리가 되고 말았다. 믿음이 부족할 때는 말을 하면 안 되는 법이다. 믿음이 부족한 말은 하나님의 일을 방해하는 것이기 때문이다.

얼마 후 사가랴의 아내 엘리사벳이 정말로 아이를 가지게 되었다. 엘리사벳은 귀한 아기를 위하여 산속 은밀한 곳에 숨어 지내며 기도하고 있었다. 6개월 뒤에 엘리사벳에게 친척 마리아가 찾아왔다. 마리아는 요셉과 정혼한 여인이었으나, 성령으로 예수님을 잉태하였다. 마리아는 은밀한 곳에 숨어 지내던 엘리사벳을 방문하였는데, 엘리사벳의 복중의 아기가 기뻐 뛰놀았다. 그곳에서 마리아와 엘리사벳은 3개월간 함께 기거하였다.

엘리사벳이 아기를 낳은 뒤에 친인척들이 모여 아기의 이름을 아버지를 따라 사가랴로 하려고 하였다. 하지만 엘리사벳은 요한이라고 해야 한다고 하였다. 친척들은 문중에 그런 이름이 없다고 반대하였다. 결국 벙어리가 되어있던 아버지 사가랴에게 의중을 물었고, 사가랴는 서판에 요한이라고 썼다. 사가랴가 천사 가브리엘의 명령에 복종한 것이었다. 그러자 10달간 묶여있던 사가랴의 입이 풀려 다시 말을 하게 되었다.

이렇게 태어난 세례 요한은 홀로 빈들에 거하며 오직 기도하고 말씀을 묵상하는 일에 전념하였다. 옷은 낙타 가죽으로 만든 거친 옷을 입었고, 메뚜기와 석청(石淸)만을 먹었다. 이는 선지자 엘리야의 삶의 모습을 본받은 것인데, 일찍이 말라기 선지자를 통하여 예언된 바 있는 말씀이 응하게 하심이었다.

보라! 여호와의 크고 두려운 날이 이르기 전에, 내가 선지자 엘리야를 너희에게 보내리니 그가 아버지의 마음을 자녀에게로 돌이키게 하고 자녀들의 마음을 그들의 아버지에게로 돌이키게 하리라 돌이키지 아니하면 두렵건대 내가 와서 저주로 그 땅을 칠까 하노라 하시니라. (말 4:5~6)

세례 요한은 청년이 되자 요단강에 나타나 사람들에게 말씀을 외치기 시작했다. 요한의 메시지는 크게 두 가지로 나뉘는데, 하나는 주의 길 곧 메시아의 길을 예비하라는 것이었다. 이제 머잖아 메시아가 오실 것이니, 그분을 맞을 준비를 하라는 것이었다. 또 하나의 메시지는 회개하고 세례를 받으라는 것이었다. 세례를 받지 아니하면, 곧 온전하게 회개하지 않으면 주님을 맞이할 수 없을 것이기 때문이다.

그의 외침은 큰 반향을 일으켜 수많은 사람들이 나아와 회개하고 세례를 받았다. 그 과정에서 요한은 바리새인들과 사두개인들을 향해서 독사의 자식들이라며 저주를 퍼붓기도 하였다. 요한은 영광스럽게도 예수님을 직접 뵈옵고 그 머리에 세례를 베풀기도 하였다. 물론 요한은 예수님을 즉시 알아보았고, 겸손하게 사양하였으나 주님이 강권하여 세례를 받으셨다. 나중에 요한은 예수님을 향해 이렇게 말하였다.

나는 물로 너희에게 세례를 베풀거니와 나보다 능력이 많으신 이가 오시나니 나는 그의 신발끈을 풀기도 감당하지 못하겠노라 그는 성령과 불로 너희에게 세례를 베푸실 것이요 손에 키를 들고 자기의 타작마당을 정하게 하사 알곡은 모아 곳간에 들이고 쭉정이는 꺼지지 않는 불에 태우시리라 (눅 3:16~17)

그로부터 얼마 후 예수님께서도 요단강에 서서 세례를 베푸셨다. 그러자 많은 사람이 요한을 떠나 예수님께 나아가 세례를 받았다. 요한의 제자들이 이를 시기하여 요한에게 탄원하자 요한은 이렇게 대답했다.

만일 하늘에서 주신 바 아니면 사람이 아무 것도 받을 수 없느니라! 내가 말한 바 나는 그리스도가 아니요 그의 앞에 보내심을 받은 자라고 한 것을 증언할 자는 너희니라. 신부를 취하는 자는 신랑이나 서서 신랑의 음성을 듣는 친구가 크게 기뻐하나니 나는 이러한 기쁨으로 충만하였노라. 그는 흥하여야 하겠고 나는 쇠하여야 하리라 하니라! (요 3:27~30)

세례 요한은 분봉왕 헤롯(헤롯 안티파스)이 동생 빌립의 아내였던 헤로디아를 빼앗은 것을 강하게 비난하다 옥에 갇히게 되었다. 그 일로 상당히 오랜 시간 옥에 갇혀있던 요한은, 시간이 지나도 예수님께서 당신의 나라를 이루지 아니하시자, 일면 불안해하면서 제자들을 보내, 과연 예수님이 진짜 메시아이신지를 물었다. 그 물음에 예수님은 이렇게 대답하셨다.

너희가 가서 듣고 보는 것을 요한에게 알리되, 맹인이 보며 못 걷는 사람이 걸으며 나병환자가 깨끗함을 받으며 못 듣는 자가 들으며 죽은 자가 살아나며 가난한 자에게 복음이 전파된다 하라! 누구든지 나로 말미암아 실족하지 아니하는 자는 복이 있도다. (마 11:4~6)

예수님은 제자들에게 세례요한을 이렇게 평하셨다.

내가 너희에게 이르노니 선지자보다 더 나은 자니라. 기록된 바 보라 내가 내 사자를 네 앞에 보내노니 그가 네 길을 네 앞에 준비하리라 하신 것이 이 사람에 대한 말씀이니라. 내가 진실로 너희에게 말하노니 여자가 낳은 자 중에 세례요한보다 큰 이가 일어남이 없도다 그러나 천국에서는 극히 작은 자라도 그보다 크니라. 세례 요한의 때부터 지금까지 천국은 침노를 당하나니 침노하는 자는 빼앗느니라 모든 선지자와 율법이 예언한 것은 요한까지니 만일 너희가 즐겨 받을진대 오리라 한 엘리야가 곧 이 사람이니라. (마 11:9~14)

얼마 후 요한은 분봉왕 헤롯의 생일날 헤로디아와 그의 딸 살로메의 농간으로 살해되었다.

하지만 요한이 살해된 후에도 요한의 이름은 사라지지 않았고, 수많은 사람들이 그가 부활할 것이라고 믿었다. 그래서 헤롯은 예수님께서 요한이 부활하신 것이 아닌지 두려워하기도 하였다. 훗날 초대교회가 세워진 후에도 요한의 제자들은 여전히 활동하였는데, 대표적인 사람이 에베소에 있던 아볼로(Apollos)였다.

베드로

4복음서, 사도행전

- ⊙ 베드로 : Peter, Simon, Cephas (반석), 시몬은 사막, 광야라는 뜻. 예수님의 수제자(首弟子).
- ⊙ 안드레 : Andrew(남자다운), 베드로의 형제이며 12제자 중의 한 사람.
- ⊙ 요　한 : John(여호와의 사랑하는 자), 베드로와 안드레의 부친. 요나(Jonah)라고도 한다.
- ⊙ 세례 요한 : John the Baptist(여호와의 사랑하는 자), 이스라엘의 마지막 선지자.
- ⊙ 야고보 : James(발꿈치를 잡은 자), 사도 요한의 형이며, 12제자 중 최초의 순교자.
- ⊙ 사도 요한 : John(여호와의 사랑하는 자), 야고보와 함께 세베대의 아들로 베드로의 동업자였다.
- ⊙ 안디옥 교회 : Antioch Church, 시리아에 세워진 교회. 베드로가 개척하고 바나바가 담임했던 교회. 바울과 바나바를 파송하였고 예루살렘 교회를 돕는 등, 눈부신 활약을 한 사도행전 최고의 교회.

베드로는 갈릴리 벳세다(어부의 집) 출신의 어부다. 그의 본명은 시몬이다. 그에게는 아내도 있었으며, 형제들도 있었다. 그중 하나가 바로 안드레다. 또한 동업자들도 있었는데, 세베대(Zebedee)의 아들들인 야고보와 요한이다. 이들은 모두세례 요한의 제자들이었다. 하지만 전적으로 요한을 따르던 제자들은 아니었던 것같고, 자기 직업에 종사하면서 세례 요한의 가르침을 실천하던 사람들이었다. 그들은 세례 요한이 예수님을 향해 "보라! 하나님의 어린 양이로다!"라고 외치는 소리를 듣게 된다. 이 소리를 듣고 안드레와 요한 두 사람은 그 즉시 예수님을 따르기 시작했다. 그 후에 안드레는 자기 형제 베드로를 주님께 소개하였고, 요한은야고보를 소개하였다. 이렇게 하여 최초의 4제자가 선정되었는데, 베드로와 안드레, 야고보와 요한이다. 그러나 이들은 아직 전폭적으로 주님만을 의지하였던 것은 아니었고, 여전히 자기 직업에 종사하면서 전에 세례 요한을 따르듯이 예수님을 따르고 있었던 것이다.

그 후 주님께서 호수에서 고기를 잡던 그들에게 찾아오셨다. 마침 그들은 밤새도록 그물을 던졌으나 한 마리의 고기도 잡지 못한 때였다. 예수님은 그들에게 깊은 곳에 그물을 던지라고 말씀하셨고 순종하자 엄청나게 많은 고기를 잡을 수 있었다. 그러자 베드로와 동료들이 예수님의 발 앞에 엎드렸고, 주님은 그들에게 "무서워하지 말라! 이제 후로는 네가 사람을 취하리라! (혹은, 나를 따라오너라. 내가 너희로 사람을 낚는 어부가 되게 하리라)"라고 말씀하셨다(눅 5:10, 마 4:19). 그 말씀을 들은 그들은 그 즉시 배와 그물과 그토록 많이 잡힌 물고기까지 다 버려두고 주님을 따르기 시작했다.

베드로는 그 후로 주님을 한 번도 떠나지 않고 십자가를 지실 때까지 가장 충성스럽게 곁에서 모신 사람이었다. 베드로는 모든 일에 언제나 앞장을 섰고, 또 늘호언장담을 하곤 하였다. 주님께서 풍랑 이는 갈릴리 호수를 밟고 제자들에게 다가오실 때는 주님을 바라보며 자신도 물 위를 걷게 해 달라고 했다가 겁을 집어먹고 물속에 빠져든 일도 있었고, 변화산에서 모세와 엘리야를 만나 변모하신 주님을 바라보며 넋이 나가 그곳에 초막 셋을 짓겠다고 하기도 하였다. 또한 주님께서 십자가를 지시기 직전에, 모든 제자가 떠나갈 것임을 예언하시자 자신은 절대로 주님을 떠나지 않겠다고 큰소리를 쳤지만, 다음 날 아침에 주님을 모른다고 세 번이나 부인하기도 하였다. 뿐만 아니라 주님을 붙잡기 위해서 겟세마네 동산으로 병사들이 모여들자 칼을 빼 들고 대제사장의 종 말고의 귀를 잘라버린 사람도 베드로였다. 그만큼 성격이 급하고 실수가 많은 사람이었다.

그러나 명백한 사실은 비록 투박하고, 성급하고, 큰소리치기를 좋아하는 그였지만, 주님을 향한 사랑만큼은 한결같았다는 것이다. 비록 주님을 모른다고 세 번이나 부인하기는 했지만, 바로 그 순간 주님의 눈빛을 보며 통곡 속에서 회개한 사람이 베드로였다. 성 어거스틴은, 예수님께서 가장 사랑하신 사람은 요한이고, 예수님을 가장 사랑한 사람은 베드로라고 하였는데, 그 말처럼 베드로는 가장 충성스러운 주님의 제자였던 것이다.

그렇기 때문에 주님을 향해 "주는 그리스도시요 살아 계신 하나님의 아들이시니이다"라는 위대한 고백을 가장 먼저 할 수 있었던 것이다. 그 고백이 주님을 얼마나 기쁘시게 하였던지 주님은 베드로를 향해 "바요나 시몬아 네가 복이 있도다. 이를 네게 알게 한 이는 혈육이 아니요 하늘에 계신 내 아버지시니라. 또 내가 네게 이르노니 너는 베드로라! 내가 이 반석 위에 내 교회를 세우리니 음부의 권세가 이기지 못하리라. 내가 천국 열쇠를 네게 주리니 네가 땅에서 무엇이든지 매면 하늘에서도 매일 것이요 네가 땅에서 무엇이든지 풀면 하늘에서도 풀리리라"라고 극진한 칭찬을 하셨을 정도였다.

그러나 바로 그다음 장면에서 베드로는 십자가를 지시겠다는 주님을 극구 만류하다가 "사탄아! 내 뒤로 물러가라! 너는 나를 넘어지게 하는 자로다! 네가 하나님의 일을 생각지 아니하고 도리어 사람의 일을 생각하는도다!"라는 큰 야단을 맞기도 하였다.

하지만 베드로는 주님께서 아무리 야단을 쳐도 절대로 주님을 떠난 적이 없었다. 주님을 따르던 대다수의 사람들이 주님의 살과 피를 먹고 마시라는 말에 시험 들어 다 떠나버렸을 때에도 베드로만큼은 "주여! 영생의 말씀이 주께 있사오니 우리가 누구에게로 가오리이까! 우리가 주는 하나님의 거룩하신 자이신 줄 믿고 알았사옵나이다"라고 대답하며 주님을 떠나지 않았다. 뿐만 아니라 비록 주님을 모른다고 부인을 하였을지라도 통곡 속에 회개하며 끝까지 주님이 가시는 길을 지켜본 사람이었다. 또한 주님께서 부활하신 후에도 막달라 마리아 다음으로 주님을 처음 만난 사람이 베드로였다.

부활하신 주님의 부름을 받아 다시 예루살렘에 모여든 제자들은 베드로의 지시에 따라 가룟 유다 대신에 맛디아(Mathias, 하나님의 선물)를 뽑아 12제자를 채웠으며, 120문도가 마가의 다락방에서 십여 일 동안 오로지 기도에 힘쓰게 된 것도 사실상 베드로가 앞장섰기에 가능한 일이었다. 그 결과 위대한 오순절 성령 강림의 역사가 일어나게 되었고, 그 일이 일어났을 때 제자들을 대표하여 사람들에게 설교한 사람도 베드로였다. 그 결과 수천 명이 회개하는 역사가 일어났고, 예루살렘 교회는 나날이 성장하며 크게 부흥할 수 있었다.

그때까지는 기독교가 유대교를 벗어나려는 움직임이 전혀 없었다. 그래서 여전히 예루살렘 성전을 오가며 시간 시간 기도하고 말씀 전하는 일에만 매진하고 있었다. 주님은 이미 '온 유대와 사마리아와 땅 끝까지 이르러 내 증인이 되라'고 말씀하셨는데도 말이다. 결국 흩어져 전하지 않는 교회에 큰 박해가 일어났고 어쩔 수 없이 세계 곳곳으로 흩어져 교회를 세우게 되었다. 역시 그 일에도 베드로가 가장 앞장을 섰다.

사실 사도바울보다 더 먼저 이방에 복음을 전한 사람이 베드로였다. 베드로는 환상 중에 하늘에서 보자기와 각양 짐승이 내려오는 것을 보았으며, 또 그것을 잡아먹으라는 음성도 들었다. 그것은 부정하다고 인정되었던 이방인들에게도 복음을 전하라는 계시였으며 그 말씀에 순종하여 베드로는 로마 군대의 백부장인 가이사랴의 고넬료(Cornelius)에게 나아가 복음을 전하고 할례받지 않은 그들에게 세례를 베풀었다.

또한 사도바울이 이방인에게 세례를 베푸는 문제 때문에 최초의 예루살렘 공회가 열렸을 때도, 적극적으로 나서 이방인 선교의 발판을 마련한 사람이 베드로였다. 비록 이방인들과 식사를 나누다 일어선 것 때문에 바울에게 핀잔을 듣기도 하였지만(갈 2:14), 그래도 베드로는 끝까지 주님의 말씀을 실천하기 위하여 애를 쓴 사람이었다.

베드로의 행적은 사도행전 12장 이후 자취를 감춘다. 다만 전하는 이야기들을 통해 나머지 베드로의 사역을 추측할 수 있는데, 우선 베드로가 안디옥 교회의 개척자라는 것, 그리고 로마에 가서 복음을 전하였으며 결국 네로의 박해 아래 십자가를 지고 순교했다는 것 정도이다. 특히 베드로는 주님 앞에 더 겸손해지기 위해 십자가에 달리는 순간에도 자신을 거꾸로 매달아 달라고 했다고 한다.

사도 요한

4복음서, 사도행전, 요한서신, 계시록

- ⊙ 사도 요한 : John(여호와의 사랑하는 자), 예수님의 12제자 중 한 사람으로 가장 사랑받은 제자. 요한복음, 요한 1,2,3서, 요한 계시록의 저자.
- ⊙ 야고보 : James(발꿈치를 잡은 자), 사도 요한의 형이며, 12제자 중 최초의 순교자.
- ⊙ 세베대 : Zebedee(여호와의 주심), 사도 요한과 야고보의 부친으로 갈릴리의 어부.
- ⊙ 살로메 : Salome(Salwvmh, 평화), 세베대의 아내로 사도 요한과 야고보의 모친. 성모 마리아와는 자매지간이거나 가까운 친척 사이였다.
- ⊙ 베드로 : Peter, Simon, Cephas (반석), 시몬은 사막, 광야라는 뜻. 예수님의 수제자(首弟子).
- ⊙ 성모 마리아 : Mary(높다), 예수님의 모친이며 살로메의 친척.

사도 요한은 예수님께 가장 많은 사랑을 받았던 제자였다. 그는 주님이 가시는 곳이라면 어디든 항상 동행하였던 세 명의 제자(베드로, 야고보, 요한) 중의 한 사람이다. 변화산에도, 겟세마네 동산에도, 야이로의 죽은 딸을 다시 살려낼 때에도, 이 세 사람만큼은 항상 주님과 같이 있었다. 하지만 그중에서도 가장 큰 사랑을 받은 사람은 단연 사도 요한이었다. 사도 요한은 예수님께서 최후의 만찬을 행하실 때에도 주님의 품에 누워 주님과 은밀하게 대화하며 음식을 나누었을 정도였다. 또한 주님께서 십자가에 달리셨을 때에도 다른 제자들은 모두 도망치거나 멀리 떨어져 있을 뿐이었는데, 요한은 십자가 밑에 나아가 죽어 가시는 주님과 마지막 대화를 나누었던 사람이다. 그때 주님은 당신의 어머니 성모 마리아를 사도 요한의 손에 맡기셨는데, 그만큼 요한은 주님의 큰 신뢰를 받았던 사람임을 증명하는 말씀이다(요 19:27).

요한이 어째서 주님께 그토록 큰 사랑을 받았는지는 알 수 없다. 아마도 12제자 중에 가장 나이가 어린 제자가 요한이었을 것이기에 그랬을 것으로 짐작할 수 있다. 또한 전통적으로 요한의 어머니 살로메는, 성모 마리아와 자매지간이었던 것으로 생각되었는데, 만약 이 사실이 맞다면, 요한과 야고보는 예수님의 사촌 동생이 되는 것이다. 그러나 정확한 근거는 없으며, 아마도 먼 친척쯤 되었을 것으로 짐작된다. 전통적으로 성모 마리아의 친척으로 생각하는 사람은 세례 요한의 어머니 엘리사벳과 사도 요한과 야고보의 어머니 살로메이다.

사도 요한은 베드로와 안드레, 그리고 친형인 야고보와 함께 갈릴리에서 부름을 받은 최초의 제자였다. 처음 그는 세례 요한을 따르던 제자였으나, 세례 요한이 주님을 가리켜 하나님의 어린양이라고 고백하는 소리를 듣고 주님을 따르게 되었다. 당시 요한은 형 야고보와 함께 갈릴리에서 고기를 잡던 어부였다. 그의 부친인 세베대 역시 어부였으며, 그의 집안은 비교적 부유했던 것으로 사려된다. 또한 제법 유력한 가문이어서 나중에 주님께서 대제사장의 법정에 끌려가실 때에도, 요한은 안면이 있는 사람에게 부탁하여 대제사장의 뜰 안으로 쉽게 들어갈 수 있었다. 그때 요한은 베드로를 함께 데리고 갔으며, 그 자리에서 베드로는 주님을 모른다고 세 번 부인하였다. 아무튼 요한은 그만큼 유력한 가문의 사람이었지만 그 배경을 다 뒤로하고 전심으로 주님을 따르는 일에 최선을 다하였다.

일반적으로 사도 요한은 차분하고 조용한 성격의 소유자로 알려져 있다. 하지만 가끔씩 불같은 화를 내기도 하였는데, 화를 낼 때에는 아주 대단하였던 모양이다. 이것은 요한뿐만이 아니라 요한의 형 야고보도 마찬가지여서, 예수님은 이들 형제를 가리켜 보아너게(Boanerges, 우뢰의 아들)이라고 불렀을 정도였다. 과연 이들은 왕왕 자신들의 성격을 들어낼 때가 있었는데, 주님께서 예루살렘으로 가시는 길이라는 이유로 주님을 받아들이지 않는 사마리아 사람들을 향해 "주여! 우리가 불을 명하여 하늘로부터 내려 저희를 멸하라 하기를 원하시나이까?"라고 말했다가 크게 야단을 맞은 일도 있었다(눅9:54). 또한 요한은 예수님을 따르지는 않으면서, 예수님의 이름으로 귀신을 내어 쫓는 사람들을 만나자, 그렇게 하지 말라고 호통을 친 일도 있었다. 그러나 그때 주님은 이렇게 말씀하셨다.

금하지 말라. 내 이름을 의탁하여 능한 일을 행하고 즉시로 나를 비방할 자가 없느니라. 우리를 반대하지 않는 자는 우리를 위하는 자니라. (막 9:39~40)

뿐만 아니라 야고보와 요한은 주님께서 마지막으로 예루살렘을 향해 가실 때, 그 어머니 살로메와 함께 찾아와, 주님의 나라가 임하실 때 자신들을 주님의 좌우편에 앉게 해달라는 요청을 하였다. 이는 다른 제자들을 크게 분노하게 만드는 일이었는데, 서로 다투는 제자들을 향해 주님은 이렇게 말씀하셨다.

너희 중에 누구든지 크고자 하는 자는 너희를 섬기는 자가 되고, 너희 중에 누 구든지 으뜸이 되고자 하는 자는 너희의 종이 되어야 하리라. 인자가 온 것은 섬김을 받으려 함이 아니라 도리어 섬기려 하고, 자기 목숨을 많은 사람의 대 속물로 주려 함이니라! (마 20:26~28)

주님께서 십자가를 지신 후 초대교회의 시대가 시작되었을 때, 사도 요한은 형 야고보가 헤롯 아그립바 1세에 의하여 잔인하게 순교 당하는 것을 목격하였다. 그 럼에도 불구하고 요한은 복음을 끝까지 지켜내었으며 주님의 유언에 따라 성모 마 리아를 극진하게 모신 것으로 전해진다. 그 후 사도 요한은 마리아와 함께 예루살 렘을 떠나 에베소로 이민을 떠난 것으로 보인다. 거기에는 이미 사도 바울이 개척 한 에베소 교회가 있었다. 요한은 에베소 교회를 비롯해서 소아시아의 여러 교회 를 돌며 감독의 직분을 감당하였다.

그 과정에서 무시무시한 박해를 받기도 하였는데, 도미티아누스(Domitianus, 재위 81~96) 황제 때는 독배를 마시게 되었지만 아무런 해도 받지 않았고, 다시 펄펄 끓는 기름 솥에 던져졌지만 그 속에서도 다시 살아났다고 한다. 결국 황제는 어떠한 방법으로도 요한을 죽일 수 없음을 알고 밧모(Patmos, 송진) 섬으로 유배 를 보내 버렸다. 이미 80이 넘은 고령의 나이였음에도 요한은 그 섬에서 중노동에 시달리면서도 끝까지 살아남았고, 또한 최후의 날에 대한 환상을 보고 이를 기록 하였는데, 그것이 바로 요한 계시록이다.

사도 요한은 예수 그리스도에 대한 복음서들(마태, 마가, 누가 복음)이 출판되 기 시작했을 때, 자신이 직접 경험하고 깨달은 주님에 대한 복음을 새로 기술하여 요한복음을 저술하기도 하였다. 이 과정에서 요한은 자신이 고령의 나이에도 살아 있음과 무서운 박해 속에서도 죽지 않았던 것을 보고 주께서 재림하실 때까지도 요한은 살아있을 것이라는 풍문에 대한 해명도 하였다.

아무튼 요한은 마지막까지 자신의 사명을 다 감당하였으며 밧모 섬의 유배가 끝난 뒤에 다시 에베소로 돌아와 편안한 죽음을 맞이한 것으로 보인다. 하지만 또 다른 일설에 의하면 요한이 유대인들에 의하여 순교 당하였다고도 한다. 전통적으로 요한의 초상화에 나타나는 요한의 이마는 불룩하게 솟아 있다. 이는 요한이 밧모 섬에 유배당할 당시에 항상 이마를 땅에 대고 간절히 기도했기에 생겨난 상처라고 한다. 한편 주의 형제 야고보는 무릎을 꿇고 기도를 하도 많이 해서 무릎이 낙타의 무릎처럼 튀어 나왔다고 한다. 이른바 낙타무릎의 주인공이다.

성모(聖母) 마리아

복음서

- ⊙ 성모 마리아 : The Virgin Mary(높다), 예수님의 모친이며, 요셉의 아내.
- ⊙ 요 셉 : Joseph(그는 더하실 것임), 유다지파 다윗 가문의 후손으로 마리아의 남편이며 목수.
- ⊙ 주의 형제 야고보 : James(발꿈치를 잡은 자). 예수님의 동생. 후에 예루살렘 교회를 담임하였다. 야고보 밑으로 세 명의 남동생이 더 있었다(요셉, 시몬, 유다 – 마태 13:55).
- ⊙ 사도 요한 : John(여호와의 사랑하는 자), 예수님의 12제자 중 한 사람으로 가장 사랑받은 제자. 요한복음, 요한 1,2,3서, 요한 계시록의 저자. 예수님의 부탁으로 성모 마리아를 모신 분.
- ⊙ 엘리사벳 : Elisabeth(Elisavbet, 하나님은 나의 맹세), 세례 요한의 모친이며 마리아의 친척.
- ⊙ 살로메 : Salome(Salwvmh, 평화), 사도 요한과 야고보의 모친이며 마리아의 자매 혹은 친척.

성모 마리아의 집안에 대한 내력은 성경에 자세히 나와 있지 않다. 다만 추측을 해 볼 수 있을 뿐인데, 특히 마태복음 1장과 누가복음 3장에 있는 예수님의 족보가 서로 상이하다는 점에서, 누가복음의 족보를 마리아 가문의 족보로 보는 견해가 일반적이다. 그렇다면 그녀의 부친은 헬리(Heli)이고, 그녀 역시 남편 요셉과 마찬가지로 다윗의 가문에 속한 유다지파 사람으로 볼 수 있다.

마리아는 대략 13세를 전후하여 갈릴리 나사렛에 사는 목수 요셉과 정혼한 사이였다. 당시 남자의 적령기는 18~24세, 여자는 13~14세가 일반적이었기 때문이다. 정혼한 처녀는 유부녀와 거의 비슷한 대우를 받으며 1년 이상의 기간을 정결하게 지내야 했다. 그런데 그 시기에 마리아는 천사장 가브리엘(Gabriel)의 방문을 받는다. 가브리엘은 뜻밖의 이야기를 하였는데, 마리아가 성령으로 아기를 잉태하게 될 것이라는 말씀이었다. 이는 분명 놀라운 소식이었지만, 동시에 동정녀(童貞女)로서는 받아들이기가 너무도 힘든 말씀이었다. 우선 결혼을 앞둔 처녀로서 아기를 가진다는 것 자체가 상당히 부담스러운 일이었으며 더욱이 만약 그 사실이 외부에 알려지게 될 경우에는 온 동네 사람의 손가락질 속에 돌에 맞아 죽게 될 것이기 때문이었다.

그럼에도 불구하고 마리아는 천사의 명령에 순종하며 이렇게 대답했다.

주의 여종이오니 말씀대로 내게 이루어지이다! (눅 1:38)

과연 천사의 말대로 마리아는 임신을 하였다. 얼마 후 이 사실을 알게 된 요셉은 마리아와 조용히 헤어지려고 하였지만, 꿈에 나타난 천사의 교훈으로 성령의 잉태를 받아들였으며, 아기 이름을 예수라 하라는 지시에도 순종하였다. 해산할 때가 임박할 즈음에 마리아와 요셉은 로마 황제의 명령으로 호적을 위해 요셉의 고향인 베들레헴으로 가게 되었다. 때마침 해산의 징조가 있어 베들레헴에서 아기를 낳게 되었는데, 마땅한 장소를 구하지 못해 마구간을 빌려 아기를 낳았고, 누일 곳조차 없어 구유에 누이고 말았다.

주님의 출산은 비참할 정도로 초라했다. 다만 천사들의 소식을 듣고 온 양치기 몇 명이 찾아와 축하하였을 뿐이었다. 40일 후 요셉과 마리아는 예루살렘 성전에 올라가 율법에 따라 아기를 주님께 드리는 예식을 거행하였는데, 양을 장만할 능력이 되지 않아 가장 작은 예물인 비둘기를 준비하여 갔다. 하지만 성전에서는 이미 주님이 올 것을 예비하며 기다리던 제사장 시므온(Shimeon)이 있었는데, 일평생 주님을 기다리던 경건한 사람이었다. 또한 여선지자 안나(Anna) 역시 주님을 크게 환영하며 맞아주었다.

그 후 요셉과 마리아는 아기와 함께 베들레헴에 얼마간 머물러 있었다. 바로 그때에 동방에서부터 별을 따라 온 박사들(Magi)의 방문을 받았다. 그러나 이들의 방문은 곧 헤롯의 병적인 질투를 사게 되어 결국 이집트로 피난을 떠나지 않을 수 없었다. 얼마 후 헤롯이 죽은 뒤에 요셉과 마리아는 이스라엘로 돌아와 갈릴리 나사렛에 정착하여 살았다.

요셉은 예수님께서 12살이 될 때까지는 살아있었다. 주님께서 12세 되시던 해에 성전에 오르실 때 요셉도 같이 있었기 때문이다. 그동안 마리아는 4명의 아들(야고보, 요셉, 시몬, 유다)과 딸들을 낳았다(막 6:3). 하지만 요셉은 그 후 얼마 되지 않아 세상을 떠난 것으로 보인다. 따라서 마리아는 맏아들인 예수님을 의지하여 살아가게 되었을 것이다. 또한 예수님은 아버지를 대신하여 어머니와 동생들을 책임지셨을 것이다.

주님께서 30세가 되어 공생애(公生涯)에 들어가신 후에 마리아는 줄곧 주님을 따른 것으로 보인다. 그러나 주님의 동생들은 예수님이 메시아이심을 인정하지 않았다가, 예수님께서 부활하신 뒤에야 주님을 믿은 것으로 보인다. 그중에 야고보는 사도들의 위임으로 예루살렘 교회의 담임자가 되어 초대교회에서 아주 중요한 위치를 점했으며, 훗날 야고보서를 저술하기도 하였다. 예수님께서 부활하신 후에 마리아는 마가의 다락방에서 120문도와 함께 기도하여 성령 충만을 받았다. 그 후의 행적은 성경에 기록되어 있지 않으나 일반적으로 사도 요한을 따라 에베소에 갔을 것으로 추측된다. 지금도 에베소에는 성모 마리아를 기념하는 교회가 있다.

마리아는 분명 믿음이 아주 좋은 여성이었다. 그러나 주님을 잉태할 만큼 대단한 믿음을 가진 것은 사실이지만, 그렇다고 주님과 동등한 위치에 설 만큼 신비한 인물은 아니었다. 그럼에도 불구하고 후대의 많은 사람들은 그녀가 무언가 범상한 인물이 아닐 것으로 추측하여 갖가지 억측을 주장하였다.

우선 성모 마리아는 어떠한 죄도 짓지 않은 결백한 사람일 것이라는 거다. 이른바 동정녀무염설(童貞女無染說)이라는 것인데, 하와가 뱀의 꼬임에 넘어가 온 인류가 죄에 빠져든 것에 반해, 마리아가 천사의 말씀에 순종함으로 온 인류를 구원했다는 거다. 즉, 아담은 주님을 예표하고 하와는 마리아를 예표 한다는 거다. 그렇기 때문에 마리아는 죄가 없이 주님을 잉태하였다고 믿는다(무염시태설-無染始胎說, Immaculate Conception).

이 가설은 1854년 12월 8일 성베드로 성당에서 천주교의 공식 교리로 선포되었다. 뿐만 아니라 마리아는 예수님을 낳은 이후에 요셉과 결혼은 했어도 성관계를 전혀 갖지 않은 순수한 동정녀로 평생을 살았다고 믿는데, 성경에 나오는 예수님의 동생들도 사실은, 요셉의 전 부인이 낳은 아이들일 것이라는 엉뚱한 주장까지 사실로 받아들이고 있다. 심지어 마리아 역시 죽었다가 3일 만에 부활하였으며, 주님과 마찬가지로 승천하였다고 한다. 천주교는 공식적으로 8월 15일을 성모 승천 대축일로 지킨다.

그 결과 마리아는 수많은 천주교 신도들의 예배와 숭배의 대상이 되어있다. 마리아를 삼위일체 하나님보다는 조금 못하지만 모든 인간보다는 우위에 있는 분이라고 믿는 것이다. 사실 마리아에게 기도를 드리는 이유는 마리아가 예수님과 인간 중간에서 중보자 역할을 하여 줄 것이라고 기대하기 때문이기도 하다. 천주교에는 성모 마리아뿐만 아니라 많은 성인(聖人)들을 기념하는 갖가지 미사(Missa)가 행해지고 있는데, 이는 기독교가 공인되면서 기존의 각종 지방신들에게 지내던 제사를 변형시킨 사실상의 우상숭배와 다르지 않다. 이런 사실 때문에 일찍이 천주교는 동방정교회와 로만카톨릭교회로 갈라지기도 하였는데, 이른바 성상숭배 논란이 그 중심에 있었다. 우리 개신교는 마리아에 대한 어떠한 숭배나 예배도 금지하고 있다. 마리아는 그저 성경에 나오는 많은 선배 신앙인 중 한 분일 뿐이지, 예배나 경배의 대상이 될 수는 없다고 믿기 때문이다.

마르다와 마리아

복음서

- ⊙ 나사로 : Lazarus(하나님의 도움 – 엘르아살(Eleazar)의 단축형). 베다니에 살던 사람으로 죽은 지 나흘 만에 예수님이 다시 살려내신 사람, 마르다와 마리아의 오빠.
- ⊙ 마르다 : Martha(부인 여주인), 나사로의 여동생이며 마리아의 언니.
- ⊙ 마리아 : Mary(높다), 나사로와 마르다의 여동생. 예수님의 머리에 순전한 나드(Nard) 향유 한 옥합(한 근: 500g)을 부어 주님의 장사를 예비한 여인.
- ⊙ 나병환자 시몬 : Simon the Leper(사막 광야), 마르다의 남편(?), 예수님께 고침을 받은 나병환자(?). 베다니에 사는 사람으로, 예수님을 위해 잔치를 베풀었던 사람.
- ⊙ 베다니 : Bethany(가난한 자의 집, 푸른 과일의 집), 예루살렘에서 약 3Km쯤 떨어진 곳으로 나사로와 나병환자 시몬의 집이 있었던 곳.

예루살렘 동쪽 약 3Km 지점에 베다니라는 마을이 있다. 베다니는 슬픔의 집, 혹은 가난한 자의 집이라는 뜻이다. 이로 볼 때 베다니는 지극히 가난한 사람들이 사는 작은 마을이었을 것이다. 예수님께서는 자주 그 마을에 들리시곤 하였는데, 그 마을에 주님의 친구라고 불리는 한 사람이 있었기 때문이다. 그의 이름은 나사로이다. 그는 주님뿐만 아니라 주님의 제자들과도 좋은 관계를 유지하고 있었다. 그래서 주님은 그를 가리켜 우리 친구 나사로(Our friend Lazarus, 요한 11:11)라고 부르셨다. 그는 주님의 일행을 잘 대접한 사람으로 주님은 그곳에 들러 식사를 하시기도 하고 때론 얼마간 머무르기도 하셨다.

나사로에게는 마르다와 마리아라는 두 명의 여동생이 있었다. 이 중 마르다는 이미 결혼하였던 것으로 보인다. 일반적으로 그녀의 남편이 이른바 나병환자 시몬(Simon the Leper)이라 불리는 사람인 것으로 보는데, 그는 마르다와 결혼 후 나병에 걸렸다가 주님을 만나 기적적으로 치유되었을 것이다. 만약 이 추론이 맞다면 주님께 치료받은 나병환자 시몬에 의하여 주님과 나사로의 가정은 처음 만나게 되었을 것이다. 또한 그 일을 계기로 나사로의 가정은 주님을 극진히 대접했을 것이고, 주님께서도 그 가정을 지극히 사랑하셔서 자주 들리시며 말씀을 나누시고, 복음을 전하셨을 것이다.

그러던 어느 날 주님께서 베다니의 나사로의 집을 방문하셨을 때, 마침 나사로는 집에 없었다. 그래서 나사로의 여동생인 마르다와 마리아가 주님을 대접하였다. 언니인 마르다는 주님을 위해 많은 음식을 장만하려고 노력했다. 사실 주님은 홀로 다니시는 분이 아니셨으니 그 일행을 다 대접한다는 건 결코 쉬운 일이 아니었을 것이다. 제자들의 몫까지 다 준비해야 하기 때문이다. 그래서 분주하게 오가며 식사 준비를 하고 있었는데, 동생 마리아는 그런 언니의 애타는 마음은 아랑곳하지 않고 그저 주님 곁에 앉아 주님이 하시는 말씀을 듣는 데 여념이 없었다.

보다 못한 언니가 주님께 이렇게 말했다.

주여! 내 동생이 나 혼자 일하게 두는 것을 생각하지 아니하시나이까? 그를 명하사 나를 도와주라 하소서! (눅 10:40)

그러나 주님은 마르다에게 이렇게 말씀하셨다.

마르다야 마르다야! 네가 많은 일로 염려하고 근심하나 몇 가지만 하든지 혹은 한 가지만이라도 족하니라. 마리아는 이 좋은 편을 택하였으니 빼앗기지 아니하리라!(눅 10:41)

참 많은 것을 생각하게 하는 말씀이 아닐 수 없다. 주의 일을 함에 있어, 말씀을 듣는 것보다 더 중한 것은 없는데, 때때로 우리는 말씀보다는 일에 매여 있을 때가 많이 있기 때문이다. 교회도 마찬가지다. 좋은 일을 많이 하는 것도 중요하지만 그보다 더 중요한 건, 예배를 잘 드리는 것이며 말씀을 잘 듣는 것임에 틀림이 없다. 이것은 절대로 뒤바뀌면 안 된다.

그러나 이 말씀을 결코 마르다를 책망하는 이야기로 들어서는 안 된다. 만약 주님이 마르다를 책망하시려고 하셨다면 당장 일을 그만두고 들어와 말씀을 들으라고 하셨을 것이지, 결코 일을 줄이라고 하시지는 않으셨을 것이기 때문이다. 주님은 분명 마르다의 일도 기쁘게 여기셨다. 또한 마르다가 있기에 기쁨이 있는 것이지 만약 마르다도 없이 마리아만 혼자 앉아있었다면 주님과 제자들은 제대로 대접을 받으실 수 없으셨을 거다.

따라서 예수님의 말씀은 마리아를 감싸주시는 말씀으로 받아들여야 한다. 만약 언니 마르다의 말대로 마리아를 내보내 일을 시켰다면, 그날 마리아는 언니 마르다에게 심한 꾸중을 들었을 것이기 때문이다. 이를 미리 아신 주님께서 슬며시 마리아의 편을 들어 분쟁이 생기는 걸 미연에 막으신 것으로 보아야 할 것이다.

그로부터 얼마 후에 나사로가 중병에 걸려 며칠을 앓다가 죽고 말았다. 이 사실을 아신 주님께서는 나사로를 살리시기 위해 베다니를 찾아오셨다. 하지만 주님이 베다니에 도착하셨을 때는 이미 나사로가 죽은 지 나흘이 지나 무덤에 묻히고 난 뒤였다. 나이 어린 마리아는 큰 슬픔으로 정신이 하나도 없었고, 언니 마르다만 주님이 오셨다는 소식을 듣고 나가 마중하였다. 주님을 본 마르다는 안타까운 마음에 이렇게 말했다.

주께서 여기 계셨더라면 내 오라버니가 죽지 아니하였겠나이다.
그러나 나는 이제라도 주께서 무엇이든지 하나님께 구하시는 것을 하나님이 주실 줄을 아나이다! (요 11:21~22)

그때 주님이 마르다를 향해 남기신 말씀이다.

나는 부활이요 생명이니 나를 믿는 자는 죽어도 살겠고,
무릇 살아서 나를 믿는 자는 영원히 죽지 아니하리니 네가 이것을 믿느냐? (요한 11:25~26)

이 말씀 후에 마르다는 조용히 마리아를 불러내었고, 그제야 마리아는 주님의 부름을 받고야 비로소 급히 주님을 만나기 위해 뛰어나갔다. 주님은 큰 슬픔에 빠져 울고 있는 마리아를 보시고 눈물을 흘리셨다. 이어 주님은 무덤을 열게 하셨고, 하나님께 간절히 기도하심으로 죽은 나사로를 다시 살려내셨다.

이 일은 온 유대에 큰 반향을 불러일으켰다. 이 일로 인하여 대제사장과 바리새인들은 더욱 주님을 죽이려고 하였고, 또한 나사로까지 함께 죽이려고 하였다. 또한 이 일로 인해 주님은 더욱 유명해져서 예루살렘에 입성하실 때에 온 백성이 종려나무를 꺾어 들고 호산나를 외치는 된 계기가 되기도 하였다.

유월절 엿새 전에, 주님은 베다니의 나병환자 시몬의 집에서 열린 잔치에 참여하셨다. 이 잔치는 아마도 죽었다가 살아난 나사로를 위한 축하 잔치이며, 동시에 주님께 드리는 감사의 예배였을 것이다. 이 자리에서도 마르다는 여전히 분주하게 대접하는 일에 최선을 다하고 있었다. 마르다가 없었다면 잔치의 기쁨도 없었을 것이다.

그 자리에서 어린 마리아는 주님께 대접할 것이 없음을 안타깝게 여기다 자신의 전 재산이나 다름이 없는 순전한 나드 향유 한 옥합(한 근)을 가져와 주님의 머리와 발에 붓고 자신의 머리털로 그 발을 씻겨 드렸다. 그러자 가룟 유다가 300데나리온이나 하는 향유를 허비한다며 나무랐다. 하지만 주님은 이렇게 말씀하셨다.

가만 두라! 너희가 어찌하여 그를 괴롭게 하느냐 그가 내게 좋은 일을 하였느니라! 가난한 자들은 항상 너희와 함께 있으니 아무 때라도 원하는 대로 도울 수 있거니와 나는 너희와 항상 함께 있지 아니하리라. 그는 힘을 다하여 내 몸에 향유를 부어 내 장례를 미리 준비하였느니라. 내가 진실로 너희에게 이르노니 온 천하에 어디서든지 복음이 전파되는 곳에는 이 여자가 행한 일도 말하여 그를 기억하리라! (막 14:6~9)

교회와 성도는 물론 가난한 이웃을 돌보는 사명을 가지고 있다. 그러나 그보다 더 중요한 건, 우리 주님을 섬기는 일이다. 혹여라도 봉사하는 여러 일에 치여 자칫 주님을 사랑하는 참 신앙을 잃는 일이 있으면 절대로 안 된다. 모름지기 성도는 언제나 주님을 향한 뜨거운 사랑이, 그 처음 사랑이 식지 않도록 하여야 할 것이다. 하지만 반대로 주님을 향한 사랑만을 강조하여 이웃을 사랑하는 일을 소홀히 해서도 안 된다. 바람직한 신앙은 항상 하나님에 대한 사랑과 이웃에 대한 사랑의 조화 속에서 찾아야 한다.

막달라 마리아

복음서

- ⊙ 막달라 마리아 : Mary(높다), 일곱 귀신에 사로잡혔다가 주님으로부터 고침을 받은 여인.
- ⊙ 막달라 : Magdala(탑), 디베랴(갈릴리) 북쪽의 마을로, 예수님 당시에는 갈릴리 4대 도시 중의 하나였다.
- ⊙ 바리새인 시몬 : Simon the Pharisees(사막 광야), 예수님을 자기 집으로 초청해서 식사를 대접했으나 발 씻을 물도 내놓지 않고, 주님께 입도 맞추지 않아 책망받았던 사람.
- ⊙ 글로바(알패오) : Clopas, Alphaeus(사유), 12제자 중 작은 야고보와 마태(레위)의 아버지이며 또 다른 마리아의 남편.
- ⊙ 야고보 : James(발꿈치를 잡은 자), 12제자 중 작은 야고보라 불리던 사도로 마태의 형제.
- ⊙ 마 태 : Matthew(하나님의 선물), 가버나움에서 가까운 한 세관의 세리였다가 주님의 부름으로 제자가 된 사람. 레위(Levi)라는 이름으로도 불렸다.
- ⊙ 마 가 : Mark(비추이다), 마가복음의 저자이며, 유다식 이름은 요한. 마가복음의 저자. 바나바의 조카. 사도바울의 1차 전도여행에 동행하다 중간에 돌아갔던 사람이다.
- ⊙ 바나바 : Barnabas(위로의 아들), 구브로 출신의 유대인으로 초대교회를 이끈 유능한 목회자. 사도바울의 가능성을 알아보고 교회에 소개한 사람이며, 마가의 삼촌이다.

성경에 마리아라는 이름을 가진 여인은 총 6명이 있다. 성모 마리아, 베다니의 마리아, 막달라 마리아 이외에도 글로바(알패오)의 아내 마리아도 있고, 마가의 어머니 마리아도 있다. 또한 로마서 16:6에 사도 바울의 문안인사 중에 단 한 번 등장하는 로마의 마리아도 있다.

글로바의 아내 마리아는, 큰 주목을 받지는 않았어도 예수님을 항상 곁에서 모신 여인 중의 한 사람이었다. 또한 그녀는 두 아들을 예수님의 12제자로 바친 참 위대한 신앙의 어머니였다. 그 두 아들이 바로 작은 야고보와 마태(레위)이다. 일반적으로 이 두 사람은 가버나움 근처의 세관을 맡고 있던 세리들로 알려져 있다. 마태는 부름을 받은 뒤에 주님을 위해 큰 잔치를 벌이기도 했었다. 그 뒤로 두 아들은 물론이고 어머니 마리아와 남편인 글로바(Clopas)까지도 다 주님의 제자가 되어 주님을 따르게 되었다. 이 글로바는 누가복음 24장에 엠마오로 가던 주님의 제자 글로바(Cleophas)와는 다른 사람이다. 글로바의 아내 마리아는 주님의 십자가 밑에도 있었고, 부활하신 뒤에 가장 먼저 무덤을 찾았던 여인 중에도 있었다.

마가의 어머니 마리아 역시 참 훌륭한 분이었다. 그녀 본인에 대해서는 알려진 바가 거의 없지만, 그녀는 자신의 집을 주님의 거처로 기꺼이 내놓은 여인이었다. 그 집은 흔히 마가의 다락방이라고 불리는 곳으로 그녀의 아들 마가의 이름으로 알려져있는 곳이다. 그곳은 주님이 잡히시기 전날 밤 제자들과 함께 최후의 만찬을 나누신 곳이고, 또 세족식을 거행하신 곳이며, 주님이 십자가를 지신 이후에는 120문도가 함께 모여 오직 기도에 힘쓰다 불의 혀와 같은 성령을 받은 곳으로 최초의 교회가 된 곳이기도 하다. 뿐만 아니라 마리아에게는 믿은 좋은 남동생(오빠?)도 있었는데 위로의 아들(勸慰子)이라 불리던 바나바였다. 그는 자신의 땅을 다 팔아 교회에 헌납한 사람이며, 안디옥교회의 담임자로 바울을 바울 되게 만든 가장 큰 공헌자이다. 사실 바나바가 없었다면 바울도 있을 수 없었다고 할 정도로 초대교회의 핵심과도 같은 분이다.

성경에 나오는 6명의 마리아는 모두 훌륭한 이름을 남긴 위대한 신앙인들이지만, 그중에서 가장 유명한 마리아는 막달라 출신의 마리아였다. 그녀의 이름은 4복음서 모두에 기록되어 있으며, 그녀는 부활하신 예수님을 최초로 만난 여인으로 기록되어 있다.

사실 그녀는 예수님을 만나기 전에는 일곱 귀신이 들려 있었다. 귀신이 들렸다는 말은 무서운 질병을 앓고 있었다는 말도 되지만, 그보다는 정신질환에 시달리던 여인이라고 보는 것이 더 정확하다. 그것도 일곱이나 되는 귀신에게 사로잡혀 있었다면, 정말 비참한 일이 아닐 수 없다. 일단 귀신에게 사로잡히면 귀신이 하라는 대로 해야만 하고, 귀신처럼 살아야 하며, 가족으로부터도 버림받고, 살던 곳에서도 쫓겨나 무덤을 전전하며 살아야 했을 것이다.

그러던 중에 예수님을 만났고, 주님의 능력으로 귀신이 쫓겨나자, 새 삶을 살게 된 여인이 바로 막달라 마리아이다. 그 일이 얼마나 감사했던지, 마리아는 주님이 바리새인 시몬의 집에서 식사를 하실 때 조심스럽게 다가가 주님의 머리와 발에 향유을 붓고 입을 맞추며 자기 머리카락과 눈물로 그 발을 씻겨 드렸다. 이스라엘은 먼지가 많은 곳이어서 항상 발을 씻어야 했는데 바리새인 시몬은 주님을 자기 집으로 모셔 놓고도 발 씻을 물조차 내주지 않았고, 또 주님이 오셨을 때 환영의 인사로 입을 맞추지도 않았다. 이 모습을 지켜보던 막달라 마리아가 너무 송구스러워서 시몬 대신 주님께 나아가 향유로 발을 씻고 머리카락으로 닦은 후 자신의 입술을 그 발에 맞춤으로, 주님께 대신 인사하였던 것이다. 그럼에도 불구하고 시몬은 마음속으로 막달라 마리아를 업신여기며 주님을 비웃었다. 그녀는 죄인인데, 주님은 그녀가 죄인인 줄도 모르고 그녀가 하는 대로 내버려 둔다는 거였다.

그때 주님은 시몬을 향해 이렇게 말씀하셨다.

이 여자를 보느냐? 내가 네 집에 들어올 때 너는 내게 발 씻을 물도 주지 아니하였으되 이 여자는 눈물로 내 발을 적시고 그 머리털로 닦았으며, 너는 내게 입맞추지 아니하였으되 그는 내가 들어올 때로부터 내 발에 입맞추기를 그치지 아니하였으며, 너는 내 머리에 감람유도 붓지 아니하였으되 그는 향유를 내 발에 부었느니라. 이러므로 내가 네게 말하노니 그의 많은 죄가 사하여졌도다. 이는 그의 사랑함이 많음이라! 사함을 받은 일이 적은 자는 적게 사랑하느니라. (눅 7:44~47)

사실 이 여인이 막달라 마리아라는 직접적 언급은 없지만 전통적으로 막달라 마리아라는 사실을 의심하는 사람은 거의 없다. 또 어떤 사람들은 요한복음 8장에 나오는 간음하다 현장에서 붙잡힌 여인이 막달라 마리아였다고 하기도 하고, 심지어 그녀의 직업이 창녀였다고도 하는데, 591년 로마 가톨릭의 교황 그레고리오 1세가 설교를 하면서 바리새인 시몬이 그녀를 가리켜 죄인이라고 불렀기 때문에 그녀의 직업이 창녀였다고 하였기 때문이다. 하지만 확인된 사실은 아니다. 아무튼 예수님으로부터 고침을 받은 이후로 마리아는 항상 주님을 따르며 자신의 재산을 바쳐 주님을 섬겼던 것은 분명한 사실이다. 예수님께 고침을 받은 사람은 수도 없이 많았지만, 막달라 마리아처럼 그 은혜를 감사하며 주님을 진심으로 섬긴 사람은 아무도 없었다.

그녀는 주님이 가시는 곳이라면 어디든 함께 간 여인이다. 심지어 십자가에 달리시는 그 자리에도 막달라 마리아는 주님과 함께 있었고, 다음날 안식일이 지나기 무섭게, 새벽 미명에, 아직 동도 트지 않은 이른 새벽에, 향유를 들고 주님의 무덤으로 찾아간 여인이었다. 그녀는 무덤이 비어 있음을 최초로 발견하고 베드로와 요한을 불렀지만, 베드로와 요한은 그저 무덤이 비었다는 사실만 확인하고 돌아가 버렸다. 그러나 마리아는 끝까지 그 자리에 남아 없어진 주님의 시신을 놓고 통곡하였다. 그 결과 그녀의 눈물 앞에 주님이 나타나셨는데, 그래서 그녀는 부활하신 주님을 최초로 만난 여인이 된 것이다.

그때 하염없이 눈물 흘리며 매달리는 막달라 마리아를 향해 주님은 이렇게 말씀하셨다.

마리아야... 나를 붙들지 말라. 내가 아직 아버지께로 올라가지 아니하였노라!
(요 20:17)
⇒ 너무 그렇게 매달리지 말아라. 내가 아직은 천국에 가지 않고 이렇게 세상에 남아 있단다!

오늘날 일부 악의적인 사람들이 막달라 마리아와 예수님의 관계를 이성적 애정 관계로 추정하여, 그리스도 최후의 유혹이니, 다빈치 코드니 하면서 말도 안 되는 억측을 주장하지만 그건 다 악한 상상력이 빚은 허구일 뿐이다. 실상 막달라 마리아는 예수님보다 훨씬 더 연장자였을 것으로 보이며 그녀는 오직 주님께 감사의 마음으로 헌신의 삶을 산 것이지 결코 인간적 애정으로 따른 것이 아니기 때문이다. 그것은 당시 예수님의 곁에는 따르던 여인들이 상당수 함께 하고 있었다는 사실을 통해 증명할 수 있다. 결코 막달라 마리아만 주님을 따른 것이 아니고 그녀는 그 많은 여인들 중의 한 사람이었다는 것이다.

12 제자

신약성서

- ⊙ 제자(第子) : Disciple, pupil, 스승에 대응하는 말로 교사의 훈육을 받는 학생 또는 문하생을 지칭하는 일반적인 말.
- ⊙ 사도(使徒) : Apostle, 파견된 사람 혹은 사자(使者)라는 뜻으로 전권을 위임받아 파견된 사람이라는 뜻.

고대의 유명한 스승들은 대부분 제자들을 거느리고 다녔다. 소크라테스, 플라톤과 같은 희랍의 철학자들도 그랬고, 유대의 랍비들도 그리하였으며, 공자나 맹자와 같은 동양의 스승들도 그렇게 하였다. 예수님도 마찬가지로 많은 제자들을 거느리고 다니셨는데, 그중에서도 특별히 12명을 선발하여 특별한 사명을 주셨다. 그 12명을 12제자라고 하고, 주님으로부터 직접 선출되어 파송되었다는 의미에서 사도(Apostle)라는 이름으로 불렸다.

12명의 제자가 모두 12사도였으나, 가룟 유다가 탈락하고 대신에 맛디아(Mathias)가 선출되었고, 이방인의 사도로 바울이 부활하신 주님께 임명되었다. 그 외에도 주의 형제 야고보와 위로의 아들 바나바도 사도라는 호칭으로 불렸다. 예수님께서 직접 임명하신 12제자의 명단은 마태복음과 누가복음에 기록되어 있다.

열두 사도의 이름은 이러하니, 베드로라 하는 시몬을 비롯하여 그의 형제 안드레와 세베대의 아들 야고보와 그의 형제 요한, 빌립과 바돌로매, 도마와 세리 마태, 알패오의 아들 야고보와 다대오, 가나안인 시몬과 및 가룟 유다 곧 예수를 판 자라 (마 10:2~4)

이때에 예수께서 기도하시러 산으로 가사 밤이 맞도록 하나님께 기도하시고 밝으매 그 제자들을 부르사 그 중에서 열둘을 택하여 사도라 칭하셨으니, 곧 베드로라고도 이름 주신 시몬과 및 그의 동생 안드레와 및 야고보와 요한과 빌립과 바돌로매와 마태와 도마와 알패오의 아들 야고보와 및 셀롯이라 하는 시몬과 및 야고보의 아들 유다와 예수를 파는 자 될 가룟유다라 (눅 6:12~16)

순서상 약간의 차이가 있고, 마태복음의 다대오가 누가복음에서는 야고보의 아들 유다로 되어있다.

1) 베드로(Peter, Simon, Cephas, 반석)

명실상부(名實相符)한 예수님의 수제자이며 예수님으로부터 가장 큰 칭찬을 들은 분이다. 베드로는 주로 유대인들을 대상으로 복음을 전하였고, 아내와 함께 다니며 초대교회의 중심에서 기둥과 같은 일을 감당하였다. 베드로의 최후에 대하여 초대 교부인 사막의 성자 제롬(St. Jeorme)은 "베드로는 머리가 땅으로, 다리가 위를 향하는 자세로, 즉 거꾸로 십자가에 못 박혔다. 그는 이렇게 주님과 같은 자세로 죽을 만큼 자신이 고귀하지 못하다는 생각을 하였다고 전해진다"라고 말하였다.

2) 안드레(Andrew, 남자다운)

베드로의 형제인 안드레는 주님을 따른 최초의 제자이다. 베드로를 주님께로 인도한 사람이 바로 그였기 때문이다. 그래서 그는 하나님 나라의 최초의 선교사란 칭호를 듣는다. 안드레의 생애에 대하여는 별로 알려진 바가 없지만, 전설에 의하면 그리스의 아가야에서 X형의 십자가에 달려 순교했다고 한다. 유대의 역사가인 요세푸스는 안드레가 남러시아의 스구디아의 식인종(Scythian)에 붙잡힌 맛디아를 구하기 위해 그곳까지 갔으며 식인종들에게도 복음을 전하였다고 한다. 또한 스코틀랜드에도 복음을 전하였다고 한다.

3) 야고보(James, 발꿈치를 잡은 자)

사도 요한의 형제로 세베대의 아들이다. 요한과 함께 주님으로부터 보아너게(우뢰의 아들)라는 별명을 들었으며, 주님으로부터 가장 신뢰받은 세 제자(베드로, 야고보, 요한) 중의 한 사람이었다. 주님이 승천하신 후 가장 먼저 순교한 제자로 주후 44년에 헤롯 아그립바에 의하여 순교 당하였다.

4) 요한(John, 여호와의 사랑하는 자)

세배대의 아들이며 야고보의 형제이고, 주님으로부터 가장 많은 사랑을 받은 제자이다. 요한복음을 기록하였고, 요한 1,2,3서와 요한계시록의 저자이기도 하다. 주님의 승천 이후 성모 마리아를 모셨고 에베소에서 말년을 보내었다. 도미티아누스 황제 때에 끔찍한 박해를 받았지만 극적으로 살아났으며 밧모 섬에서 유배 생활을 할 때에 요한계시록을 썼다. 12 제자 중 유일하게 순교하지 않은 제자이다.

5) 빌립(Philip, 말(馬)을 사랑하는 자)

갈릴리 벳새다 출신으로 나다나엘(바돌로매)을 주님께 인도한 제자이다. 비교적 현실적이었고 계산적이어서 주님께서 5천 명에게 떡을 먹이라고 하실 때에 금액이 2백 데나리온 이상이 든다고 말한 제자이다. 오순절 마가의 다락방에서 성령을 받은 후 소아시아를 중심으로 복음을 전하다 히에라볼리스(파묵깔레)에서 십자가에 달려 순교한 것으로 알려져 있다.

6) 바돌로매(Bartholomew, 돌로매의 아들) – 나다나엘(Nathanael, 하나님이 주시다)과 동일인.

갈릴리 가나 출신으로 빌립에게 전도를 받아 제자가 된 사람이다. 주님은 그를 보고 *"보라! 이는 참으로 이스라엘 사람이라! 그 속에 간사한 것이 없도다! (요 1:47)"*라고 극찬을 하셨다. 그는 아르메니아에 복음을 전하다 순교하였는데, 끔찍한 고문으로 전신의 피부가 벗겨지고 다시 십자가에 못 박힌 후에 참수되었다고 한다.

7) 도마(Thomas, 쌍둥이) – 디두모(Didymus, 쌍둥이)라는 이름으로도 불리는데 헬라식 이름이다.

주님을 신실하게 따르던 제자였으나 부활하신 주님을 직접 목격하기 전에는 믿지 않겠다고 하여 의심 많은 제자라고 불린다. 하지만 부활하신 예수님을 만난 이후에는 한 번도 주님을 의심하지 않고 복음을 전하였다. 어거스틴은 이 사건을 가리켜, 우리가 의심하지 않게 하기 위하여 도마가 의심한 것이라고 설명하였다. 전설에 의하면 도마는 인도에까지 가서 복음을 전하였고, 그곳에서 창에 찔려 순교했다고 한다.

8) 마태(Mattew, 하나님의 선물) – 레위(마가, 누가)와 동일인.

가버나움 근처 세관에서 세리로 있다 주님의 부름을 받았다. 알패오의 아들로 작은 야고보와 형제간이다. 하지만 학자들 중에는 마태의 아버지와 작은 야고보의 아버지는 동명이인이라고 보는 사람도 있다. 그는 세리 출신이기에 비교적 부유한 편에 속했지만 주님이 부르시자 그 모든 것을 버려두고 주님을 좇았다. 마태복음을 저술했으며, AD 60년에 에디오피아까지 가서 복음을 전하다 순교하였다고 한다.

9) 작은 야고보(James, 발꿈치를 잡은 자)

알패오(글로바)와 마리아의 아들이며 마태의 형제이다. 이집트에서 순교하였다고 한다.

10) 시몬(Simon, 사막 황야) –셀롯(열심당원)이며 가나안 사람이다.

주로 이집트와 메소포타미아에서 전도하였고, 페르시아에서 톱에 잘려 순교하였다고 한다.

11) 다대오(Thaddeus, 칭찬) – 가룟인이 아닌 유다.

야고보의 아들이며 시리아, 아르메니아를 넘어 아라비아와 페르시아에까지 전도하다 순교하였고 전한다.

12) 가룟 유다(Iscariot Judas, 찬송함. 그리옷 사람 유다)

12제자 중 유일하게 유대 출신의 제자로, 돈궤를 맡은 사람. 주님을 은전 30 냥에 팔았다.

13) 맛디아(Matthias, 하나님의 선물)

가룟 유다 대신에 12제자에 든 사람으로 유스도라 하는 요셉과 함께 천거되어 제비에 당첨되었다.

예루살렘에서 돌에 맞는 박해를 당한 후 에티오피아에서 도끼로 참수당하여 순교했다고 한다.

가룟 유다와 빌라도

4복음서

- ⊙ 가룟 유다 : Iscariot Judas(찬송함. 그리옷 사람 유다), 예수님을 배신하고 대제사장 무리에게 은전 30냥에 팔아넘긴 제자.
- ⊙ 가룟 시몬 : Iscariot Simon(사막 황야), 가룟 유다의 부친.
- ⊙ 맛디아 : Matthias(하나님의 선물), 가룟 유다의 뒤를 이어 12제자에 선출된 제자.
- ⊙ 빌라도 : Pontius Pilate(창을 가진 자), 유대와 사마리아와 이두매를 다스린 제5대 로마 총독이다(AD 26~36).
- ⊙ 헤롯 안티파스 : Herod Antipas, BC.4 ~ AD 37년까지 갈릴리와 베레아를 통치한 헤롯의 아들. 예수님을 심문한 뒤에 빌라도에게 돌려보냈다.
- ⊙ 프로클라 : Claudia Procla, 빌라도의 아내. 동방정교회에서는 성녀로 추앙한다.
- ⊙ 바라바 : Barabbas(그의 아들), 빌라도에 의해 예수님 대신에 석방된 강도, 살인범.

▶ 가롯 유다 ◀

가롯 유다는 예수님의 12제자 중의 한 사람이었다. 다른 11제자의 고향이 모두 갈릴리인 반면에 가롯 유다만은 유대의 가롯이 고향이었다. 이 가롯이 어디인지는 분명하지 않으나 유대의 한 곳이었으며, 그의 아버지도 같은 이름으로 불리는 가롯 시몬이었다.

가롯 유다는 제자들 중에 돈궤(the bag)를 맡은 사람이었다. 다시 말하면 회계를 맡은 사람이었던 것이다. 그러나 그는 정직한 회계가 아니었다. 그는 그 직책을 이용해서 개인적으로 착복을 일삼았다. 그래서 성경은 그를 가리켜 도둑이라고 부른다(요 12:6). 그런 가롯 유다를 주님께서 왜 12제자 중에 하나로 삼았는지는 분명하지 않다. 다만 주님은 그럼에도 불구하고 그의 가능성을 보셨을 것이라고 추측할 뿐이다.

하지만 가롯유다는 주님의 기대에 부응하지 못했다. 그가 주님을 따른 이유는 비교적 분명하다. 장차 주님이 이스라엘의 왕이 되실 때, 한 자리를 차지하고자 하는 욕심이 있었기 때문일 것이다. 이는 다른 제자들도 갖고 있었던 욕심이지만 유다는 그중에서도 가장 강한 욕심이 있었다.

욕심이 잉태하면 죄를 낳고 죄가 장성하면 사망을 낳는 법이다(약 1:15). 가롯 유다는 자기 욕심을 이기지 못해 끝내 주님을 팔아넘기고 말았다. 주님의 마지막이 가까워 올수록 처음 자신이 기대했던 이스라엘의 왕, 군림하는 메시아의 모습을 기대할 수 없게 되었기 때문이다.

주님은 가롯 유다의 기대와는 달리 십자가의 죽음을 예비하고 계셨다. 이 사실을 확인하게 된 가룟 유다는 결국 주님을 버리고 떠나가고 만다. 그런 유다의 상태를 일찍부터 알고 계셨던 주님은 말씀을 통해 계속 회개할 기회를 주셨다. 너희 중의 한 사람이 나를 팔 것이라고 말씀하셨고(요 13:21, 태 26:21) 이 말씀을 들은 제자들이 하나같이 근심하여 그 사람이 혹시 자기냐고 물을 때 이렇게 대답하셨다.

나와 함께 그릇에 손을 넣는 그가 나를 팔리라. 인자는 자기에 대하여 기록된 대로 가거니와 인자를 파는 그 사람에게는 화가 있으리로다. 그 사람은 차라리 태어나지 아니하였더라면 제게 좋을 뻔하였느니라! (마 26:23~24).

하지만 뻔뻔스런 가룟 유다는 끝내 회개할 기회를 놓치고 말았다. 그는 천연덕스럽게 다른 제자들과 마찬가지로 "나는 아니지요?"라고 물었다. 그러자 주님은 분명하게 말씀하셨다. "네가 말하였도다(마 26:25)" 그럼에도 불구하고 가룟 유다는 돌이키지 않았다. 결국 주님은 그런 유다에게 빵 한 조각을 내주시며 말씀하셨다. "네가 하는 일을 속히 하라(요한 13:27)" 이 말씀을 들은 가룟 유다는 그대로 뛰쳐나가 대제사장 무리에게 가서 은전 30냥에 주님을 팔아넘기고 말았다. 그는 그 길로 군사들의 앞잡이가 되어 겟세마네 동산에서 기도하고 계시는 주님을 찾아 그 입에 입맞춤을 한 뒤에 병사들에게 넘겨주었다.

그러나 바로 다음 날, 주님의 고난을 목도하고는 양심의 가책을 받아 대제사장에게 가서 돈을 돌려주며 주님을 구해내려 하지만 때는 이미 너무 늦어버리고 말았다. 결국 은 삼십을 성전 헌금함에 던져 넣고, 스스로 목을 매어 자살하였다. 그의 시신은 나무에서 떨어져 배가 터져 창자가 쏟아지는 끔찍한 모습으로 죽었다. 그가 주님을 팔아 얻은 은전 30냥은 나그네의 시신을 매장하는 피밭(아겔다마)을 사는 데 쓰였다.

그동안 많은 사람들이 가룟 유다의 배신을 다른 각도에서 조명하려고 노력하였다. 유다가 주님을 배신한 건, 주님으로 하여금 능력을 나타내 보이시도록 강제하기 위함이었지만, 주님은 끝내 당신의 능력을 보이지 않으셨고 이에 당황하여 자살했다고도 하고, 심지어 최근에 발견된 위경(僞經)인 유다복음에서는 유다의 배신을 주님이 시킨 일이라고까지 한다. 하지만 모두 근거가 없는 추측성 이야기일 뿐이다. 분명한 사실은 유다의 마음이 욕심에 사로잡히는 순간 마귀가 그 마음을 장악했고, 그 결과 돌이킬 수 없는 죄를 범하였다는 거다. 마귀가 떠나간 뒤에 정신이 들었지만 이미 모든 일이 끝나 버렸고, 그제라도 회개하였으면 좋으련만 회개 대신에 자살을 택하고 말았던 것이다.

▶ 본디오 빌라도 ◀

본디오 빌라도는 AD 26년부터 10년간 유대와 사마리아, 그리고 이두매 (Idumea, 에돔)를 다스린 로마의 총독이다. 그의 통치기간, 수차례에 걸쳐 유대인들과 큰 마찰이 일어났다. 그는 부임하는 첫날부터 독수리가 새겨진 로마의 깃발을 앞세우고 예루살렘에 들어옴으로 우상 숭배자란 낙인이 찍혀 마찰이 빚어지기도 했고, 성전 금고(고르반)의 돈을 빼앗아 수도(水道)를 건설하는 어처구니없는 일을 행함으로 피를 부르는 반란을 부르기도 했다. 그 밖에도 잔인하고 끔찍한 행동으로 백성들의 반발을 사고 있었기에 그의 통치는 항상 위태로웠다. 유대인들이 언제든 그를 로마 본국에 고발할 수 있는 건수를 확보하고 있었기 때문이다.

이런 여러 가지 이유로 빌라도는 백성들, 그중에서도 유력한 사람들인 바리새인이나 대제사장 무리들의 눈치를 보지 않을 수 없었다. 그 과정에서 억울하게 붙잡혀 온 예수님을 심문하게 되지만, 이미 대제사장 무리에게 많은 약점을 잡힌 그로서는 그들의 요구대로 주님을 십자가에 매달도록 내어줄 수밖에 없었다.

그 과정에서 세 번씩이나 주님의 무죄를 항변하며 석방을 하려고 하지만, 성난 군중의 요구에 가로막히고 말았다. 그는 분명 주님의 무죄를 확신하고 있었다. 그러나 사람들의 눈치를 보느라고 주님에게 매질을 가하고 모욕을 하고 끝내 십자가에 못 박고 말았다. 아무리 사람들 앞에서 손을 씻으며 이 사람의 피에 대하여 자신은 무죄하다고 항변을 해도 주님에게 사형을 언도한 사람은 빌라도였다.

빌라도의 아내는 비교적 현명한 여인이었던 모양이다. 그가 주님을 심판하고 있을 때 사람을 보내 이렇게 전갈을 넣었었다. "저 옳은 사람에게 아무 상관도 하지 마옵소서. 오늘 꿈에 내가 그 사람으로 인하여 애를 많이 태웠나이다(마 27:19)" 하지만 이러한 아내의 노력은 허사로 끝나고 빌라도는 결국 주님의 머리 위에 유대인의 왕이라는 팻말만을 써준 채로 주님을 십자가에 못 박고 말았던 것이다.

빌라도는 항상 자신의 이익만을 탐하던 사람이었다. 무엇이 옳은가를 판단하기보다는 무엇이 이익이 되는가를 먼저 생각한 사람이었다. 그런 그였기에, 옳지만 약한 주님과 틀렸지만 강한 대제사장 사이에서 끝내 강한 사람들의 요구에 굴복하고 말았던 거다. 그러나 그토록 이기적이던 빌라도의 말년은, 아주 초라하고 끔찍했다. 결국은 유대인들의 탄원으로 직위에서 쫓겨나 로마로 압송되었으며 황제의 재판을 기다리다 스스로 자살하였기 때문이다.

그 후에 사람들에 의하여 많은 전설들이 생겨났다. 빌라도가 원래는 기독교인이었다는 전설도 있고, 그 아내의 이름이 프로클라(Procla)인데, 그녀는 독실한 기독교인이라고 하기도 한다. 그래서 이집트의 기독교인 곱틱 정교회에서는 빌라도를, 그리스 정교회에서는 프로클라를 각각 성자(聖者)로 추앙하고 있다.

주의 형제 야고보와 일곱 전도자

4복음서, 사도행전

⊙ 야고보 : James(발꿈치를 잡은 자), 예수님의 동생. 후에 예루살렘 교회를 담임하였다.

⊙ 요 셉 : Joseph(그는 더하실 것임), 유다지파 다윗 가문의 후손으로 마리아의 남편이며 목수.

⊙ 마리아 : The Virgin Mary(높다), 예수님의 모친이며, 야고보의 모친

⊙ 요셉, 시몬, 유다 : Joseph, Simon, Judas, 예수님과 야고보의 동생들. 누이들도 있었다(마가 6:3).

⊙ 스데반 : Stephen(면류관), 예루살렘 교회의 일곱 전도자 중 한 사람으로 기독교 최초의 순교자.

⊙ 빌 립 : Philip(말(馬)을 사랑하는 자), 일곱 전도자 중의 한 사람.

⊙ 전도자 : 유앙겔리테스(εὐαγγελιστής), 복음을 전하는 사람. 전도사(傳道師) 스데반, 빌립, 브로고로, 니가노르, 디몬, 바메나, 니골라 이상 7명이 최초의 전도자. 초대교회의 직분은 사도, 감독, 장로, 집사 등으로 나뉘었는데 모두 성직자를 지칭하는 말이다.

⊙ 집 사 : Deacon(주인 집 일을 맡아 보는 하인, 일꾼, 執事), 교회의 여러 일을 맡아 보는 직분.

⊙ 감 독 : Guardian, Bishop(監督, 主敎), 사도들의 뒤를 이어 교회를 지도한 영적 지도자.

⊙ 장 로 : Elders, Presbyter(연장자), 구약 시대에는 지방의 실력자, 지방의 귀족. 신약에서는 교회를 다스리는 담임목회자 또는 지방 감독을 지칭하는 말.

⊙ 목 사 : Pastor(목자, 목양자, 양치는 자), 에베소서 4:11에 유일하게 등장하는 칭호로 원래 예수님께 붙여주던 호칭이였으나, 훗날 교회의 영적 지도자를 이르는 말로 쓰인다.

※ Minister(성직자, 목회자) Reverend(담임목사, 성직자) Preacher(전도사, 설교자)

▶ 주의 형제 야고보 ◀

예수님은 네 명의 친동생이 있었다. 바로 밑에 동생이 주의 형제 야고보이고, 그 뒤로 요셉, 시몬, 유다가 있었다. 이들은 예수님이 십자가를 지시고 부활하시기 전까지는, 예수님을 믿지 않았던 사람들이다. 하지만 예수님께서 부활하시고 난 뒤에는 예수님을 하나님의 아들로 믿고 신실한 신자가 되었다. 그중에 가장 두각을 나타낸 사람이 바로 주님의 바로 밑 동생 주의 형제 야고보다.

야고보는 주님을 믿기 전에는 유대교의 철저한 신봉자였다고 한다. 그는 평생을 나실인으로 살아 포도주와 독주는 물론이고 고기조차 입에 대지 않았다고 한다. 뿐만 아니라 머리도 깎지 않고, 목욕도 하지 않았으며, 항상 혼자 성전에 들어가 늘 무릎으로 기도하여 그의 무릎은 낙타의 무릎과 같이 되었다고 전한다.

최초의 교회인 예루살렘 교회가 태동한 이후 주의 형제 야고보는 사도들과 함께 예루살렘 교회를 다스리는 감독의 직분을 수행하였는데, 사실상 담임목사의 위치에 있었다. 그래서 사도바울의 전도 방법에 대한 갖가지 문제제기가 있었을 때, 주의 형제 야고보가 바울의 손을 들어 주었다. 그래서 이방인 신자들에게는 할례의 의무를 면해 주고, 대신에 우상의 더러운 것과 음행과 목매어 죽인 것과 피를 멀리할 것만을 요구하게 하였다(행 15:20). 또한 야고보서를 저술하여 위대한 신앙의 전통을 남겼고, 예루살렘에서 돌에 맞아 순교하였다고 전한다.

▶ 일곱 전도자 ◀

오순절 성령 강림의 역사 이후 예루살렘 교회는 비약적으로 부흥하기 시작했다. 그러나 당시의 교회는 공동생활을 원칙으로 하고 있었기에 성도의 비약적 부흥은 예기치 못하던 여러 가지 문제를 낳게 되었다. 그중 가장 대표적인 것이 히브리파 기독교인과 헬라파 기독교인의 보이지 않는 갈등이었다. 히브리파 기독교인은 이스라엘 본토에서 살던 유대인들이 예수님을 믿고 신자가 된 사람들을 의미하고, 헬라파 기독교인은 헬라를 비롯한 세계 각국에서 살던 유대인들이 예수님을 영접하고 신자가 된 사람들이다. 이들은 여러 면에서 많이 달랐는데, 특히 사용하는 언어가 달랐다. 히브리파는 주로 아람어를, 헬라파는 주로 헬라어를 사용하였다. 또한, 사고방식도 많이 달랐는데 히브리파는 율법을 바탕으로 생각하였고 헬라파는 헬라 철학적인 사고를 마음에 갖고 있었다.

그러다 보니 많은 문제가 파생되었는데, 그중에 가장 두드러진 것은 가난한 과부들이 교회에서 구제를 받는 것에 있어, 헬라파가 히브리파보다 못한 대접을 받는다는 불만이었다. 결국 이 문제는 사도들이 직접 나서서 중재하지 않으면 안 될 정도로 확대되었는데, 사도들은 자신들을 대신해서 이 일을 수행할 7명의 전도자들을 선출하였다. 당시 이 일을 수행할 전도자의 조건은, 성령과 지혜가 충만하여 칭찬을 듣는 사람이었다. 그렇게 선출된 일곱 사람이 스데반, 빌립, 브로고로, 니가노르, 디몬, 바메나, 니골라 이렇게 일곱 명이었다. 이 일곱 전도자의 이름은 모두 헬라식 이름으로, 이분들이 주로 헬라파 기독교인들을 대변하는 분들이었음을 알 수 있다.

사도들은 이들에게 안수하고 그 직분을 맡겼는데, 오늘날의 행정 담당 목회자, 혹은 부교역자 정도에 해당하는 직책이었다. 이분들을 뽑은 이유는 사도들이 교회 안의 행정적 문제에 매여 있기보다는, 기도하는 것과 말씀 전하는 것에 전무(專務)하기 위함이었다. 흔히 이들을 일곱 집사라고 하는데, 성경에서는 이들을 집사라고 하지 않는다. 그들의 공식적인 직분은 전도자(유앙겔리테스 : εὐαγγελιστής)였다. 사도행전 21:8에 이런 말씀이 나온다.

이튿날 떠나 가이사랴에 이르러 일곱 집사 중 하나인 전도자 빌립의 집에 들어 가서 머무르니라! (행21:8)

이 말씀 때문에, 일곱 집사라는 말을 사용하지만 원문에는 집사라는 말이 없다. 원문을 그대로 직역하면, 일곱 중 하나인 전도자 빌립... 이렇게 된다.

일곱 전도자 중 가장 유명한 분은 최초의 순교자인 스데반이다. 스데반은 예루살렘 교회의 행정적인 문제만이 아니라 복음을 전하는 일에도 앞장섰는데, 주로 헬라파 유대인들을 대상으로 그들이 모이는 회당을 찾아 말씀을 전하곤 하였다. 그 과정에서, 놀라운 기사와 표적이 일어나곤 하였다. 그러나 스데반과 논쟁을 해서 이길 수가 없었던 헬라파 유대인들이 스데반을 공회에 고발하였다. 그들은 여러 명의 거짓 증인까지 동원하여 스데반을 모함했는데, 그런 와중에도 스데반의 얼굴을 천사의 얼굴과 같았다. 또한 스데반은 그 자리에서 대제사장을 비롯한 수많은 유대인들을 향해 과감하게 복음을 선포하였다. 특히 눈에 보이는 성전 곧 사람이 손으로 지은 성전이 참 성전이 아님을 역설하였다. 또한 유대인들이 그간 저지른 수많은 과오를 직설적으로 지적하였는데, 그의 말에 자극을 받은 유대인들이 일어나 스데반을 돌로 때려죽이고 말았다. 그때 스데반을 죽이기 위하여 사람들이 벗어 놓은 옷을 지키고 있던 사람이 바로 사울, 훗날의 사도 바울이다.

스데반은 그 자리에서 돌에 맞아 죽어가면서도 이렇게 외쳤다.

보라! 하늘이 열리고 인자가 하나님 우편에 서신 것을 보노라...
주 예수여! 내 영혼을 받으시옵소서... 주여! 이 죄를 그들에게 돌리지 마옵소서! (행 7:56~60)

스데반의 순교는 엄청난 파장을 몰고 왔다. 유대인들이 예루살렘 교회를 이단으로 규정하고 극심한 박해를 가하기 시작한 것이었다. 그 박해가 얼마나 심했던지 사도들을 제외한 거의 모든 성도들이 외국으로 피신하지 않으면 안 될 정도였다. 하지만 그 일이 바로 복음을 세계로 전파하는 중대한 계기가 되었다.

그때 일곱 전도자 중의 한 사람인 빌립도 복음을 들고 세계 각처로 나아갔다. 빌립은 우선적으로 사마리아에 복음을 전하였는데 놀라운 이사와 기적이 많이 일어났다. 수많은 귀신들이 소리를 지르며 나가고 또 많은 병자들이 고침을 받았다. 당시 사마리아에는 마술사 시몬이라는 이가 있어 사람들을 현혹시키고 있었는데, 그도 빌립의 말씀에 감화를 받고 세례를 받았다. 그 후 베드로와 요한이 사마리아에 와서 부흥집회를 인도하며 사람들을 안수하자 성령이 임하는 역사가 나타났다. 그러자 그 모습을 본 시몬이 베드로와 요한에게 돈을 주면서 자신에게 그 능력을 팔라고 하였다가 크게 책망을 듣기도 하였다. 또한 빌립은 성령의 이끌림을 받아 예루살렘에서 블레셋 가사(Gaza)로 내려가는 광야 길로 가다 에디오피아 여왕 간다게의 국고를 맡은 내시를 만나 그에게도 복음을 전하였고, 그 자리에서 세례를 받게 하였다. 빌립은 사도 바울이 마지막으로 예루살렘을 방문할 당시에는 지중해에 접한 가이사랴(Caesarea)에 살고 있었다. 그에게는 네 명의 딸이 있었는데 모두 예언을 하는 예언자들이었다. 전하는 바에 의하면 그 후 빌립은 골로새 인근의 히에라볼리(Hierapolis)로 이주하여 복음을 전하였다고 한다.

나머지 다섯 사람(브로고로, 니가노르, 디몬, 바메나, 니골라)에 대하여는 알려진 바가 없고, 다만 니골라가 훗날 에베소와 버가모 교회를 어지럽혔던 니골라당(Nicolaitans, 계 2:6)의 창시자가 되었다고 하기도 한다

바울

신약성서

- ⊙ 바　울 : Paul(작은 자). 본명은 사울(희망)이나 로마식 이름 바울로 불렸다.
- ⊙ 바나바 : Barnabas(위로의 아들). 구브로 출신의 유대인으로 초대교회를 이끈 유능한 목회자. 사도바울을 발굴하고 소개한 사람이며, 본명은 요셉이다.
- ⊙ 누　가 : Luke(빛나다). 바울의 동역자이며 의사, 누가복음과 사도행전의 저자.
- ⊙ 디모데 : Timothy(하나님을 공경함). 바울의 제자이며, 에베소 교회의 담임자.
- ⊙ 가말리엘 : Gamaliel(하나님의 보수─報酬). 유대교 최고의 랍비. 산헤드린 공회원이었으며 바울의 스승.
- ⊙ 다　소 : Tarsus(기쁨). 바울의 고향으로 길리기아(Cilicia)의 수도.
- ⊙ 안디옥 교회 : Antioch Church, 시리아에 세워진 초대교회. 베드로가 개척하였으며, 바울과 바나바를 배출하였고 예루살렘 교회를 돕는 등, 눈부신 활약을 한 초대의 대표적 교회.
- ⊙ 다메섹 : Damascus, 현재 시리아의 수도로 사도 바울이 회심한 곳.

바울은 예수님을 직접 만난 12사도(使徒)는 아니지만 부활하신 예수님을 만난 후 이방인을 위한 사도로 보냄을 받은 분이다. 따라서 바울 역시 사도임에 틀림없다. 사실 바울이 없는 기독교는 상상할 수도 없는 일이다. 바울이 직접 기록한 성서로는 로마서, 고린도 전후서, 갈라디아서, 에베소서, 빌립보서, 골로새서, 데살로니가 전후서, 디모데 전후서, 디도서, 빌레몬서로 총 13권이나 된다. 또한 그의 제자인 누가가 누가복음과 사도행전을 저술했고, 역시 그에게 영향을 받은 마가가 마가복음을 저술한 것이니, 신약성서는 그 전체가 바울의 영향력 아래 있다고 해도 과언이 아닐 것이다.

바울은 원래 길리기아의 다소에서 출생한 베냐민 지파 출신의 바리새인이었다. 그의 본명은 사울이었으나 로마식으로 바울로 불리는 걸 즐겨했다. 바울의 집안은 비교적 부유한 귀족의 가문으로 그는 나면서부터 로마의 시민권을 가지고 있었다. 당시 로마의 시민권은 아무나 소유할 수 없는 굉장한 것으로, 그걸 소유하기 위해서는 막대한 금액을 지불하거나 로마에 큰 공을 세우지 않으면 안 될 정도로 귀한 것이었다.

바울이 로마 시민권을 소유하고 있었다는 건, 그가 로마의 문화와 문명에 정통한 사람임을 입증하는 것이다. 뿐만 아니라, 바울은 어려서부터 유대교의 정통교육을 받아 바리새인 중의 바리새인으로 자랐고 청소년기에는 직접 예루살렘으로 유학을 떠나 당대 최고의 스승인 가말리엘(Gamaliel)의 문하생이 되었다. 가말리엘은 산헤드린 공회원이며, 오늘날까지도 유대인들이 가장 존경하는 최고의 랍비로 손꼽히는 사람이다.

이로 볼 때 바울은 전도가 양양(前途洋洋)한 사람이었다. 가만히 있어도 출세가 보장된 사람이었다는 말이다. 처음 바울이 성경에 등장하는 곳은 스데반

(Stephen)이 순교할 때이다. 바울은 그 자리에서 스데반을 돌로 때려죽이는 유대인들의 옷을 지키는 젊은이로 등장한다. 그 이후로 바울은 대제사장이 임명한 박해자가 되어 예수 믿는 사람들을 핍박하는 일에 앞장섰다. 바울은 예루살렘을 샅샅이 수색하여 예수 믿는 사람들을 붙잡아 감옥에 넘겼고, 멀리 시리아의 다메섹까지 박해하는 일을 위해 출장을 나섰다.

하지만 다메섹 도상(途上)에서 밝은 빛 가운데 주님의 음성을 듣게 된다. 그 음성과 밝은 빛에 바울은 3일간이나 눈이 멀게 된다. 그 후 눈에서 비늘 같은 것이 떨어져 나가고 난 뒤에 새사람이 되었다. 그러나 바울의 회심은 곧바로 유대인들의 가혹한 핍박을 불러일으켰다. 바울은 그들의 박해를 피해 아라비아 사막으로 들어가 조용히 얼마간을 은둔하며 기도하였다. 바울이 아라비아에 머문 기간은 최소 3개월에서 길게는 3년 가까이 볼 수도 있다. 바울이 아라비아 사막을 택한 이유는 그곳에 시내산이 있었기 때문이다(갈 4:25). 바울은 모세처럼 시내산에 머물며, 수개월에서 수년 가까이 기도하며 말씀을 깨닫고 돌아온 것이다.

그 후에 예루살렘으로 돌아갔지만 그러나 아무도 바울을 받아주지 않았다. 유대인들은 배신자라고 외면하였고 기독교인들은 박해자라고 두려워하였기 때문이다. 그때 적극적으로 바울을 변호하며 도와준 사람이 위로의 아들 바나바(Barnabas)였다. 바울은 바나바의 소개로 베드로와 주의 형제 야고보를 비롯한 많은 사도들과 유력한 기독교인들을 만나게 된다. 그리고 그곳에서 주님에 대한 보다 구체적인 가르침을 받았다. 하지만 유대인들의 극심한 박해로 인해 더 이상 예루살렘에 머무르지 못하고 고향인 다소로 떠났다. 그 후 약 13년 가까운 시간을 다소에 머물며 많은 어려움 속에서 복음을 증거하였다.

주후 46년경 안디옥 교회 담임자로 바나바가 파송되었다. 바나바의 노력으로 안디옥 교회는 큰 부흥의 시대를 맞이한다. 그곳에서 처음으로 기독교인 (Christian)이라는 명칭이 쓰일 정도였다. 그러자 바나바는 수소문을 해서 다소에 머물고 있던 바울을 청빙하여 함께 목회를 하였고, 얼마 후 안디옥 교회의 파송으로 역사적인 제1차 전도여행을 함께 떠나게 된다. 그때 바울과 바나바에 의하여 세워진 교회들이 이고니온(Iconium), 루스드라(Lystra), 더베(Derbe) 등 갈라디아의 여러 교회들이었다. 특히 루스드라에서는 유대인들의 모함으로 바울이 돌에 맞아 기절하는 박해를 겪기도 하였고 더베에서는 말라리아로 추정되는 풍토병에 걸려 심하게 앓기도 하였다. 그 병의 후유증이 바울이 말하는 가시가 아닌가 추측한다. 하지만 불굴의 의지로 그 모든 고난을 이겨내었으며, 특히 훗날 끝까지 바울을 섬기며 따르던 제자 디모데를 만나게 된다.

다시 안디옥으로 돌아와 얼마간 휴식을 취한 후에 제2차 전도여행을 떠난다. 이때에도 바울은 바나바와 동행하려 하였으나 요한 마가의 일로 심각한 내분이 벌어져 각자 따로 전도여행을 떠나게 된다. 마가가 제1차 여행 때에 바울을 버리고 돌아가 버렸기 때문이었다. 그 결과 바나바는 마가와, 바울은 실라와 여행을 떠난다. 원래 바울은 소아시아 일대를 돌며 복음을 전하려고 하였지만, 드로아(Troas)에서 마게도냐(Macedonia) 사람의 환상을 보고 그리스로 방향을 바꾸게 되었다. 이것이 유럽에 복음이 전파되는 계기가 되었으며, 그 후로 성령의 바람은 마지막 날까지 서쪽을 향해 불게 된다. 드로아의 서쪽이 바로 그리스였기 때문이다. 그때 바울의 환상에 나타났던 마게도이나인이 바로 누가라는 전설이 있다. 누가는 드로아에서 만난 의사였다. 당시 개척한 교회들이 바로 빌립보(Philippi), 데살로니가(Thessalonica), 고린도(Corinth) 교회 등이다. 특히 고린도에서는 2년 가까운 시간을 머물며 교회를 세웠다.

제3차 전도여행은 갈라디아의 여러 교회들을 순례한 후 주로 에베소(Ephesus)

에 머무는 것이었다. 에베소에서 바울은 3년간 머물며 복음을 전하였다. 당시 그곳에서 고린도 교회의 여러 가지 잘못을 접하고 안타까운 마음으로 고린도 전후서를 집필하기도 하였다. 다행히 고린도 교인들이 회개하고 또 제자인 디도(Titus)의 노력으로 아름다운 화해를 이루었다. 당시 바울은 예루살렘 교회의 어려움을 돕기 위하여 헌금을 받고 있었는데, 그 일의 일환으로 그간 개척한 모든 교회들을 순례하기로 하였으며 그 과정 중 고린도에서 3개월간을 머물러 다시 복음을 전하여 교회를 굳게 세웠다.

그 후 바울은 큰 환난이 기다리고 있는 줄 잘 알고 있으면서도 예루살렘을 방문하여 모금한 헌금을 전달하였고, 유대인들의 모함으로 3년 이상의 세월을 감옥에서 지낸다. 그 후 로마로 압송되어 다시 2년간 연금 생활을 하였다. 그 후의 행적은 학자들에 따라, 잠시 풀려나 스페인까지 가서 복음을 전했다고도 하고, 그대로 로마에서 순교했다고도 하는데, 아무튼 분명한 사실은 결국 순교하였다는 것이다.

바울의 전도여행은 어마어마한 결과를 가져왔다. 바울이 아니고서는 초대 기독교를 논할 수조차 없을 정도이다. 그 과정에서 바울이 겪은 박해는 이루 말할 수 없는 것이었다. 하지만 바울은 끝내 맡겨진 사명을 다 감당하였고, 그 유산은 아직도 우리에게 큰 은총으로 남아있다. 고린도후서에는 당시 바울이 직접 서술한 자신의 고난에 대한 언급이 있다.

내가 수고를 넘치도록 하고 옥에 갇히기도 더 많이 하고 매도 수없이 맞고 여러 번 죽을 뻔하였으니, 유대인들에게 사십에서 하나 감한 매를 다섯 번 맞았으며 세 번 태장으로 맞고 한 번 돌로 맞고 세 번 파선하고 일 주야를 깊은 바다에서 지냈으며 여러 번 여행하면서 강의 위험과 강도의 위험과 동족의 위험과 이방인의 위험과 시내의 위험과 광야의 위험과 바다의 위험과 거짓 형제 중의 위험

을 당하고 또 수고하며 애쓰고 여러 번 자지 못하고 주리며 목마르고 여러 번
굶고 춥고 헐벗었노라 (고후 11:23~27)

바나바

신약성서

- ⊙ 바나바 : Barnabas(위로의 아들). 구브로 출신의 유대인으로 초대교회를 이끈 유능한 목회자. 사도바울을 발굴하고 소개한 사람이며, 본명은 요셉이다.
- ⊙ 마 가 : Mark(비추이다). 마가복음의 저자이며, 이스라엘 이름은 요한 마가다. 마가복음의 저자이고 바나바의 조카이며, 바울의 1차 전도여행을 동행하다 중간에 돌아갔던 사람이다.
- ⊙ 마리아 : Mary(높다). 마가의 어머니이며 바나바의 누이. 마가의 다락방의 소유자.
- ⊙ 바 울 : Paul(작은 자). 본명은 사울(희망)이나 로마식 이름 바울로 불렸다.
- ⊙ 안디옥 교회 : Antioch Church, 시리아에 세워진 초대교회. 베드로가 개척하였으며, 바울과 바나바를 배출하였고 예루살렘 교회를 돕는 등, 눈부신 활약을 한 초대의 대표적 교회.

바나바는 바-나바스(bar-nabas), 곧 위로의 아들이라는 뜻이다. 바나바가 그의 본명은 아니고 성도들이 그를 칭찬하며 붙여준 애칭, 혹은 아호(雅號)와 같은 것이다. 이 이름을 개역성경은 권위자(勸慰子)로 번역하였는데, 권면하고 위로하는 사람이라는 말이다. 이로 볼 때 바나바의 성격과 교회 안에서의 역할이 어떠했는지를 미루어 짐작할 수 있다. 성경 역시 이 바나바를 가리켜 "바나바는 착한 사람이요, 성령과 믿음이 충만한 사람이라"는 큰 칭찬을 아끼지 않는다(행 11:24). 그만큼 귀한 믿음의 소유자였으며 성격도 원만한 큰 인격자였던 것이다.

바나바의 본명은 요셉이며 레위지파 사람으로 제사장 가문의 사람이었다. 하지만 유대에서 살지는 않았고, 지중해의 구브로(Cyprus) 섬에서 태어났다. 그렇지만 성장한 후에는 예루살렘으로 돌아와 초대교회의 성도가 되었다. 예루살렘에는 그의 누이가 살고 있었는데, 요한 마가의 어머니 마리아이다. 바로 마가의 다락방의 주인이며, 그 아들 마가는 마가복음의 저자이다. 따라서 마가는 바나바의 생질(甥姪-조카)이 된다.

초대교회 당시 바나바는 교회 안에서 큰 역할을 한 사람이다. 그는 자신의 밭을 다 팔아 공동재산으로 헌납하여 온 교우들의 귀감이 되었다. 그의 이 열심이 큰 반향을 일으키자 아나니아(Ananiah)와 삽비라(Sapphira) 부부가 재산의 일부를 숨기고 거짓으로 헌납하는 척하다가 베드로에게 저주를 받아 죽는 일이 생기기도 하였다.

또한 사도 바울이 다메섹 도상에서 회심한 이후 예루살렘에 돌아왔을 때, 아무도 그의 본심을 믿어주지 않았지만 바나바만큼은 바울을 인정하고 사도들에게 바울을 대변하여 교회 안으로 받아들이게 하였던 사람이다. 사실상 바나바가 아니었다면 바울 역시 있을 수 없을 정도로 귀한 사람이 바나바인 것이다.

스데반의 순교 이후에 큰 박해가 일어나자 예루살렘의 성도들은 뿔뿔이 흩어졌다. 하지만 흩어져 소멸되지 아니하고 오히려 복음의 불씨들이 되어 가는 곳곳마다 교회를 세우는 역사를 일으켰다. 그중에 가장 대표적인 곳이 수리아의 안디옥이다. 전하는 말에 의하면 안디옥 교회는 베드로가 개척했다고도 하는데, 아무튼 많은 유대인들과 이방인들에게 큰 영향을 미친 곳이 안디옥 교회였다.

안디옥 교회가 눈부시게 성장하고 있다는 소식을 들은 사도들이, 그 교회의 담임목사로 바나바를 파송하였다. 그 결과 안디옥 교회는 정말 폭발적인 부흥과 성장을 이룰 수 있었다. 성서학자들은 서슴지 않고 사도행전 최고의 교회로 안디옥 교회를 꼽는데, 그 주역이 되었던 분이 바로 바나바인 것이다.

안디옥 교회의 엄청난 성장은 바나바로 하여금 동역자를 모셔야 할 필요를 느끼게 하였는데, 바나바는 오래전에 만났던 바울을 기억해 내고, 다소에 가서 10여 년째 은둔하며 복음을 연구하고 있던 바울을 찾아 안디옥으로 초청하여 함께 목회를 시작했다. 그렇게 안디옥교회는 바나바와 바울이 공동으로 다시 1년간 목회를 하여 더 큰 성장을 이룰 수 있었다. 얼마나 큰 성장을 하였던지 안디옥 교회에서부터 비로소 그리스도인(Christian)이라는 호칭이 생겨났다고 성경은 기록하고 있다(행 11:26). 흉년으로 인하여 예루살렘 교회가 어려움을 겪자 안디옥 교회는 서슴지 않고 모금을 하여 예루살렘에 보냈는데, 그때 그 헌금을 들고 예루살렘을 방문했던 사람도 역시 바나바와 바울이었다. 일을 마친 후 다시 안디옥으로 돌아오면서 바나바는 조카인 마가를 함께 데리고 왔다.

바나바와 바울의 헌신적인 노력으로 안디옥 교회는 하루가 다르게 성장하였다. 하지만 바나바와 바울은 그러한 성장에 안주하지 않았다. 아직도 복음을 알지 못하고 있는 수많은 이방의 땅들을 기억하고 그들에게 선교하기 위하여 대장정에 오르게 된다. 이를 위하여 먼저 금식한 후에 교회의 안수를 받고 선교사가 되어 마침내 역사적인 제1차 세계 전도여행에 오르게 된다.

그때 바나바와 바울은 요한 마가를 수행원으로 두었는데(행 13:5), 수행원이라는 말의 원어는 디아코노스로, 다른 말로는 집사(Deacon)라고 부른다. 즉, 바나바와 바울은 선교사로, 마가는 집사로 함께 선교여행을 나섰다는 말이다. 그들은 먼저 바나바의 고향인 구브로에 가서 복음을 전하고 다시 버가, 비시디아 안디옥, 이고니온, 루스드라, 더베 등 갈라디아의 여러 지역을 다니며 복음을 전하였다. 하지만 수행원이었던 마가는 너무 힘든 여정에 지쳐, 밤빌리아(Pamphylia)에서 좌절하고 돌아가 버렸다. 비록 그러한 많은 어려움이 있기는 하였으나 바울과 바나바는 가는 곳마다 교회가 세워지는 능력의 역사를 체험하였다.

특히 루스드라에서는 나면서부터 걷지 못하였던 사람을 바울이 말씀으로 고쳐내는 신유의 이적을 나타내 보였고, 그 이적을 곡해한 그리스 사람들이 바나바를 제우스(Zeus)로 말씀을 전하는 바울을 헤르메스(Hermes)로 착각하여 소와 화관을 가지고 제사를 지내려는 헤프닝이 벌어지기도 하였다(행 14:12). 헤르메스는 제우스의 막내아들로 로마의 상업신인 메르쿠리우스(Mercurius-수은 수성)와 같은 존재이다. 하지만 악의적인 유대인들의 선동으로 루스드라에서는 바울이 돌에 맞고 거의 죽게 되어 성 밖으로 버려지는 끔찍한 일을 경험하기도 하였다. 그럼에도 불구하고 바울과 바나바는 끝까지 전도하는 일을 멈추지 않았고, 기어이 제1차 전도여행을 무사히 마치고 안디옥으로 귀환하였다.

바나바와 바울의 제1차 세계 전도여행은 큰 반향(反響)을 일으켰는데, 이에 대한 반발도 만만치 않았다. 바로 유대인 출신의 기독교인들이 모세의 율법 특히 할례의 문제를 지적하며 이방인의 전도를 문제 삼기 시작하여 어려움을 겪게 되자,

바울과 바나바가 직접 예루살렘까지 찾아가 이 문제를 해결하기 위한 노력을 기울였다. 그래서 이방인들에게 우상의 더러운 것과 음행과 목매어 죽인 것과 피를 멀리하는 것 외에는 어떤 율법적 요구도 가하지 않는 것을 합법적으로 승인하는 개가를 올리기도 하였다(행 15:20).

그 후 바나바와 바울은 다시 제2차 전도여행을 계획하지만, 요한 마가를 함께 데리고 가는 문제 때문에 이견이 생겨 큰 다툼을 벌이고 만다. 결국 바나바는 마가를 데리고 구브로로 갔고, 바울은 실라를 데리고 마게도냐 지방으로 전도여행을 떠났다. 그러나 바울은 여전히 바나바를 크게 신뢰하고 있었으며, 나중에는 요한 마가까지 동역자로 받아들였다(몬 1:24).

바나바에 대한 성서의 기록은 거기서 끝이 난다. 다만 전하는 바에 의하면 바나바는 끝까지 고향인 구브로 섬을 전도의 중심지로 삼다가 AD 60년경에 그곳에서 순교하였다고 한다.

정녕 바나바는 참 큰 사람이었다. 그의 그릇이 얼마나 큰 것이었던지, 바울도 그 안에 있었고, 마가도 그 안에 있었으며 안디옥 교회를 비롯한 수많은 초대교회의 성도들이 다 그의 말씀에 위로를 받았고, 큰 힘을 얻을 수 있었다. 실로 바나바는 초대교회를 이끈 가장 위대한 목회자 중의 한 분임에 틀림이 없다.

복음서의 저자들

복음서

- 마 태 : Mattew(하나님의 선물). 마태복음의 저자. 마가복음과 누가복음에 나오는 레위와 동일인.
- 알패오(글로바) : Alphaeus, Clopas(사유) 12제자 중 작은 야고보와 마태(레위)의 아버지.
- 작은 야고보: James(발꿈치를 잡은 자). 알패오(글로바)와 마리아의 아들이며 마태의 형제이다. 이집트에서 순교하였다고 한다.
- 마 가 : Mark(비취다). 마가복음의 저자이며, 이스라엘 이름은 요한. 마가복음의 저자이고 바나바의 조카이며, 베드로의 제자인 동시에 바울의 동역자.
- 바나바 : Barnabas(위로의 아들). 구브로 출신의 유대인으로 초대교회를 이끈 유능한 목회자. 사도바울을 발굴하고 소개한 사람이며, 본명은 요셉이다.
- 베드로 : Peter, Simon, Cephas(반석). 시몬은 사막, 광야라는 뜻. 예수님의 수제자(首弟子).
- 누 가 : Luke(빛나다). 바울의 동역자이며 의사, 누가복음과 사도행전의 저자.
- 바 울 : Paul(작은 자). 본명은 사울(희망)이나 로마식 이름 바울로 불렸다.
- 데오빌로 : Theophilus(하나님의 친구). 누가복음과 사도행전의 수신자.
- 사도 요한 : John(여호와의 사랑하는 자. 예수님의 12제자 중 한 사람으로 가장 사랑 받은 제자. 요한복음, 요한 1,2,3서, 요한 계시록의 저자.

복음서는 모두 네 권으로 마태, 마가, 누가, 요한복음이다. 그중에 마태, 마가, 누가복음을 공관복음(共觀, the Synoptic Gospels)이라고 부른다. 동일한 관점을 가진 복음이라는 뜻이다. 예수님의 생애에 대하여 같은 관점에서 기록한 말씀이라는 뜻이다. 반면에 요한복음은 별도의 복음으로 구별한다. 실제로 공관복음과 요한복음은 여러 면에서 상이함이 존재하지만 가장 큰 차이점은 공관복음의 내용은 예수께서 갈릴리에서 출발하시어 예루살렘에 도착하신 후 십자가를 지시는 흐름을 따르고 있지만, 요한복음은 예수님께서 세 차례에 걸쳐 예루살렘을 방문하시는 것으로 되어있다는 것이다. 즉 공관복음은 한 번의 유월절만 설명하지만, 요한복음은 세 번의 유월절을 설명한다는 것이다. 전통적으로 요한복음의 견해를 따라 예수님의 공생애 기간을 3년으로 보고 있다.

이러한 차이점이 존재하는 가장 큰 이유는, 복음서가 예수님의 전기(傳記)를 담으려는 의도에서 기록된 위인전이 아니기 때문이다. 복음서는 설교문이다. 예수 그리스도를 증거 하고, 믿게 하고, 그래서 영생을 얻게 하기 위한 목적에서 기록된 말씀 곧 설교라는 것이다. 그러다 보니 말씀을 받는 사람들의 상황에 따라 예수님의 생애와 이적과 전하신 말씀을 기록함에 있어 약간의 차이를 가지게 된 것이다. 특히 요한복음이 다른 공관복음과의 차이가 많은 건, 사도 요한이 최후로 요한복음을 저술하면서, 공관복음이 미처 전하지 않은 말씀에 집중하여 그 내용들을 보완하려고 하였기 때문이다. 즉, 공관복음서의 내용에서 빠진 부분이나 혹은 다른 관점에서 바라볼 수 있는 부분들에 집중하여 저술하였기 때문이라는 것이다.

▶ 마태 ◀

마태는 예수님의 12 제자 중의 한 사람으로, 갈릴리 북서쪽에 있던 가버나움(Capernaum) 인근에서 세관원으로 있었던 분이다. 그러다 예수님의 부르심을 받고 모든 것을 버려두고 주님을 따랐다. 세리라는 직업의 특성상 비교적 많은 재물을 소유하고 있었을 터이지만 그 모든 것을 버려두고 주님을 따른 것이다. 당시 마태는 형제인 '작은 야고보'와 함께 주님을 따랐으며 끝까지 주님을 수행한 제자였다.

마태복음은 원래 히브리어로 기록되었다가 다시 헬라어로 번역되었다는 것이 정설이다. 하지만 많은 성서학자들은 원래부터 헬라어로 기록된 말씀이라고 보기도 한다. 어쨌든 마태복음은 유대적인 관점을 많이 담고 있다. 구약성서가 모세오경에서 출발하듯이, 오경적 관점을 안고 저술된 말씀이 마태복음이라는 것이다. 이런 맥락에서 볼 때, 마태복음은 주로 유대인들을 위하여 저술된 것으로 볼 수 있다. 예수님과 모세와의 보이지 않는 비교(모세유형설)와 예수님의 족보 등이 그것이다.

▶ 마가 ◀

마가(Marcus)는 바나바의 조카이며, 마가의 다락방의 주인이다. 따라서 살아계신 주님을 직접 만났던 제자이다. 그러나 당시에는 나이가 어려서 주님을 따르는 일에는 직접 동참하지 못한 듯하다. 전통적으로 마가는 겟세마네 동산에서 주님이 체포될 때, 알몸으로 도망쳤던 제자라고 알려져 있다. 당시 나이가 많이 어렸던 마가가 집에서 옷을 벗고 얇은 베 홑이불만 덮고 자다 주님이 겟세마네 동산으로 떠나심을 보고 얼떨결에 따라나섰을 것이나, 주님이 체포되심을 보고는 겁에 질려 이불을 벗어 던지고 도망을 쳤기 때문이라고 본다. 놀라운 것은, 이러한 사실이 오직 마가복음에만 기록되어 있다는 거다(막 14:51~52). 즉, 얼마든지 감출 수 있는 부끄러운 일이지만 고백적으로 자신의 치부를 드러내는 마가의 겸손한 마음을 읽을 수 있다는 뜻이다.

그 후 바나바를 따라 안디옥 교회를 다니다 역사적인 제1차 전도여행에 수행원으로 동행한다. 하지만 밤빌리아(Pamphylia)에서 돌아가 버리고 말았다. 아마 바울이 말라리아로 추정되는 열병에 감염되자 겁을 먹었기 때문일 것이다. 혹은 생각보다 어려운 선교여행에 좌절했을 수도 있다. 아무튼 일이 이렇게 됨으로 바울과 바나바가 제2차 전도여행은 따로 다니게 되었다. 바나바는 마가와, 바울은 실라와 떠난 것이다. 그러나 훗날 마가는 바울에게 요긴한 사람이 되었고, 또 동역자로 불릴 정도로 성장하였다.

마가는 바울뿐 아니라 베드로와도 아주 가까운 사이였다. 베드로는 마가를 가리켜 '내 아들 마가(벧전 5:13)'라고 부를 정도였다. 전통적으로 마가는 베드로의 통역관으로 로마에 동행했다고 본다. 따라서 베드로로부터 직접 전해 들은 내용을 중심으로 마가복음을 저술했을 것이다. 성서학자들의 연구결과 마가복음은 복음서 중에서 가장 먼저 기록된 복음으로 판명되었다.

▶ 누가 ◀

누가는 안디옥 교회 출신의 의사였다. 그는 제 2차 전도여행 때부터 바울을 성실하게 수행한 동역자였다. 당시 바울이 소아시아 드로아(Troas)에 머물다 마게도냐의 환상을 보았는데, 그때 환상 중에 나타난 사람이 누가였다고도 한다. 아무튼 누가는 바울에게 절대로 없어서는 안 될 중요한 동역자였다. 바울에게는 평생 그를 괴롭히는 육체의 가시(thorn), 곧 질병이 있어 수시로 의사의 도움이 필요했기 때문이다. 이런 바울의 상태를 잘 아는 누가는 바울이 가는 곳이라면 어디든 동행하였다. 심지어 바울이 예루살렘에서 수년간 옥고를 치를 때에도 끝까지 곁에 있었고, 로마로 가는 길에도 동행하다 파선을 경험하기도 하였으며, 바울이 로마에 머물며 순교를 준비할 때도 끝까지 곁에 있었다.

누가가 쓴 성경은 누가복음과 사도행전이다. 비록 신약성서 27권 중 두 권에 불과하지만, 분량으로 볼 때는 신약성경 전체의 1/4에 해당한다. 또한 그 문체가 가장 수려하고 아름답기로 유명한 말씀이다. 이로 볼 때 누가는 상당한 고등교육을 받은 사람으로, 훌륭한 학식의 소유자였음을 알 수 있다.

그가 누가복음과 사도행전의 머리에 쓴 데오빌로가 누구인가는 아직도 의문으로 남아있다. 각하라는 호칭으로 보아 로마의 유명한 관원이었다고 보기도 하지만, 일반적으로 그 뜻이 하나님의 친구, 하나님의 벗이라는 뜻인 점으로 미루어 익명의 관원을 부르는 호칭이었을 것으로 보인다. 또 어떤 설에는 데오빌로가 헬라인으로 로마 시민권을 얻은 인물로서, 바울의 전도를 받은 훌륭한 성도였을 것이라고 보기도 한다.

디모데와 디도

신약성서

- 디모데 : Timothy(하나님을 공경함). 바울의 제자이며, 에베소 교회의 담임자.
- 바 울 : Paul(작은 자). 본명은 사울(희망)이나 로마식 이름 바울로 불렸다.
- 유니게 : Eunice(유명한 정복자). 유대인으로 헬라인 남편과 결혼하여 디모데를 낳았다. 디모데의 모친이며, 모친 로이스와 더불어 독실한 유대인으로 디모데를 신앙으로 잘 양육한 어머니.
- 로이스 : Lois(기쁨). 유니게의 모친이며 디모데의 외조모로 독실한 유대인 신자였다.
- 에베소 : Ephesus(인내). 사도 바울이 3년간 머물며 복음을 증거한 도시. 바울뿐 아니라, 사도 요한, 성모 마리아, 브리스길라와 아굴라, 디모데 등이 목회한 곳.
- 디 도 : Titus(공경). 바울의 제자로 그레데 섬의 담임목사로 파견되었다.
- 그레데 : Crete(버림). 그리스 남쪽 약 100Km 지점에 있는 지중해의 큰 섬. 구약의 갑돌(Kaphtor)로, 블레셋 민족의 고향. 바울은 디도를 이곳에 파견하여 목회하게 하였다.
- 디도 유스도 : Titus Justus, 바울에게 감화된 고린도인으로 로마 시민이었다. 바울의 복음전파를 위해 자신의 집을 교회로 제공하였는데, 그의 집은 회당 바로 옆에 있었다. 디도와는 다른 인물이다.

▶ 디모데 ◀

디모데는 헬라인 아버지와 유대인 어머니인 유니게(Eunice) 사이에서 태어난 혼혈인이다. 그의 고향은 더베(Derbe) 혹은 루스드라(Lystra)로 추정되는데, 이 두 성읍은 모두 바울과 바나바가 제1차 전도여행을 하며 선교했던 갈라디아의 성읍이다. 특히 루스드라는 바울과 바나바를 신화에 나오는 제우스(Zeus)와 헤르메스(Hermes)로 오인하여 성읍 사람들이 제사를 지내려고 하였던 곳이며 동시에 비시디아 안디옥과 이고니온으로부터 온 유대인들에 의하여 바울이 돌에 맞았던 곳이기도 하다.

디모데는 바로 그 당시, 곧 바울의 제1차 전도여행에서 만난 청년이었다. 독실한 유대인으로 구약성경을 잘 알고 있었던 외할머니 로이스와 어머니 유니게가 먼저 복음을 받아들였고, 그들에 의해 신앙교육을 잘 받은 디모데도 함께 복음을 받아들였다. 제2차 전도여행 시에 실라와 함께 갈라디아에 도착한 바울은 디모데를 전격적으로 전도여행에 동반시키기로 하였다. 이를 위해 디모데에게 먼저 할례를 받게 하였다. 당시 디모데는 할례를 받은 유대인은 아니었으나, 성서에 정통해서 루스드라와 이고니온에 있는 기독교인들에게 큰 칭찬을 받는 젊은이였기 때문이다. 바울은 디모데를 전도의 동반자로 데리고 가기에 앞서 인근 목회자들의 모임인 장로회를 소집하고 디모데에게 정식으로 안수를 베풀어 성직자로 삼았다. 그후로 디모데는 바울과 항상 동행하는 제자가 되었다.

바울의 제2차 전도여행은 마게도냐 곧 유럽을 주축으로 하는 여행으로, 드로아 – 빌립보 – 데살로니가 – 베뢰아 – 아덴 등을 거쳐 고린도에서 2년 가까운 시간을 머물며 복음을 전하는 것이었다. 이 여정에서 바울은 데살로니가에 교회를 세운 후, 그곳에 디모데를 보내 바울이 떠난 뒤의 상황을 수습하며 교회를 굳건하게 세우도록 지시했다. 디모데는 이 사명을 잘 완수하여 데살로니가 교회는 디모데의 헌신적인 노력과 기도로 비록 바울이 얼마 머물지 못한 교회임에도 불구하고 굳건하게 서가기 시작해서 초대교회의 모범이 되었다.

이런 디모데의 탁월한 능력은 바울에게 인정을 받았다. 이에 바울은 디모데를 에베소 교회의 담임목사로 파송하기에 이르렀다. 에베소는 바울이 제3차 전도여행 때에 장장 3년이나 머물며 목회했던 곳으로, 바울의 모든 전도여정 중에 가장 오랜 기간 머물었던 곳이다. 이로 볼 때, 바울이 디모데를 얼마나 신뢰했는지를 여실히 알 수 있다. 과연 에베소 교회는 디모데의 헌신적인 노력으로 초대교회 당시 가장 중추적인 교회들 중에 하나로 발돋움하게 되었다. 에베소 교회는 바울의 모든 서신을 수집하여 성서로 편찬한 교회이고, 성모 마리아와 사도 요한이 도착하여 머물며 함께 목회하였던 교회이기도 하다. 또한 요한계시록에 등장하는 일곱 교회 중에 가장 먼저 등장하는 교회로 당대 최고의 교회로 손꼽힐 수 있는 교회이다.

이러한 에베소 교회의 눈부신 부흥과 성장의 이면에는 바울의 개척과 그 뒤를 이은 디모데의 헌신적인 노력이 숨어 있다. 사실 디모데는 약관의 젊은 목회자로 에베소 교회를 담임하기에는 많은 무리함이 있었던 것이 사실이다. 디모데를 적대시하는 사람들도 있었고, 그의 나이어림을 빙자하여 업신여기는 사람들도 있었기 때문이다. 뿐만 아니라 갖가지 이단 사상들도 만연해 있었다. 하지만 바울은 그러한 디모데를 독려하여 성공적으로 목회할 수 있도록 기도와 후원을 아끼지 않았다. 디모데 역시 그러한 바울의 기대와 후원에 힘입어 최선을 다해 목회함으로 최상의 성과를 남길 수 있었던 것이다.

실로 디모데는 바울이 가장 아끼고 사랑하는 제자였다. 바울은 디모데를 가리켜 '사랑하고 신실한 아들'(고전 4:17) 또는 '믿음 안에서 참 아들'(딤전1:2)이라고 불렀다. 디모데 역시 그러한 바울을 늘 존경하고 잘 따랐으며 언제나 순종하였고, 심지어 함께 옥고를 치르기도 하였다. 바울이 마지막 순교를 앞둔 시점에서 그의 곁을 지켜주기를 간절히 원했던 사람 역시 바로 다름 아닌 디모데였다. 그만큼 바울은 디모데를 사랑했던 것이다.

디모데의 말년이 어떠했는지에 대해 성경의 기록은 없으나, 전하는 바에 의하면 디모데는 에베소의 감독이 되어 훌륭하게 목회하다 로마 황제에 의해 순교 당하였다고 한다.

▶ 디도 ◀

디도 역시 디모데 못지않게 바울에게 사랑을 받았던 제자다. 바울은 디도를 가리켜 같은 믿음을 따라 된 나의 참 아들(딛 1:4)이라고 불렀다. 디도의 고향은 분명치 않으나 일반적으로 안디옥 출신으로 보고 있다. 디도는 헬라인으로 할례를 받지는 않은 사람이었다. 그럼에도 불구하고 그에게는 분명한 신앙의 확신과 무엇보다 분명한 성령의 은사들이 있었다. 이에 바울은 디도를 데리고 예루살렘에 가서 사도들 앞에 가 보이며 비록 할례를 받지 않았어도 이처럼 분명한 믿음이 있을 수 있음을 나타내 보였다.

제3차 전도여행을 하면서 에베소에 오랜 기간 머물던 바울은, 고린도 교회에 각양 문제가 일어나고 있음을 알게 되어 고린도전서와 후서를 쓰게 되는데, 이 편지를 직접 가지고 가서 고린도 교회에 전달하고 또 그곳에 한동안 머물며 목회를 한 사람이 바로 디도이다. 디도는 그 문제 많았던 고린도 교회를 위해 온갖 헌신을 다해 결국 바로 잡았고, 그 결과 바울은 그 사실을 그 어떤 것보다 기뻐하였다. 또한 디도는 예루살렘 교회를 위한 모금 운동에도 적극적으로 참여하여 교회 곳곳을 순회하며 헌금을 모아 운송하는 일에 앞장서기도 하였다. 이처럼 디도는 가장 헌신적인 목회자 중의 한 사람으로 바울은 그를 가리켜 "디도로 말하면 나의 동료요, 너희를 위한 나의 동역자요, 우리 형제들로 말하면 여러 교회의 사자들이요 그리스도의 영광이니라(고후 8:23)"라고 극찬을 아끼지 않을 정도였다.

바울은 그 후 디도를 그레데(Crete) 섬의 목회자로 파송하였다. 그레데는 미노스 문명의 발생지로 블레셋 민족의 기원이 되는 오래된 섬이었지만 일찍이 시인 에피메니데스(Epimenides)가 노래한 그대로, "항상 거짓말쟁이며 악한 짐승이며 배만 위하는 게으름뱅이"라고 불리는 곳이었다(딛 1:12). 바울 역시 이 사실을 잘 알고 디도서에서 그대로 말하였다. 그만큼 그레데는 목회하기 어려운 지역이었다. 하지만 디도는 바울의 가르침을 잘 받들어 그 어려운 그레데 섬에서도 훌륭하게 목회하였다. 뿐만 아니라 바울은 디도로 하여금 동유럽의 달마디아(Dalmatia) 지역까지 선교하도록 파송하였다.

이처럼 디도는 디모데와 더불어 바울의 손과 발이 되어 바울이 원하는 곳이라면 어디든 가리지 않고 순종하였으며, 또 아무리 어려운 일이라도 최선을 다해 노력함으로 훌륭한 성과를 이루어낸 훌륭한 제자이다. 진실로 바울이 목숨처럼 아끼고 믿고 또 사랑한 두 사람이 있다면 바로 디모데와 디도일 것이다.

성서의 인물 | 제59강

아볼로, 브리스길라와 아굴라

신약성서

- ⊙ 아볼로 : Apollos(침략자). 알렉산드리아 출신의 지식인으로 에베소에서 복음을 전해 듣고 전도자가 되었다. 고린도 교회를 비롯한 여러 곳에서 바울을 도와 활동했다.
- ⊙ 아굴라 : Agulla(독수리). 로마에 살던 유대인으로 고린도에서 바울을 만나 복음을 들었다. 바울과 같은 장막 만드는 일(Tentmaker)을 하며 에베소, 로마 등지에서 복음을 전하였다.
- ⊙ 브리스길라 : Priscilla(축약형–Prisca). 아굴라의 아내이다.
- ⊙ 바 울 : Paul(작은 자). 본명은 사울(희망)이나 로마식 이름 바울로 불렸다.
- ⊙ 고린도 : Corinth(뿔). 그리스의 남쪽 고대 항구도시. 부유하지만 방탕한 도시로 유명한 곳이다. 사도바울이 처음 교회를 개척하였고 아볼로 등이 목회한 곳.
- ⊙ 에베소 : Ephesus(인내). 사도 바울이 3년간 머물며 복음을 증거한 도시. 바울뿐 아니라, 사도 요한, 성모 마리아, 브리스길라와 아굴라, 디모데 등이 목회한 곳.

▶ 아볼로 ◀

아볼로는 이집트 북쪽의 유명한 도시인 알렉산드리아(Alexandria) 출신의 유대인 학자다. 알렉산드리아는 일찍이 알렉산더 대왕이 세운 도시로, 그가 세운 도시 중 가장 유명한 도시였다. 알렉산드리아는 당대 최고의 학문이 발달한 도시로 수많은 학자가 배출된 곳이기도 하다. 이런 학구적인 도시인 알렉산드리아에서 아볼로는 일찍부터 각양 학문을 두루 섭렵한 훌륭한 학자로 성장했다. 아볼로는 웅변에도 능한 사람이어서 어디를 가든 환영을 받을 수 있는 탁월한 지식인이었다. 게다가 정통 유대인으로 일찍부터 구약성경에 대한 교육을 잘 받아 율법에도 아주 정통한 사람이었다.

아볼로는 본래 세례 요한의 제자였다. 하지만 동시에 예수 그리스도에 대한 바른 신앙도 가지고 있었다. 그러나 아직은 복음에 정통하기보다, 세례 요한이 주님을 증거한 정도의 초보적 지식에 머무르고 있을 뿐이었다. 그럼에도 아볼로는 자신의 능력을 십분 활용하여 세계 각지를 돌면서 유대인의 회당에 나가 세례 요한의 가르침과 예수님에 대한 말씀을 증거하였다.

그러던 중 에베소에서 세례요한에게 배운 복음을 회당에서 전하다, 그곳에서 브리스길라(Priscilla)와 아굴라(Agulla) 부부를 만났다. 이들 부부는 정중하게 아볼로를 자기 집으로 초청하여 복음에 대한 보다 심도 있는 말씀을 전해주기 시작했다. 사실 자존심 강한 유대인 가문의 사람으로 이미 율법에 정통하였고, 게다가 알렉산드리아라는 당대 최고의 학문의 전당에서 지식을 습득한 아볼로가, 그저 장막이나 만드는 일(Tentmaker)에 종사하는 아굴라 부부에게 가르침을 받는다는 건 쉬운 일이 아니었다. 그럼에도 불구하고 아볼로는 겸손한 마음으로 자신의 지식을 앞세우지 않고 아굴라 부부의 가르침을 잘 받아들였다. 이렇게 볼 때 아볼로는 정말 겸손한 사람임에 틀림이 없다.

브리스길라와 아굴라에게 온전한 복음을 전수받은 아볼로는 그 길로 자청하여 아가야(Achaia) 지방을 위한 선교사가 되어 복음을 들고 나아갔다. 아가야란 헬라 곧 그리스를 지칭하는 명칭으로 아테네를 포함한 사실상 그리스의 전 지역을 포함하고 있지만, 그중 가장 핵심적인 곳은 고린도(Corinth)였다. 왜냐면 아가야의 수도가 고린도였기 때문이다. 그리스의 동쪽 바다를 일컫는 에게해(Aigaion Pelagos)라는 명칭도 아가야라는 말에서 비롯되었다.

따라서 아볼로의 선교 여정은 자연스럽게 고린도를 향하게 되었고, 그곳에서 고린도 교회를 만나 복음을 증거하였다. 이미 바울을 통해 복음을 들었던 고린도 교인들은 아볼로의 유창한 언변과 폭넓은 지식에 감동하여 많은 영향을 받았다. 하지만 아볼로가 떠나고 난 뒤에는 교인들 중에는 아볼로가 바울보다 더 낫다고 여기는 사람들이 생겨나 교회가 여러 당파로 갈라지는 위기를 맞이하기도 하였다.

나중에 이 사실을 전해 들은 바울은 안타까운 마음으로 고린도 전서와 후서를 쓰게 되고, 또 아볼로를 설득하여 다시 고린도 교회로 가볼 것을 권면하였지만, 누구보다 자신의 책임을 통감하고 있던 아볼로는 고린도 교회로 가라는 바울의 권면을 단호하게 거절하였다. 그 후 아볼로는 그레데(Crete) 등지를 다니며 복음을 증거하였다. 종교개혁자 마틴 루터(Martin Luther)는 히브리서를 아볼로의 저작으로 보고 있지만, 많은 학자들의 지지를 받고 있는 것은 아니다.

▶ 브리스길라와 아굴라 ◀

아굴라와 브리스길라는 본래 소아시아의 본도(Pontus) 출신의 유대인들이다.

아굴라가 남편이고 브리스길라가 아내다. 브리스길라의 이름은 줄여서 브리스가로도 쓰였다. 원래 이들은 로마에서 장막 만드는 일(Tentmaker)을 하던 사람들이었다. 이들은 로마에서 복음을 받아들였던 것으로 보인다. 당시 로마에는 이미 베드로를 비롯한 많은 성도들과 또 교회가 있었다. 그러다 AD 52년 로마 황제 글라우디오(Claudius, 로마의 제 4대 황제로 41~54년까지 통치하였다)가 로마에 머물던 유대인들에게 추방령을 내렸다. 이에 어쩔 수 없이 로마를 떠나게 된 아굴라 부부는 고린도로 이주하였다.

고린도에서도 여전히 장막 만드는 일을 하던 그들은 우연히 복음을 증거 하기 위해 고린도로 왔던 바울을 만나게 된다. 그들은 바울에게 아주 호의적이어서 함께 일을 하고, 또 바울의 숙식까지 책임졌다. 이렇게 바울을 만나게 된 브리스길라와 아굴라는 열심히 바울을 도우며 복음을 배웠다. 약 2년 후에 바울이 고린도를 떠나 에베소를 향해 갈 때가 되자 이들도 바울을 따라나섰다.

제2차 전도여행을 마무리하면서 바울은 잠시 에베소에 들렸다가 수리아 안디옥으로 돌아가던 중에 뜻이 있어서 아굴라 부부를 에베소에 머물게 하였다. 바울에게 순종한 아굴라 부부는 에베소에 머물다가 회당에 나갔는데 그곳에서 우연히 복음을 증거하고 있던 아볼로를 만나게 된 것이다. 아볼로의 말씀을 유심히 듣던 이들은 아볼로가 아직 복음에 대하여 제대로 알고 있지 못하다는 사실을 깨달았다.

사실 아볼로는 이미 각양 지식에 능통한 알렉산드리아 출신의 학자였고, 또 어려서부터 율법을 배우고 잘 지켜온 경건한 유대인이었다. 또한 세례 요한의 제자로 나름대로는 복음에도 조예가 있는 사람이었다. 그런 아볼로에게 복음을 전한다는 건 상당히 두렵고 어려운 일이었지만, 아굴라 부부는 담대한 마음으로 아볼로를 초청하여 복음을 전하기 시작했다. 아볼로 역시 그런 아굴라 부부의 호의를 거절하지 않았고, 겸손한 마음으로 복음을 잘 받아들여 훌륭한 선교사가 되었으며, 바울의 신뢰를 받는 초대 교회의 거목으로 성장하였다. 한동안 에베소에 머물던 아굴라 부부는 글라우디오 황제가 죽은 후 다시 로마로 돌아가게 되었다. 로마에 사실상의 모든 삶의 터전이 있었기 때문일 것이다. 하지만 에베소에도 종종 다녀가곤 하였다(딤후 4:19). 후일 바울은 로마서를 쓰면서 이들 부부를 언급하고 이렇게 덧붙였다.

너희는 그리스도 예수 안에서 나의 동역자들인 브리스가와 아굴라에게 문안하라! 그들은 내 목숨을 위하여 자기들의 목까지도 내놓았나니 나뿐 아니라 이방인의 모든 교회도 그들에게 감사하느니라! (롬 16:3~4)

아굴라 부부는 충성된 일꾼이었다. 일반적으로 성경은 남편의 이름이 앞에 나오곤 하는데, 이 부부를 언급할 때만은 대부분 아내인 브리스길라가 먼저 등장한다. 이 때문에 크리소스톰(Chrisostomus, 349~407) 같은 위대한 초대 교부도 아내인 브리스길라가 남편인 아굴라보다 더 신앙이 좋았을 것이라고 본다.

빌레몬과 오네시모

골로새서, 빌레몬서

- ◉ 빌레몬 : Philemon(사랑의 사람). 골로새 교회의 교인이며 오네시모의 주인.
- ◉ 오네시모 : Onesimus(이익). 빌레몬의 도망친 노예로 로마에서 바울의 제자가 되었다.
- ◉ 아킵보 : Archippus(마부). 골로새 교회의 담임목사. 빌레몬의 아들.
- ◉ 바　울 : Paul(작은 자). 본명은 사울(희망)이나 로마식 이름 바울로 불렸다.
- ◉ 골로새 : Colossae(버림). 에베소 인근의 작은 도시. 빌레몬, 에바브라 등의 고향.
- ◉ 에바브라 : Epaphrus(물거품). 골로새 출신으로 라오디게아, 히에라볼리를 총괄하는 감독.
- ◉ 에베소 : Ephesus(인내). 사도 바울이 3년간 머물며 복음을 증거한 도시. 바울뿐 아니라, 사도 요한, 성모 마리아, 브리스길라와 아굴라, 디모데 등이 목회한 곳.
- ◉ 라오디게아 : (Laodicea). 요한계시록에 등장하는 소아시아의 7교회 중 하나. 차지도 덥지도 않다고 책망을 들은 교회로 골로새 교회와 10Km 내외의 지척 간에 있었다.
- ◉ 히에라볼리 : (거룩한 도시). 오늘날의 파묵갈레, 7집사 중의 한 사람이 빌립이 머문 곳. 골로새, 라오디게아 교회와는 한나절이면 닿을 수 있는 거리에 있었다.

골로새 교회는 바울이 3년 동안 에베소에 머물러 있을 때 개척한 교회로 보인다. 바울이 직접 개척을 하였는지, 아니면 골로새 교인 중 일부가 바울을 만나 회심한 이후 돌아가 개척을 하였는지는 분명하지 않다. 아무튼 바울의 영향력 아래 개척된 교회이다. 골로새 교회의 인근에는 라오디게아 교회와 히에라볼리 교회가 있었다. 라오디게아 교회는 요한계시록에 언급된 소아시아의 일곱 교회 중의 하나로 맨 마지막에 기록된 교회인데, 칭찬은 하나도 듣지 못하고 책망만 들은 교회이다. 그중에서도 차지도 덥지도 않아 내 입에서 너를 토하여 내치리라는 주님의 준엄한 책망을 들은 교회이다.

골로새 교회는 라오디게아, 히에라볼리와 더불어 한 선교구에 속했다. 골로새는 당시에는 아주 작은 도시였다. 하지만 그 교회에서는 많은 신앙의 인재들이 배출되었는데, 그 중 대표적인 사람이 바울의 애제자인 에바브라(Epaphrus)이다. 에바브라는 바울과 함께 감옥생활을 할 정도로 바울을 잘 따르던 제자로, 바울은 에바브라를 통해 골로새 교회는 물론이고, 라오디게아와 히에라볼리까지 목회하였다.

골로새 교회에는 에바브라 외에도 헌신적인 성도들이 있었다. 그중에 자신의 집을 교회로 친히 제공한 아킵보(Archippus)가 있었다. 이로 볼 때 아킵보는 비교적 부유한 사람으로 넓은 집을 소유하고 있었던 것으로 보인다. 성서학자들은 대부분 아킵보가 바울이 골로새 교회를 담임하도록 직분을 맡긴 골로새 교회의 담임목사였을 것으로 생각한다. 그런데 그의 아버지가 바로 빌레몬이다. 그에게는 노예들이 있었는데 그중 한 명이 오네시모다.

당시 로마의 인구는 약 1,500만 명 정도였을 것으로 추산된다. 하지만 노예의 숫자는 그보다 4배나 많은 6천만 명에 달했다. 따라서 로마는 노예들의 희생으로

운영되는 나라라고 해도 과언이 아닐 정도였다. 그토록 많은 노예들을 다루기 위해 로마의 형법은 지극히 가혹하게 운영되고 있었다. 노예들의 인권은 전혀 고려되지 않았고, 주인은 노예의 생사여탈을 한 손에 거머쥐고 있었다.

그런데 무슨 사연인지, 오네시모는 빌레몬으로부터 도망을 치고 말았다. 그것도 그냥 도망만을 친 것이 아니라 막대한 재물까지 훔쳐 가지고 도망을 쳤다. 당시의 법률로 보면 이런 노예는 응당 사형에 해당하는 것이었다. 더욱이 보통 사형이 아니라 가장 무서운 십자가형을 받고도 남음이 있는 중죄였다.

그렇게 도망을 친 오네시모는 사람들이 많이 모이는 로마 시내로 잠입해 들어왔다. 그러던 와중에 감옥에 갇혀 있는 바울을 만났다.

바울과 오네시모 사이에 무슨 일이 있었는지는 알 수 없다. 하지만 바울의 인격과 신앙에 오네시모가 한없이 감동되었음은 틀림이 없다. 그 결과 자신의 모든 소행을 바울에게 있는 그대로 고백하였다. 그건 목숨을 건 행위였다. 만약 바울이 오네시모를 관청에 고발한다면 막대한 상금도 받을 수 있는 일이었을 것이다. 당연히 오네시모는 붙잡혀 빌레몬에게 보내질 것이고 말이다.

그러나 바울은 그런 오네시모를 불쌍히 여기고 한동안 같이 지냈다. 참 놀라운 일이다. 은혜를 배반하고 도망을 쳐버린 오네시모, 그것도 주인에게 큰 피해까지 입히고 도망친 오네시모를 바울은 곁에 두고 함께 생활하기 시작한 것이다. 그 과정에서 오네시모에게는 엄청난 변화가 일어났다. 완전히 새사람이 된 것이다. 그 변화를 눈여겨보던 바울은 이제 오네시모를 원래 주인인 빌레몬에게 돌려보내게 된다.

오네시모에게 있어서는 목숨을 건 일이 아닐 수 없었다. 법대로 하자면 오네시모는 빌레몬에게 끔찍한 죽임을 당해도 할 말이 없었기 때문이다. 그럼에도 불구하고 오네시모는 바울의 가르침에 순종하여 빌레몬에게 돌아간다. 그때 오네시모를 보내면서 바울이 들려준 편지 한 통이 있었는데, 그게 바로 빌레몬서이다. 그 서신에서 바울은 빌레몬에게 이렇게 말하였다.

나이가 많은 나 바울은... 갇힌 중에서 낳은 아들 오네시모를 위하여 네게 간구하노라. 그가 전에는 네게 무익하였으나 이제는 나와 네게 유익하므로 네게 그를 돌려보내노니 그는 내 심복이라.... 이 후로는 종과 같이 대하지 아니하고 종 이상으로 곧 사랑 받는 형제로 둘 자라 내게 특별히 그러하거든 하물며 육신과 주 안에서 상관된 네게랴. 그러므로 네가 나를 동역자로 알진대 그를 영접하기를 내게 하듯 하고 그가 만일 네게 불의를 하였거나 네게 빚진 것이 있으면 그것을 내 앞으로 계산하라. (빌레몬 1:9~18)

빌레몬이 바울의 이 서신을 받고 어떻게 했는지는 알 수 없다.

그러나 필경 바울의 가르침에 순종하여 오네시모를 용서하였을 것이고, 나아가 그를 자유인이 되게 하여 바울의 소원대로 다시 돌려보냈을 것이다. 사실 이건 대단한 관용이 아닐 수 없다. 배은망덕하기 그지없는 노예 오네시모, 얼마든지 죽일 수도 있는 오네시모, 그럼에도 불구하고 그런 그를 바울의 요청에 따라 용서하고 나아가 자유인으로 풀어준다는 건, 당시로서는 정말 엄청난 관용이 아닐 수 없었을 것이다.

성경에는 나와 있지 않지만, 초대교회의 전하는 바에 의하면 오네시모는 훗날 에베소 교회의 감독이 되었다고 한다. 실제로 에베소 교회의 역사에 보면 감독의 이름 중에 오네시모라는 이름이 있다. 이로 볼 때 오네시모는 바울의 은총과 빌레몬의 용서를 통해 완전히 새로운 삶을 살았던 사람임에 틀림이 없다. 뿐만 아니라 빌레몬 역시 훗날 골로새 교회의 감독이 되었으며 네로 황제 하에서 순교하기까지 신앙을 지킨 사람이라고 한다. 빌레몬과 오네시모의 이야기는 성경에 등장하는 가장 아름다운 이야기 중의 하나이다.